编 委 会

无锡市文化遗产保护和考古研究所科研成果（5）

无锡明清墓考古报告（一）

WUXI MING-QING MU KAOGU BAOGAO

无锡市文化遗产保护和考古研究所 编著

江苏大学出版社
JIANGSU UNIVERSITY PRESS
镇 江

图书在版编目(CIP)数据

无锡明清墓考古报告. 一/无锡市文化遗产保护和考古研究所编著. —镇江：江苏大学出版社,2021.6
ISBN 978-7-5684-1547-7

Ⅰ.①无… Ⅱ.①无… Ⅲ.①墓葬(考古)-发掘报告-无锡-明清时代 Ⅳ.①K878.85

中国版本图书馆CIP数据核字(2021)第036093号

无锡明清墓考古报告(一)
Wuxi Ming-Qing Mu Kaogu Baogao(yi)

编　著/无锡市文化遗产保护和考古研究所
责任编辑/吴小娟
出版发行/江苏大学出版社
地　址/江苏省镇江市梦溪园巷30号(邮编：212003)
电　话/0511-84446464(传真)
网　址/http://press.ujs.edu.cn
排　版/镇江文苑制版印刷有限责任公司
印　刷/江苏凤凰数码印务有限公司
开　本/889 mm×1 194 mm　1/16
印　张/12　插页96面
字　数/410千字
版　次/2021年6月第1版
印　次/2021年6月第1次印刷
书　号/ISBN 978-7-5684-1547-7
定　价/118.00元

前 言

建设江南特色的考古学

刘宝山

《无锡明清墓考古报告（一）》是无锡市文化遗产保护和考古研究所科研成果丛书之五，科研成果的出版和发表是在无锡市文化广电和旅游局党委的关怀鼓励和考古所职工的共同努力下完成的。本成果收录的是在配合无锡九里河综合整治工程、长乔海洋王国主题公园建设工程、西气东输新吴区段改线工程建设开展的考古工作中所发现的明清时期墓葬。这几批墓葬的考古现场负责人是李永军同志，领导班子给予了大力支持，其他职工在后勤保障和工地安全方面都积极配合，保证了所有工作顺利完成并通过了江苏省文物局的验收，其中尤家弄—顾更上土墩墓地考古发掘还获得了“江苏省田野考古发掘技术奖”。考古调查勘探和发掘历经了酷暑与寒冬，成果来之不易。

这批资料有这样几处亮点：首先是无锡率先证明江南地区土墩墓葬习俗至少一直影响到明代，这与学术界对土墩墓的定义仅限于商周时期大相径庭，可以说是学术创新。考古学研究的是人类社会历史文化的传承规律，丧葬习俗是研究的重要方向之一。东方文明区别于西方文明的显著特点之一是对家族和宗孝文化的认同高于一切，以一墩多墓和墓上祭祀为特色的江南土墩墓遗存就是家族性埋葬习俗和宗孝文化的化石级文物单位。宜兴下湾遗址 5300 年前的崧泽文化晚期一墩多墓的发现证明了江南土墩墓起源于环太湖一带，无锡新吴区明代一墩多墓的发现证明了这一独特的江南文脉传承了 5000 年之久，这与无锡惠山古镇发达的祠堂群地上建筑相呼应，充分反映了江南地区的家族文化和宗孝意识在社会生活中的强大生命力，这是农耕民族创造出来的用以维护社会稳定、和谐发展的重要支撑性文化力量。保持尊宗敬祖和以家族为中心的和谐社会，在当代中国特色社会主义建设中仍有一定的借鉴意义。

其次，从出土文物种类来看，这批文物主要有金银器、铜器、铁器、陶器和瓷器，其中比较能够代表当地特色的文物是一件时大彬款的紫砂壶，底款为“时大彬于眄柯阁制”。与在宜兴考古发掘出土的明代紫砂碎片对比，此壶泥料属于标准的明代常用泥料。结合壶底部落款与壶形大小来判断，此壶应为时大彬早年作品（时大彬初喜作大壶，后改作小壶）。此壶器形独特，更像是煮茶器。根据文献记载，时大彬曾被聘至宜兴城镇西庙巷吴家的朱萼堂“坐艺”。朱萼堂旧主吴洪化是史载第一个系统性收藏紫砂器的人，吴氏一家三代都痴迷于紫砂器的收藏，朱萼堂则可视为历史上第一座紫砂博物馆。吴氏一家与江南文人的广泛交往，促进了紫砂器的广泛传播和进步。在朱萼堂东有一楼，称“太仆楼”，厅上悬“眄柯阁”匾，系明代书法家董其昌所书，此匾现展于宜兴市博物馆。“眄柯”一词出于晋代陶潜名作《归去来辞》之“引壶觞以自酌，眄庭柯之怡颜”句。近期在新吴区明代墓葬中又发现了一件与此件紫砂壶几乎造型一样的时大彬壶，底款为“甲辰夏日时大彬制”，甲辰夏日是明万历三十二年（1604 年）夏天，时年时大彬 31 岁，从而证明了眄柯阁款紫砂壶确实属于时大彬早期作品。这两件紫砂壶的出土为研究明代紫砂器，特别是时大彬紫砂壶艺术发展脉络、真伪和断代等提供了珍贵的标准器，其学术和收藏价值不可小觑。

最后，值得一提的还有一块圆台形的青玉吉祥玉佩，其上有 5 个不规则圆孔和一个月亮纹。这件玉佩上的五孔布局和新疆尼雅遗址出土的首批禁止出国的国家一级文物“五星出东方利中国”汉代织锦护臂上的“五星聚会”图案相同。圆形代表天，五星聚合有吉祥的寓意。有文献记载以来，“五星聚会”共出现过 8 次：第一次出现在公元前 11 世纪，后世有学者附会认为是周朝将取代殷商的征兆；第二次“五星聚会”出现在公元前 650 年，这一年齐桓公成为春秋霸主……第八次“五星聚会”出现在明嘉靖二年（1523 年），这件玉佩的出土至少可以帮助断定墓地年代为明代晚期。科学家们推算出 2040 年 9 月 9 日将会出现罕见的下一次“五星聚会”天文奇观！

明清墓葬长期以来在考古界没有受到应有的重视，我认为无锡市文化遗产保护和考古研究所把零星发现的明清墓葬编辑成册出版，为研究明清社会政治经济和历史的学者打开了一扇别样的学术之窗，是考古学界的应有之举。

目　录

尤家弄—顾更上土墩墓地 D7、D19、D20 发掘报告

安镇安南村清代墓地发掘报告

一、墓地概况

2016年5月，无锡市文化遗产局接群众举报，在九里河综合整治工程四标段安镇安南村施工点发现古墓葬，受市文化遗产局的指派和委托，无锡市文化遗产保护和考古研究所工作人员随即到现场进行勘察，发现了多座古代墓葬。根据《中华人民共和国文物保护法》《江苏省文物保护条例》等相关法律法规规定，亟须对这些古墓葬进行抢救性考古发掘，并对相关施工区域进行考古调查、勘探。经与无锡市重点水利工程建设管理处协商，就九里河综合整治工程的考古工作达成一致意见。经过2个多月的考古勘探与发掘，在九里河南岸安南村共清理发掘清代墓葬20座，出土了一批随葬品，现将此次发掘情况简要报告如下:

安南村墓地位于无锡市锡山区安镇安南村北侧、九里河南岸、锡东大道西侧（图一），该区域为一处稍高于周围的坡地，大致呈半椭圆形，长约300米，宽100米，面积3万余平方米，现为当地农民的菜地。在墓地北侧九里河河道拓宽过程中发现了多处墓葬，经考

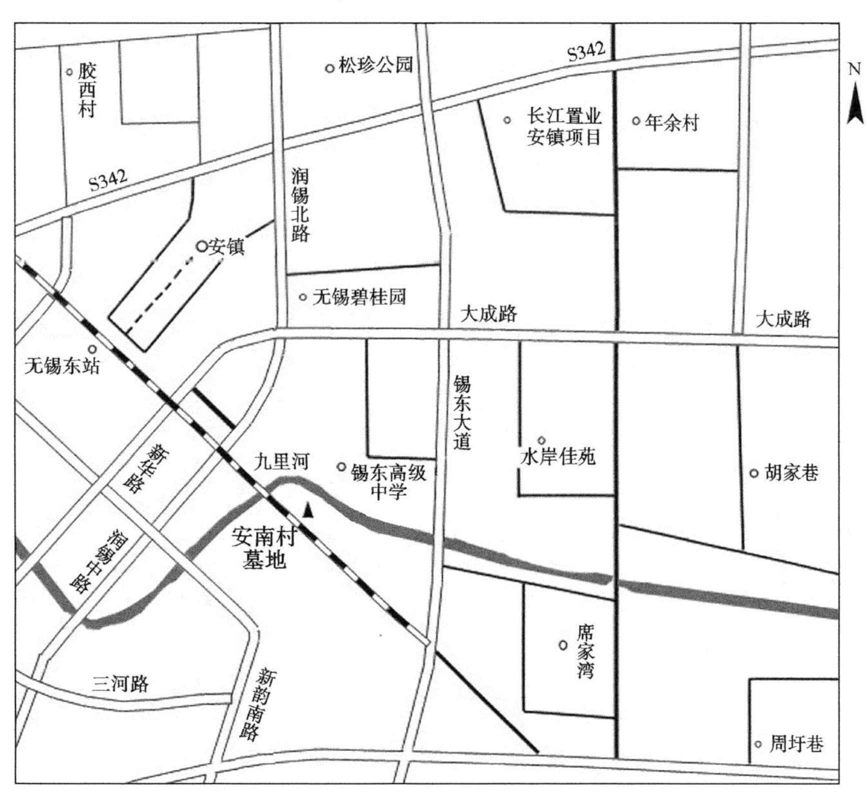

图一　无锡安镇安南村墓地位置示意图

古勘探，在该处坡地上发现了近百座墓葬，因此判断该处为墓葬分布比较集中的古代墓地，定名为安镇安南村墓地。九里河河道向南拓宽5米，涉及墓地的范围长120米，宽5米，在施工区域内共清理墓葬18座，另外在九里河与锡东大道的中安桥东侧发掘墓葬2座，共计20座（图二，表1）。

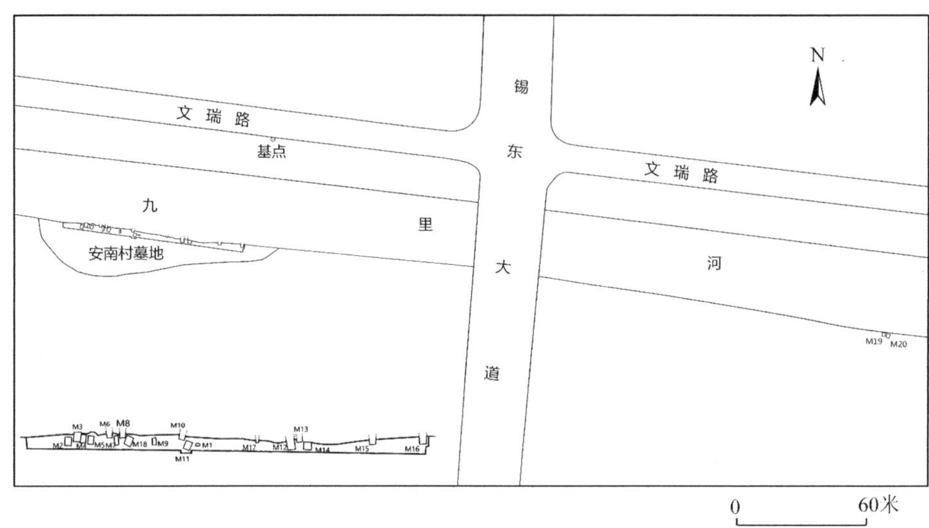

图二　无锡安南村墓地发掘墓葬平面图

表1　安南村墓地发掘墓葬登记表

墓号	形制结构	墓坑尺寸（长/残长×宽－深）（米）	葬具	随葬品	时代	方向
M1	竖穴土坑	0.8×0.2（0.5）－0.5	釉陶罐	1、2.釉陶罐	清代	111°
M2	券顶砖室	2.84×1.91（2）－0.69	木棺	1、2.釉陶罐	清代	18°
M3	石盖板砖室	2.52×2.02（2.04）－1.28	木棺	1.釉陶罐	清代	16°
M4	券顶砖室	2.43×1.8－0.68	木棺	无	清代	18°
M5	石盖板砖室	2.4×1.4（1.64）－0.86	木棺	1.釉陶壶 2.釉陶罐	清代	20°
M6	券顶砖室	1.85×1.63（1.9）－0.71	木棺	1.釉陶壶	清代	15°
M7	券顶砖室	2.72×1（1.24）－0.56	木棺	1.釉陶罐	清代	13°
M8	石盖板砖室	2.44×1.8－0.8	木棺	无	清代	25°
M9	竖穴土坑	1.95×0.7（0.76）－0.34（0.36）	无	无	不详	195°
M10	石盖板砖室	1.88×1.1（1.54）－0.9	木棺	无	清代	18°
M11	石盖板砖室	2.6×2－1.1	木棺	1.釉陶罐 2.铜钱两枚	清代	20°
M12	石盖板砖室	2.66×1.86（2.1）－0.78	木棺	无	清代	3°
M13	石盖板砖室	0.82×1.94－1.2	不详	无	清代	5°
M14	石盖板砖室	2.7×2（2.24）－0.96	木棺	1.铜钱两枚	清代	15°
M15	石盖板砖室	2.1×1.86（1.76）－1.06	木棺	无	清代	10°
M16	石盖板砖室	2.56×1.84（2.1）－1.12	木棺	1、2.釉陶罐 3.釉陶盏	清代	15°
M17	竖穴土坑	1.2×0.8－0.96	无	无	清代	16°
M18	券顶砖室	2.5（2.7）×2.6－1.03	木棺	1、2、3.釉陶罐	清代	28°
M19	石盖板砖室	2.4×2.2－1.08	无	无	清代	15°
M20	石盖板砖室	3×2.2（2.34）－1.48	无	无	清代	18°

此次发掘的20座墓葬有3座竖穴土坑墓，其余均为砖室墓。砖室墓中5座为券顶砖室墓，12座为石盖板砖室墓，现按照墓葬编号分述如下：

二、墓葬形制及随葬器物

M1

（一）墓葬形制

M1为不规则椭圆形土坑瓮棺墓，方向111°，开口距地表0.57米，墓坑长0.8、宽0.2～0.5、墓坑深0.5米。两幅骨架分别置于两个釉陶罐中，均不完整，仅有数段肢骨和肋骨，从肢骨的特征可以判断分属一男一女（图三）。

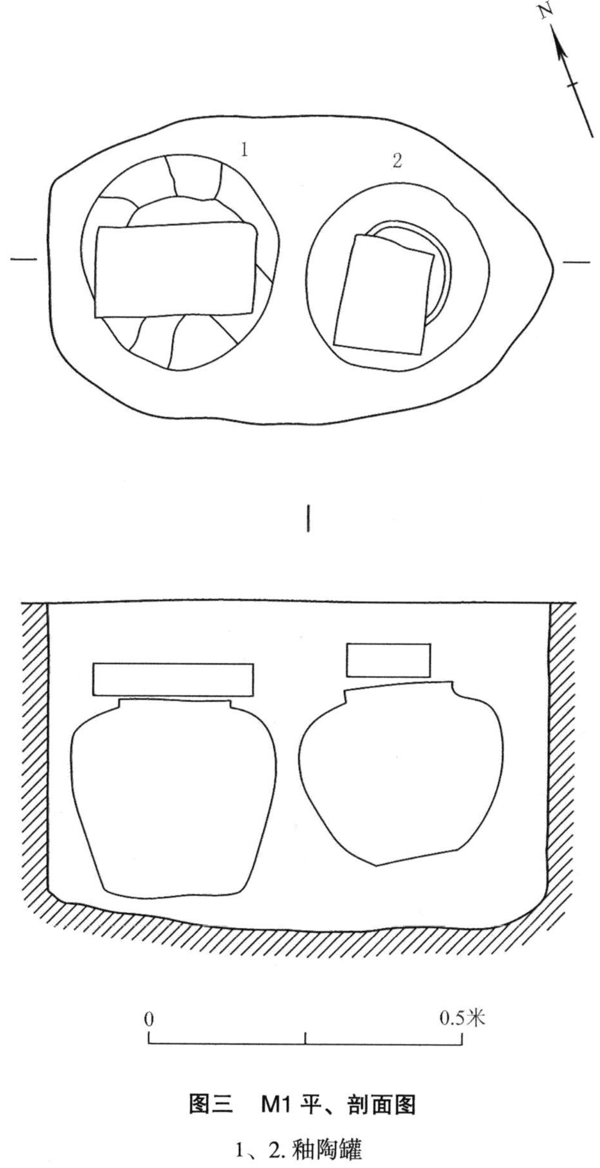

图三　M1平、剖面图

1、2. 釉陶罐

（二）随葬器物

M1 除 2 件用于盛放骨骼的釉陶罐外未见其他随葬品。

釉陶罐 2 件。M1∶1，子母口外侈，尖圆唇，矮弧颈，溜肩，筒形腹，平底内凹。内外施酱釉，釉不及底。口径 9.2、底径 11.6、高 11.6 厘米（图四：1）。M1∶2，侈口，卷沿，矮弧颈，溜肩，上腹外弧，下腹内收，圜底内凹。肩部饰凸棱一周，腹部饰菱形内点梅花和钱纹六对。内外施酱釉，釉不及底。口径 6.8、底径 7、高 10.4 厘米（图四：2）。

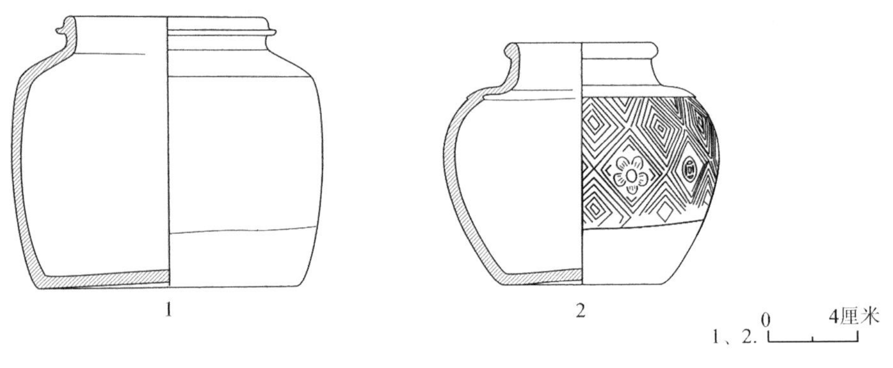

图四　釉陶罐

1、2 釉陶罐（M1 ∶ 1、M1 ∶ 2）

M2

（一）墓葬形制

M2 为土坑券顶砖室合葬墓，平面梯形，开口距地表 0.64 米，方向 18°，墓坑长 2.84、宽 1.91 ~ 2、深 0.69 米，墓底距地表 1.33 米。

营建过程为先挖出竖穴土坑，四壁及墓底经过修整后砌筑墓室。未铺墓底砖，直接在生土面上砌筑墓室四壁及隔墙。墓窐墙砖砌筑方法为错缝平铺，第十四层开始起券成拱顶。东室墓顶因外力仅残留局部，西室相对完整；隔墙北部有一过洞，高 16、宽 13、深 25 厘米。东西两室北壁均有一壁龛，由于受到外力的影响，壁龛均变形，东室壁龛变形后置于壁龛内的器物跌落至墓室，壁龛高 13、宽 18、进深 12 厘米；西室壁龛保存较好，器物置于壁龛内，壁龛高 13、宽 15、进深 12 厘米。东室内长 2.05、宽 0.56 ~ 0.65、残高 0.42 米，西室内长 2.05、宽 0.53 ~ 0.6、高 0.6 米。

墓室内填土为五花土，土色花杂，夹杂有零星瓷片、砖块等。木棺及骨骼已经朽烂，仅见两棺痕，东棺残长 60、宽 35 ~ 45、厚 2.5 厘米，西棺长 160、宽 35 ~ 38、厚 2.5 厘米（图五）。

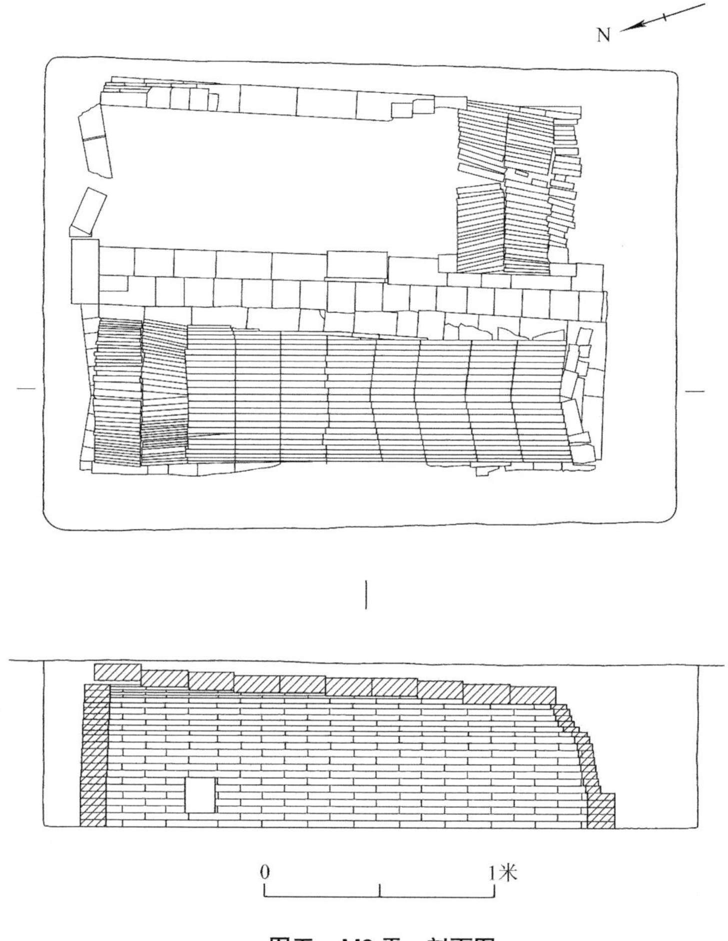

图五　M2 平、剖面图

（二）随葬器物

M2 共有 2 件随葬品，均位于壁龛内。

釉陶罐 2 件。M2∶1，敞口，卷沿，矮弧颈，溜肩，圆弧腹，平底内凹。肩、腹交接处置不规则贴条，腹部饰菱形纹。内外施酱黄釉，釉不及底。口径 7.4、底径 7.4、高 10.4 厘米（图六：1）。M2∶2，直口，卷沿，矮束颈，广肩，上腹外弧，下腹斜直，圜底内凹。肩、腹交接处置规则形贴条，腹部饰菱形纹。内外施酱釉，釉不及底。口径 6.8、底径 6.2、高 10.2 厘米（图六：2）。

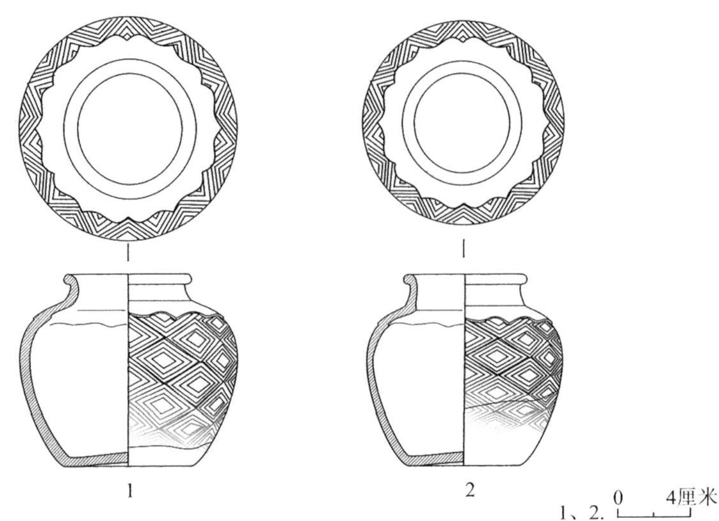

图六　釉陶罐

1、2. 釉陶罐（M2：1、M2：2）

M3

（一）墓葬形制

M3为长方形土坑石盖板砖室合葬墓，方向16°，墓坑开口距地表0.6米，墓坑长2.52、宽2.02 ~ 2.04、深1.28米。东室内长2.05、宽0.56 ~ 0.65、残高0.84米；西室内长2.04、宽0.54 ~ 0.66、高0.86米。营建过程为先挖出竖穴土坑，四壁及墓底经过修整后砌筑墓室。墓底未铺地砖，直接在生土面上砌筑墓室四壁及隔墙后盖上石板。墓室四壁墙砖砌筑方法为错缝平铺，隔墙为两层错缝平铺砖与一层立砌砖组合修砌。西室北壁有一壁龛，高18、宽18、深12厘米。墓顶东西两室分别盖有4块长方形石板，石板边缘不规则，仅墓室内壁面较平整，外壁为原始断裂面，凹凸不平，石板长54 ~ 82、宽38 ~ 62、厚12 ~ 16厘米。

墓室内填土为黄褐色花土，近墓底为黑色淤泥，墓室内未见随葬品，仅在壁龛内发现釉陶罐1件。木棺及骨骼均已朽烂，仅见棺痕及板灰，通过棺板灰痕迹复原东棺长1.85、宽0.44 ~ 0.52米，西棺长1.82、宽0.35 ~ 0.48米（图七）。

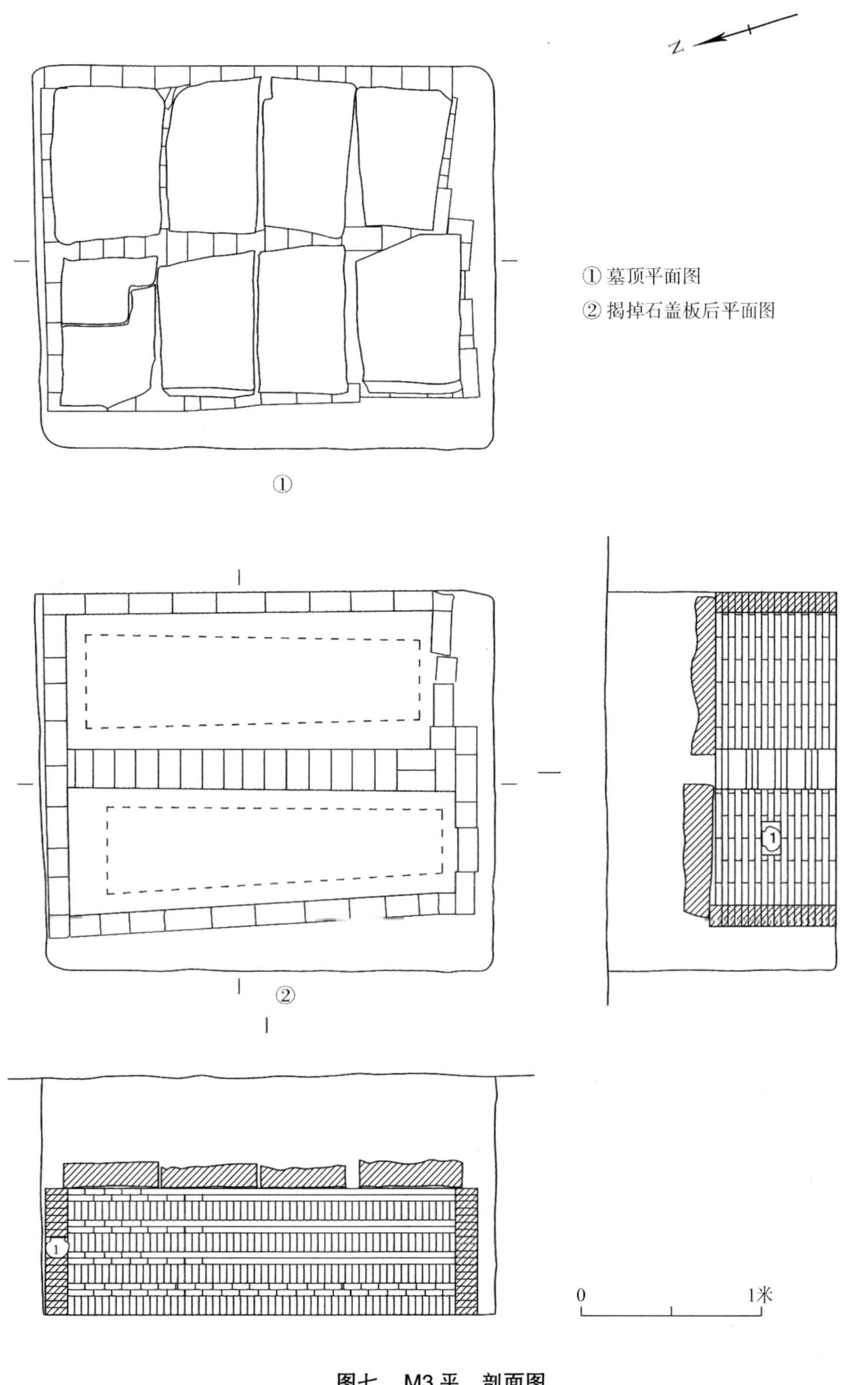

图七　M3 平、剖面图

1. 釉陶罐

（二）随葬器物

釉陶罐 1 件。M3∶1，侈口，卷沿，矮弧颈，广肩，上腹外弧，下腹斜直，圜底内凹。肩、腹交接处置规则形贴条，上腹饰几何纹圈带，下腹饰梅花纹。内外施酱黑釉，釉不及底。口径 7.2、底径 7.8、高 11 厘米（图八）。

图八　釉陶罐

釉陶罐（M3∶1）

M4

M4 为长方形券顶双室墓，方向 18°，墓坑开口距地表 0.6 米，墓坑长 2.43、宽 1.8、深 0.68 米。墓室营建方式为先挖竖穴土坑，四壁及墓底经过修整后，用青砖砌筑墓室。墓底未铺地砖，直接在生土面上砌筑墓室四壁及中间隔墙。墓壁砌筑方法为横向错缝平铺而上，第十二层开始起矮券顶，券顶受外力挤压垮塌严重，仅残留局部。隔墙为横向错缝平铺砌筑墙，隔墙上有方形孔沟通两个墓室。墓砖规格有两种，分别为 20 厘米 ×11 厘米 ×3 厘米和 20 厘米 ×7 厘米 ×3 厘米，大尺寸墓砖主要用于中间隔墙及周围墓壁，小尺寸墓砖用于券顶部位。因券顶倒塌，墓室内堆满泥土和砖块，除锈蚀严重的铁棺钉外未见其他随葬品。

东西两个墓室规格稍有差别，东室内长 2.2、宽 0.51 ~ 0.66、高 0.58 米，西室内长 2.2、宽 0.56 ~ 0.68、高 0.66 米。葬具和骨架已经腐朽，墓底仅见棺痕及板灰，复原出东棺长 1.75、宽 0.31 ~ 0.5 米，西棺长 1.78、宽 0.35 ~ 0.49 米；东棺板底见有骨痕，朽蚀严重（图九）。

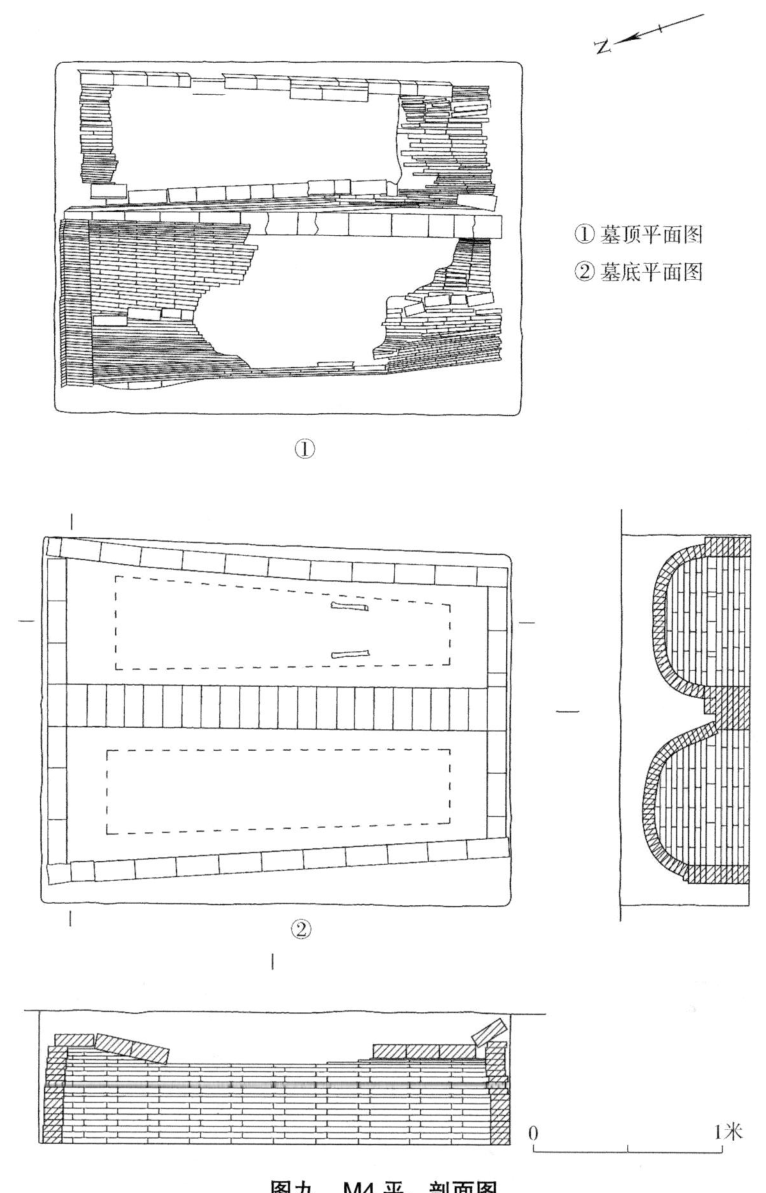

图九　M4 平、剖面图

M5

（一）墓葬形制

M5 为平面近梯形土坑石盖板砖室合葬墓，方向 20°，开口于③层下，开口距地表 0.59 米。墓坑长 2.4、宽 1.4 ~ 1.64、深 0.86 米。东室为砖室，西室为土坑墓；东室内长 2.32、宽 0.62 ~ 0.88、残高 0.78 米，西室内长 1.8、宽 0.44 ~ 0.52、深 0.4 米。

营建过程为先挖竖穴土坑，然后起东墓室，东墓室墙砖砌筑方法为横向错缝平铺而上。西壁北部有一过洞，高 12、宽 12、深 10 厘米，墓顶加盖 4 块长方形石板，石板边缘不规整，仅墓室内壁面比较平整，墓顶外部凹凸不平。由于石板边缘不平整，故石板与石板结合处缝隙用墓砖残块填充。西室未修砌砖室直接在墓坑内埋葬，且墓底高于东室，埋葬过程显得很仓促。

墓坑内填土为五花土，土色花杂，夹杂有零星瓷片、砖块等。东室内木棺已看不到板灰痕迹，西室通过板灰痕迹复原木棺长 1.8、宽 0.43 ~ 0.52 米。西室随葬 1 件釉陶壶，东室随葬 1 件釉陶罐（图十）。

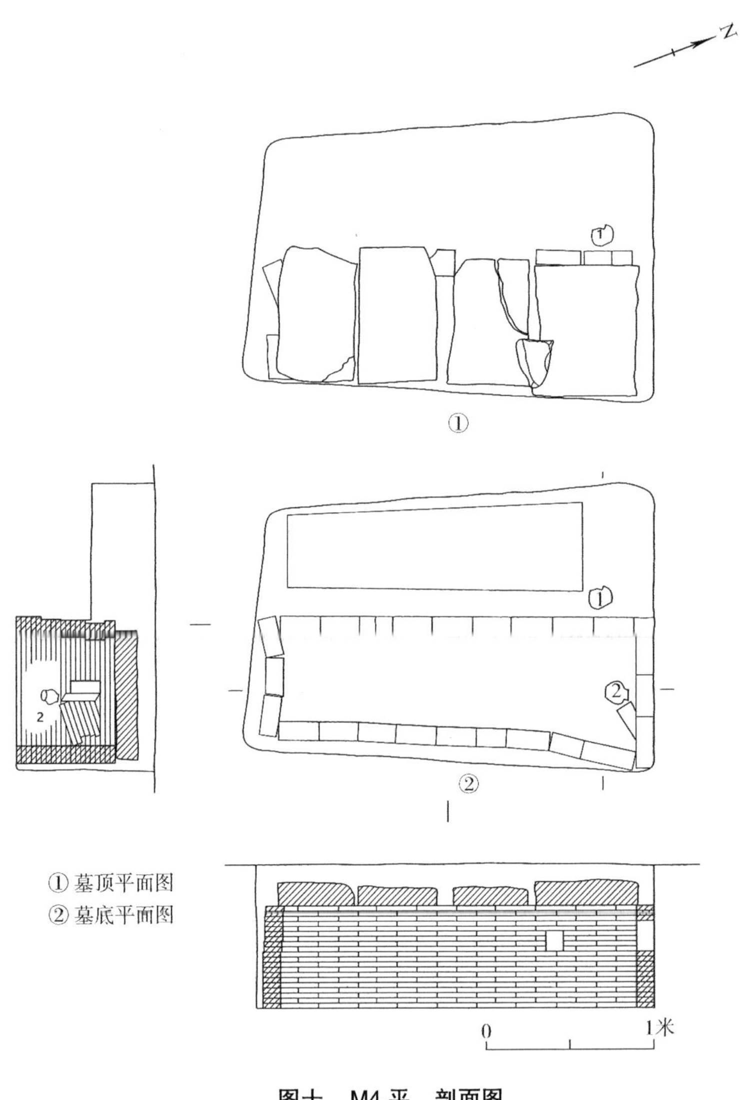

图十　M4 平、剖面图

1、2. 釉陶罐

（二）随葬器物

釉陶壶 1 件。M5∶1，上腹及口部残，下腹内弧，平底内凹，底部刮削。腹部置系，残，施酱釉，釉不及底。底径 7.6、残高 12.6 厘米（图十一：1）。

釉陶罐 1 件。M5∶2，侈口，圆弧沿，斜直肩，上腹外弧，下腹内收，平底。肩、腹交接处置规则形贴条，内外施酱褐釉，釉不及底。口径 8、底径 8.6、高 11.6 厘米（图十一：2）。

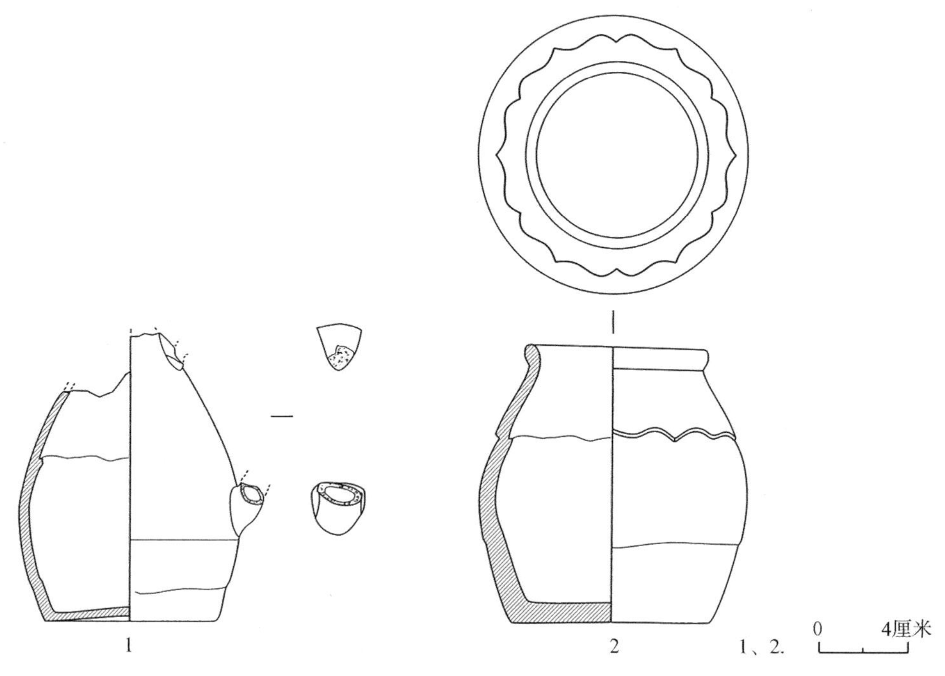

图十一　釉陶罐

1. 釉陶壶（M5：1）　2. 釉陶罐（M5：2）

M6

（一）墓葬形制

M6 为梯形土坑拱顶砖室合葬墓，局部残缺，开口距地表 0.57 米，方向 15°。营建过程为先挖出竖穴土坑，四壁及墓底经过修整后砌筑墓室。墓底未铺墓底砖，直接在生土面上砌筑墓室四壁及隔墙。墓室墙砖砌筑方法为横向错缝平铺，第十一层开始起券顶。墓顶由于受外力挤压，均垮塌严重，仅残留局部。墓坑残长 1.85、宽 1.63 ~ 1.9、深 0.71 米，墓室残长 1.85、宽 1.43 ~ 1.57、高 0.64 米。东室内残长 1.85、宽 0.49 ~ 0.55、残高 0.64 米，西室残长 1.85、宽 0.49 ~ 0.68、高 0.61 米。墓砖尺寸：20 厘米 ×11 厘米 ×3 厘米和 20 厘米 ×7 厘米 ×3 厘米。

填土为五花土，土色花杂，夹杂有零星瓷片、砖块等包含物。可见木棺及板灰痕迹，东棺残长 140、宽 32 ~ 35、厚 2 厘米，西棺残长 143、宽 30 ~ 50、厚 2 厘米。东室内随葬釉陶壶 1 件（图十二）。

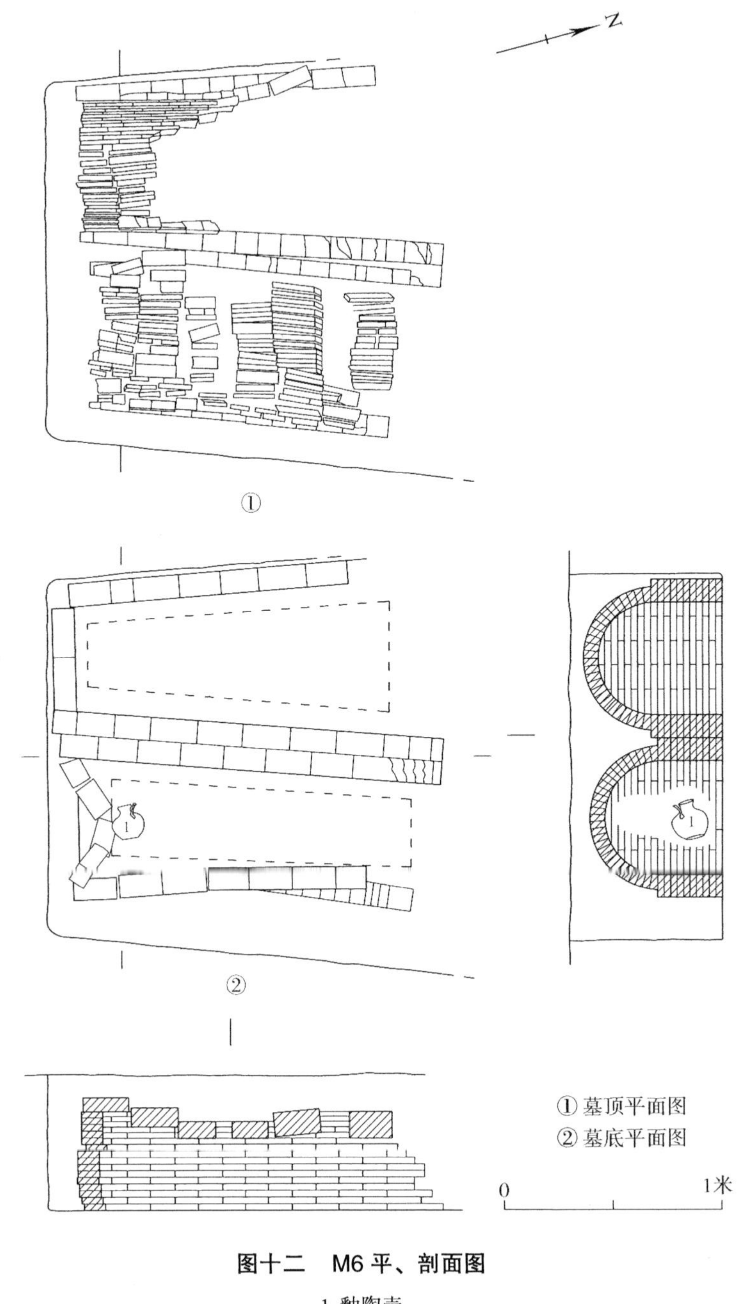

图十二　M6 平、剖面图

1. 釉陶壶

（二）随葬器物

釉陶壶 1 件。M6∶1，敞口，卷平沿，圆唇，束颈，广肩，上腹圆弧，下腹内收，平底内凹。肩部饰凹弦纹一周，一侧置流，腹部饰不规则枝条纹。内外施酱釉，釉不及底。口径 7.8、底径 9.8、通高 13.8 厘米（图十三）。

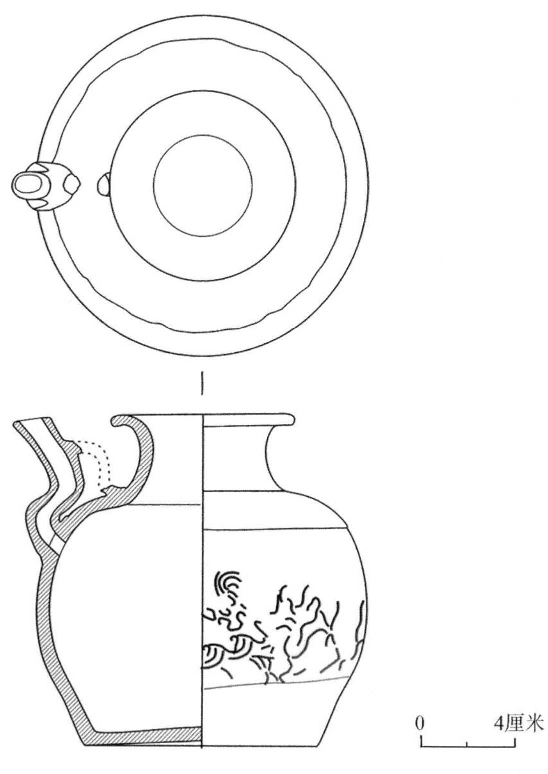

图十三 釉陶壶

釉陶壶（M6：1）

M7

（一）墓葬形制

M7为长方形券顶砖室墓，方向13°。墓坑开口距地表0.58米。墓坑长2.72、宽1～1.24、深0.56米，墓室内长2.3、宽0.85～0.97、高0.54米。墓底未铺地砖，直接在生土面上砌筑墓室四壁及隔墙。墓室墙砖砌筑方法为错缝平铺，第十一层开始起券。券顶由于受外力影响垮塌严重，仅残留局部。墓室北壁上有一壁龛，高18、宽17、深12厘米。墓砖有两种规格：26厘米×12厘米×3厘米和20厘米×7厘米×3厘米。木棺和骨架腐朽严重，仅见棺板灰和骨骼碎屑，复原木棺长170、宽35～55厘米。墓室填土为黄褐色花土，近墓室底部为黑色淤积泥，随葬品仅见釉陶罐1件（图十四）。

（二）随葬器物

釉陶罐1件。M7：1，敞口，卷沿，矮弧颈，上腹外弧，下腹呈波浪状内收，平底。内外施酱黄釉。口径8、底径6、高12厘米（图十五）。

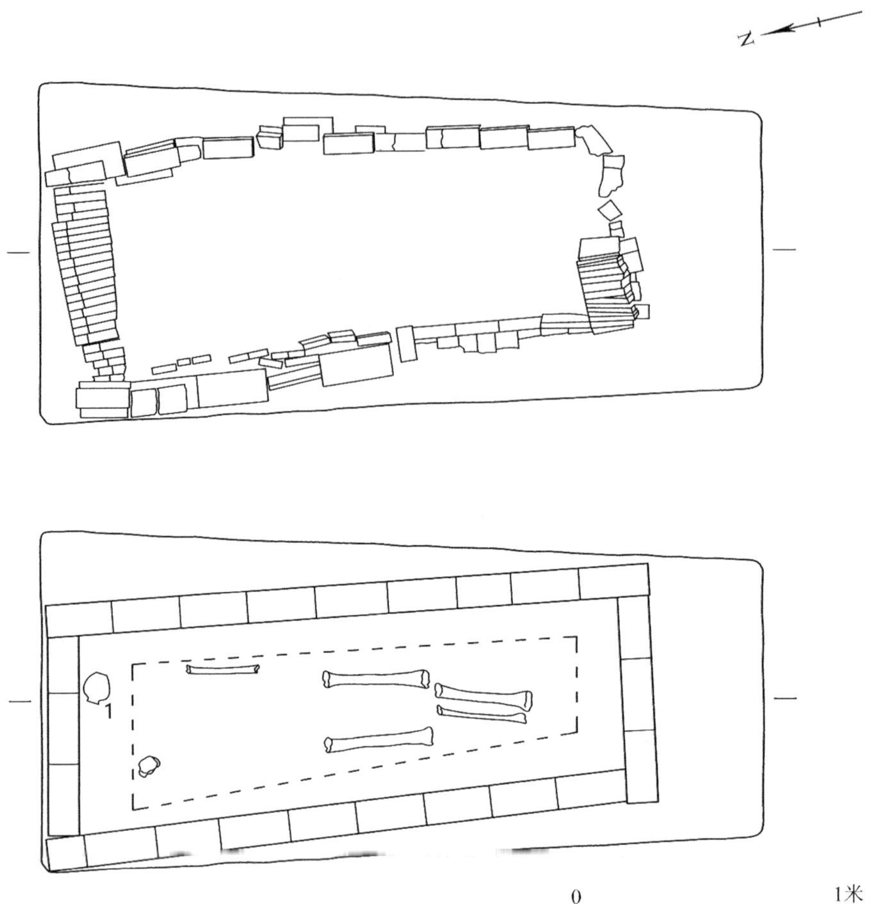

图十四　M7平、剖面图

1. 釉陶罐

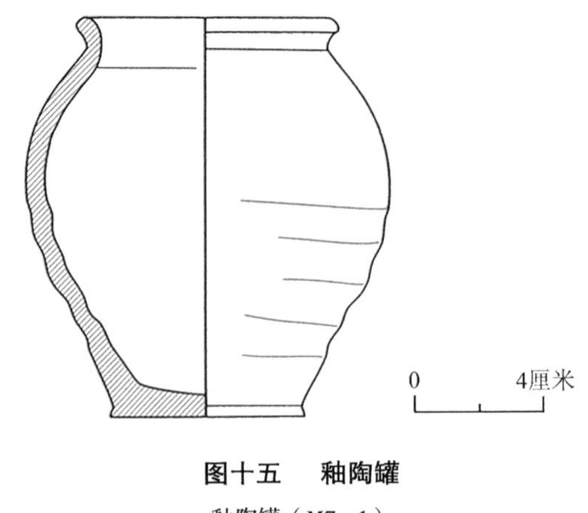

图十五　釉陶罐

釉陶罐（M7：1）

M8

M8为梯形土坑石板砖室合葬墓，开口距地表0.58米，方向25°。营建过程为先挖出竖穴土坑，四壁及墓底经过修整后砌筑墓室。墓底未铺墓底砖，直接在生土面上砌筑墓室四壁及隔墙。墓室四壁墙砖砌筑方法为横向错缝平铺而上。墓顶加盖石板，石板为长方形，四周边缘不规整。仅墓室内面较平整，墓顶凹凸不平，石板长0.78 ~ 0.8、宽0.6 ~ 0.65、厚0.11米，隔墙为一层平铺后立砌一层组合砌筑；隔墙南部有过洞，高0.17、宽0.16、进深0.26米。墓坑残长2.2、宽1.8 ~ 2.44、深1.04米，墓室残长2.2、宽1.66 ~ 1.74、高0.8米。东室残长2.08、宽0.56 ~ 0.62、残高0.8米，西室残长1.6、宽0.54 ~ 0.56、高0.8米。墓室内填土为五花土，土色花杂，夹杂有零星瓷片、砖块等包含物。木棺和骨架腐朽严重，仅存棺灰痕迹。东棺残长175、宽40 ~ 50、厚2厘米，西棺残长140、宽40 ~ 45、厚2厘米，未见随葬品（图十六）。

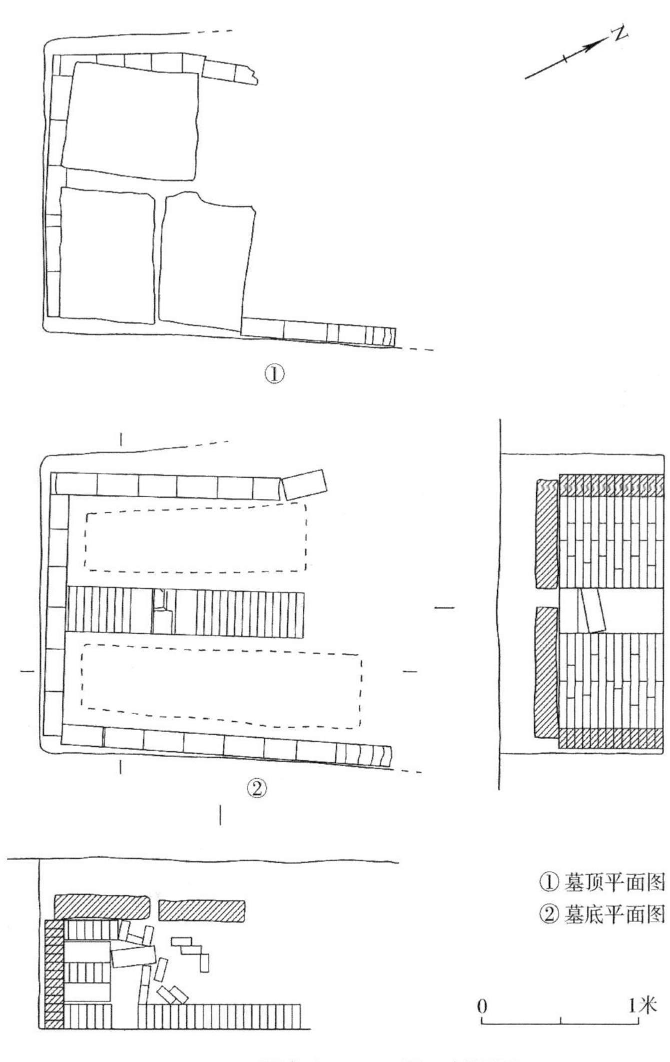

图十六　M8平、剖面图

M9

M9为竖穴土坑墓，平面形状为梯形，方向195°。墓坑开口距地表0.58米，墓坑长1.95、宽0.7～0.76、深0.34～0.36米。坑内填土为黄褐色五花土，夹杂有零星瓷片、砖块等，未发现随葬品，葬具和骨架均已腐朽，仅见残碎的骨关节碎屑。从墓坑的宽度和葬具的痕迹可以判断M9为单人墓（图十七）。

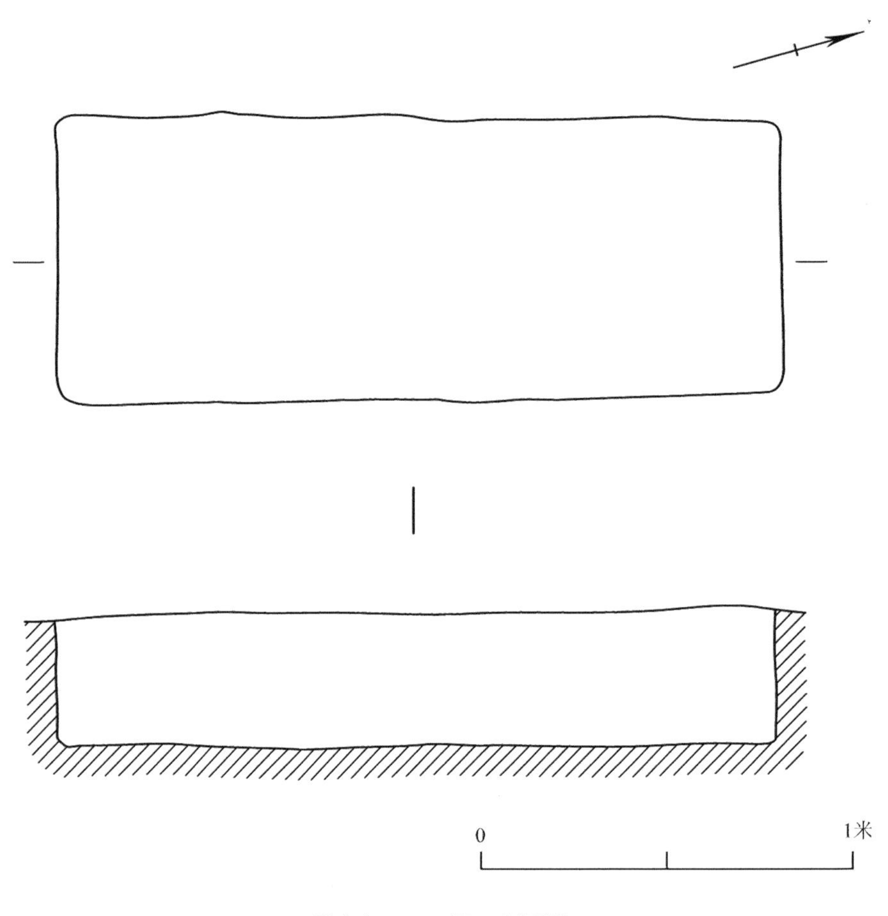

图十七　M9平、剖面图

M10

M10为梯形土坑石板砖室合葬墓，开口距地表0.6米，方向18°。营建过程为先挖出竖穴土坑，四壁及墓底经过修整后砌筑墓室。墓底未铺墓底砖，直接在生土面上砌筑墓室四壁及隔墙。墓室四壁砌筑方法为横向错缝平铺，墙砖受外力影响已变形，墓顶加盖石板。石板为长方形，边缘不平整。仅墓室内壁修理平整，墓顶凹凸不平，保留原有剥裂面，石板长0.8～0.88、宽0.45～0.7、厚0.14米，墓室隔墙为一层平铺砖和一层立砌砖组合砌筑。隔墙南部有一过洞，高0.3、宽0.2、进深0.26米。墓坑残长1.1、宽1.8～1.88、深0.9米，墓室残长1.54、宽1.6、高0.8米。东室残长1.4、宽0.5 ~ 0.6、高0.68米，西室内长1.4、宽0.6、高0.8米。墓砖尺寸28厘米 ×14厘米 ×5厘米。墓室内填土为五花土，土色花杂，夹杂有零星瓷片、砖块等。仅东室可见板灰痕迹，残长135、残宽35 ~ 40、厚2厘米，未见随葬品（图十八）。

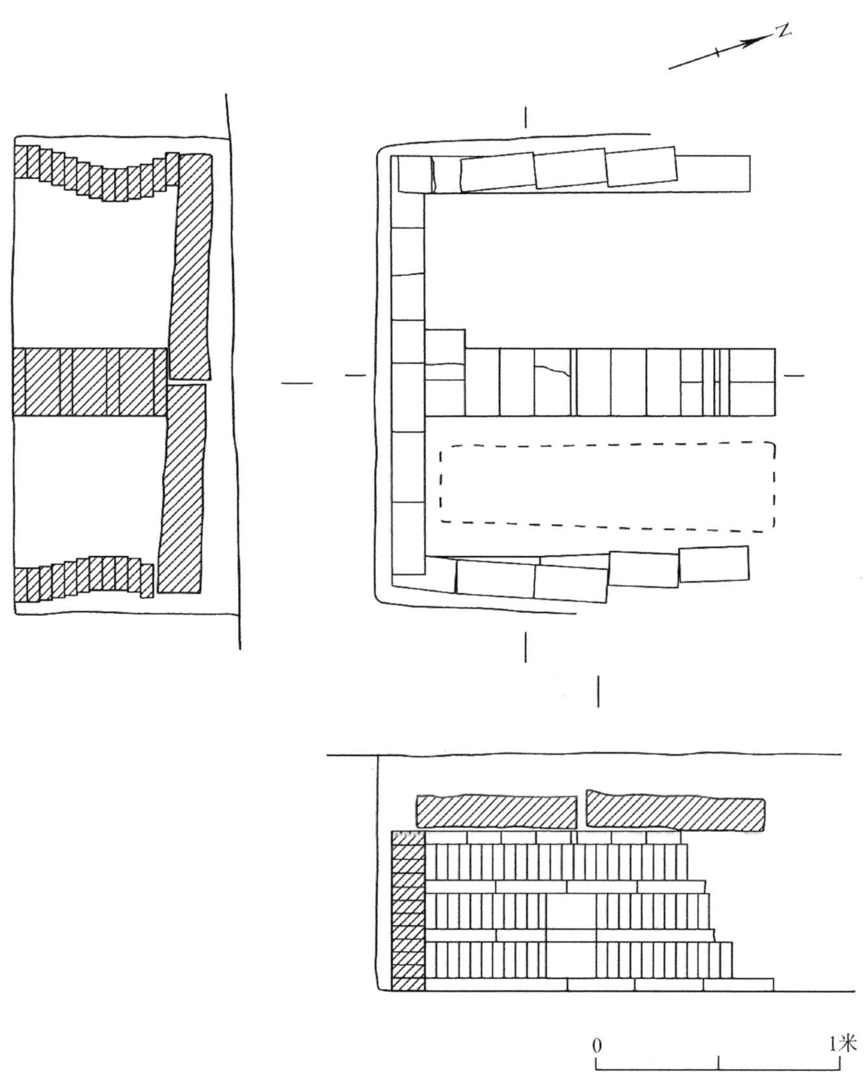

图十八　M10平、剖面图

M11

（一）墓葬形制

M11为土坑石盖板砖室合葬墓，平面近梯形，开口距地表0.6米，方向20°。墓坑长2.6、宽2、深1.1米；东室内长2.18、宽0.6 ~ 0.7、高0.64米；西室内长2.18、宽0.62 ~ 0.74、高 0.64 米。石盖板长 0.8 ~ 1、宽 0.52 ~ 0.6、厚 0.12 ~ 0.14 米。墓砖规格分 36 厘米 ×18 厘米 ×7 厘米和 42 厘米 ×28 厘米 ×8 厘米两种。

营建过程为先挖墓坑，再砌筑墓室。墓室墙壁砌筑方法为横向错缝平铺至墓顶。墓顶加盖 8 块石板，石板为长方形，边缘不平整，仅墓室内壁平整。墓顶外壁保留原有断裂面，凹凸不平，石板与石板之间缝隙及石板与墓坑空隙均用砖块填充。墓室北壁东西两室均有一壁龛，西室壁龛内置一釉陶罐，东室壁龛无器物。壁龛上部为波浪状，高 28、宽 22、深 18 厘米。墓室隔墙为横向错缝平铺，隔墙北部有一过洞，过洞顶部为波浪状，过洞高 38、宽 20、进深 28 厘米。根据棺灰痕迹复原，东棺长 1.75、宽 0.4 ~ 0.5 米，西棺长 1.85、宽 0.4 ~ 0.5 米（图十九）。

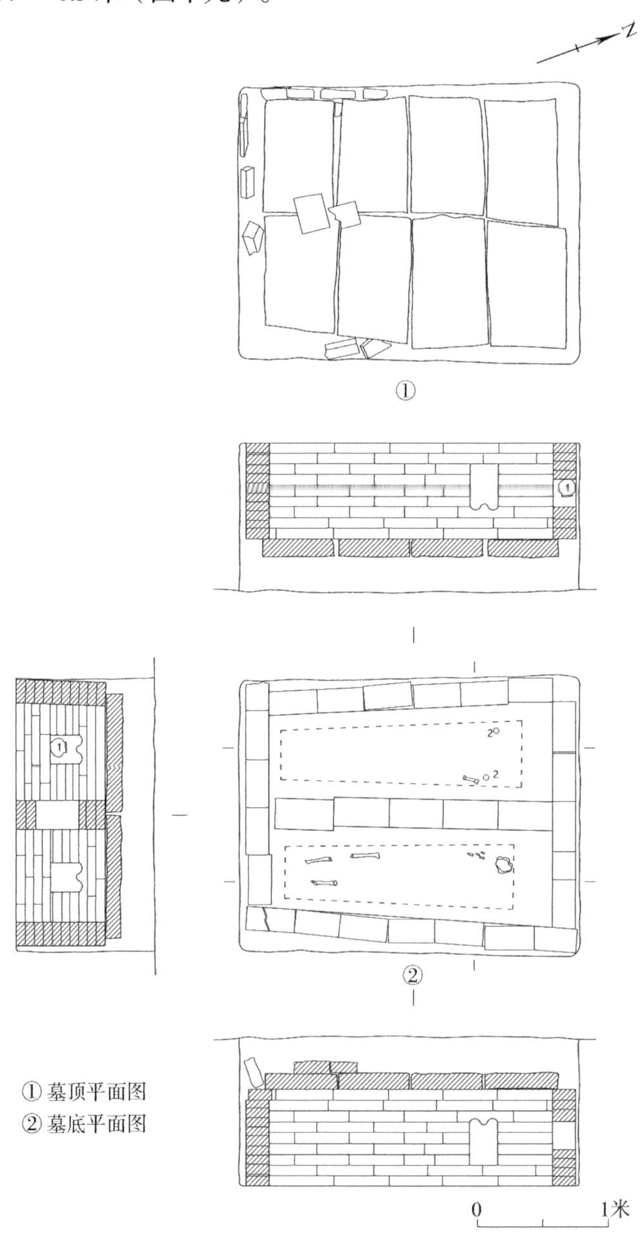

图十九　M11 平、剖面图

1. 釉陶罐　2. 铜钱

（二）随葬器物

在西室壁龛内发现釉陶罐 1 件，在西室内发现铜钱 2 枚。

釉陶罐 1 件。M11：1，直口，圆唇，束颈，斜肩，弧腹，平底。肩、腹交接处置规则形贴条。内外施酱釉，釉不及底。口径 10.2、底径 8.6、高 9.6 厘米（图二十）。

康熙通宝 2 枚。带郭，正面楷书“康熙通宝”，背书满文。钱径 2.6、穿径 0.6 厘米（图二十一）。

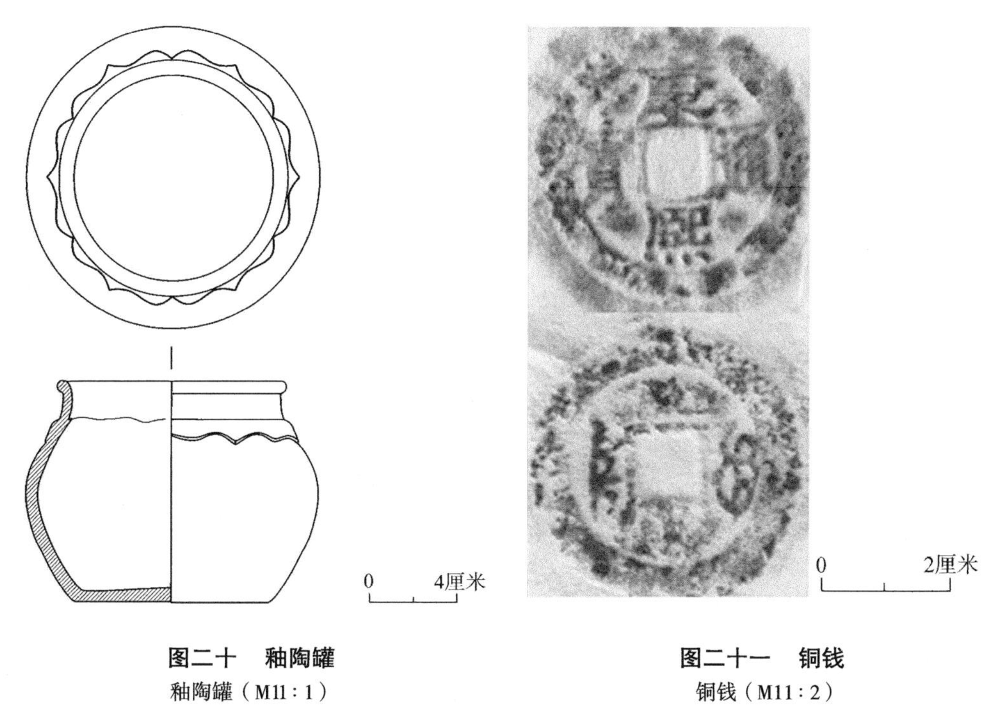

图二十　釉陶罐
釉陶罐（M11：1）

图二十一　铜钱
铜钱（M11：2）

M12

M12 为梯形土坑石板砖室合葬墓，开口距地表 0.75 米，方向 3° 。营建过程为先挖出竖穴土坑，四壁及墓底经过修整后砌筑墓室。墓底未铺墓底砖，直接在生土面上砌筑墓室四壁及隔墙。墓室四壁及隔墙砌筑方法为横向错缝平铺至墓顶。墓顶为长方形石板，石板内壁面平整，石板边缘不规整，石板外壁面保留石板原有断裂面，石板之间缝隙用砖块填充。共有石板 6 块，长 1.05 ~ 1.08、宽 0.68 ~ 0.85、厚 0.1 ~ 0.12 米。隔墙北部有一过洞，高 0.38、宽 0.25、进深 0.22 米。墓坑残长 2.66、宽 1.86 ~ 2.1、深 0.78 米，东室长 2.72、宽 1.6、高 0.8 米。东室内长 2.24、宽 0.6 ~ 0.72、高 0.78 米，西室内长 2.24、宽 0.6 ~ 0.72、高 0.78 米。石板长 1.04 ~ 1.08、宽 0.7 ~ 0.9、厚 0.1 米。墓砖尺寸 42 厘米 ×22 厘米 ×8 厘米。墓室内填土为五花土，土色花杂，夹杂有零星瓷片、砖块等。东棺长 170、宽 40 ~ 50、厚 2.5 厘米，西棺长 168、宽 40 ~ 45、厚 2.5 厘米，未见随葬品（图二十二）。

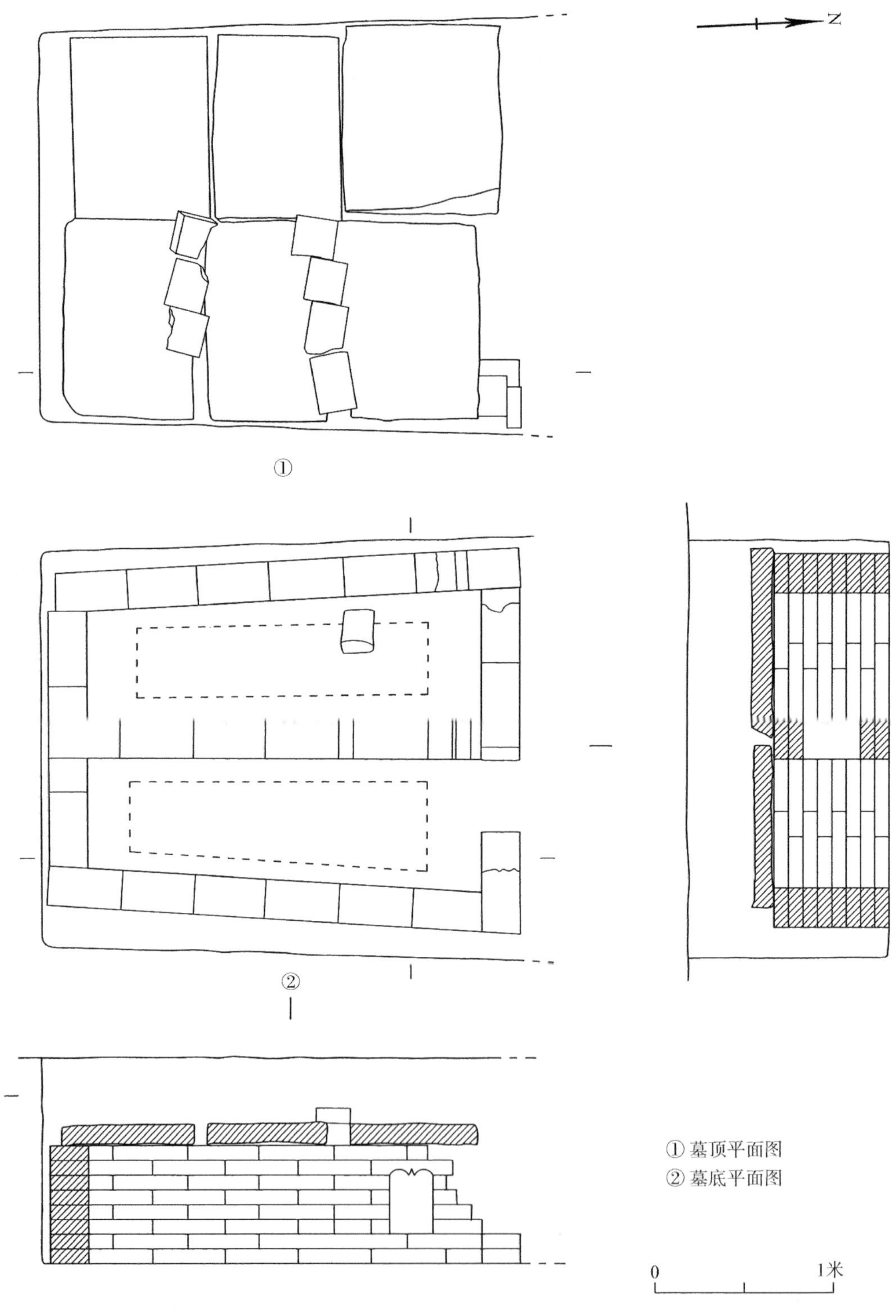

图二十二　M12 平、剖面图

M13

M13为石板砖室合葬墓，土坑呈长方形，开口距地表0.75米，方向5°。营建过程为先挖出竖穴土坑，四壁及墓底经过修整后砌筑墓室。墓底未铺墓底砖，直接在生土面上砌筑墓室四壁及隔墙。墓室四壁砌筑方法为横向错缝平铺至墓顶。墓顶加盖石板，部分扰乱仅残留局部。石板为长方形，边缘不平整，仅墓室内壁面较平整。石板表面凹凸不平，石板长0.9、宽0.5、厚0.12～0.15米。墓室隔墙为横向错缝平铺与竖向立砌组合砌筑。墓坑残长0.82、宽1.94、深1.2米，墓室长0.7、宽1.68、高0.74米。东室残长0.68、宽0.58、高0.6米，西室残长0.6、宽0.64、高0.74米。石板长0.9、宽0.5、厚0.14米。墓砖尺寸24厘米×12厘米×4厘米。墓室内填土为五花土，土色花杂，夹杂有零星青灰色土，无葬具痕迹，未见随葬品（图二十三）。

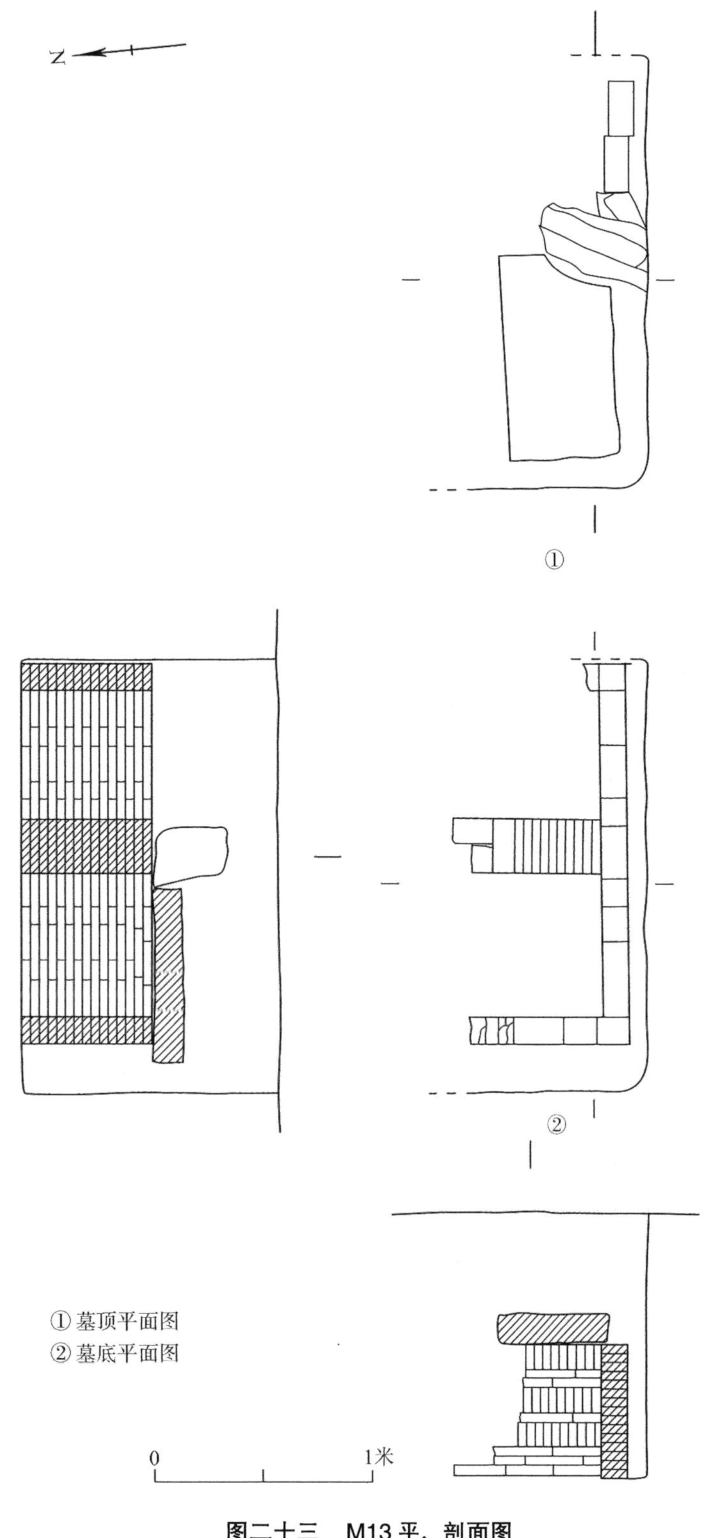

图二十三　M13平、剖面图

M14

（一）墓葬形制

M14 为石板砖室合葬墓，土坑呈梯形，开口距地表 0.67 米，方向 15°（图二十四）。营建过程为先挖出竖穴土坑，四壁及墓底经过修整后砌筑墓室。墓底未铺墓底砖，直接在

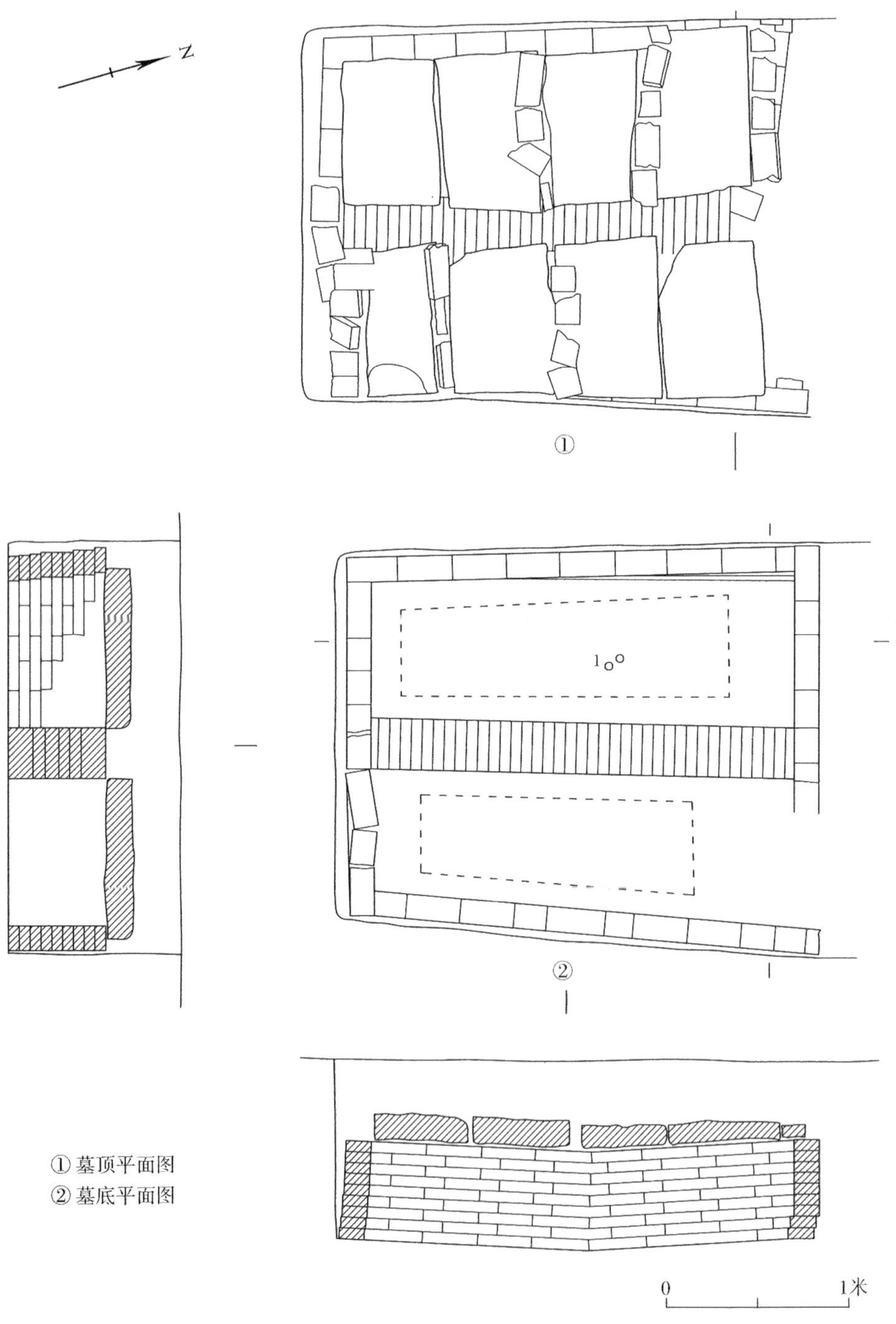

图二十四　M14 平、剖面图

1. 铜钱

生土面上砌筑墓室四壁及隔墙。墓室四壁墙砖砌筑方法为横向错缝平铺至墓顶，墓顶加盖8块长方形石板。石板墓室内壁面较平整，边缘不平整，石板之间空隙用砖块填充，石板外壁面保留原有断裂面，凹凸不平。墓室隔墙为横向平铺砖与竖向立砌砖组合砌筑而成。墓坑残长2.7、宽2 ~ 2.24、深0.96米，墓室长2.64、宽1.96 ~ 2.2、高0.7米。东室内长2.34、宽0.6 ~ 0.8、高0.7米，西室内长2.34、宽0.73 ~ 0.84、高0.72厘米。石板长0.8 ~ 0.86、宽0.4 ~ 0.56、厚0.14米。墓砖尺寸20厘米 ×10厘米 ×6厘米。墓室内填土为五花土，土色花杂。东棺残长150、宽42 ~ 50、厚2.5厘米，西棺长182、宽45 ~ 53、厚2.5厘米。

（二）随葬器物

康熙通宝2枚。出土于西室墓底。带郭，正面楷书“康熙通宝”，背饰满文“江、浙”。钱径2.6、穿径0.6厘米（图二十五）。

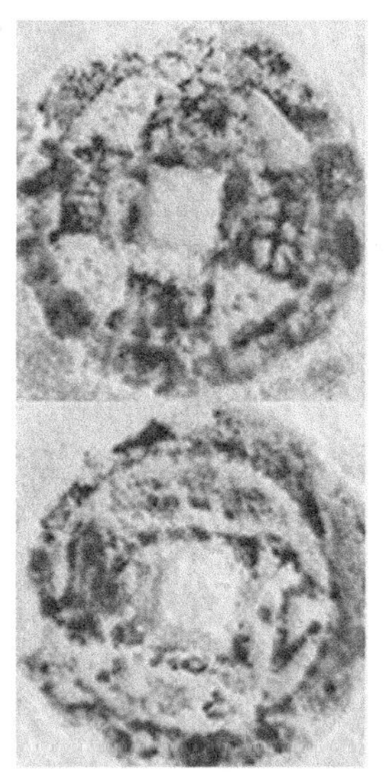

图二十五　铜钱

铜钱（M14：1-1）

M15

M15为石板砖室合葬墓，土坑呈长方形，开口距地表0.61米，方向10°。营建过程为先挖出竖穴土坑，四壁及墓底经过修整后砌筑墓室。墓底未铺墓底砖，直接在生土面上砌筑墓室四壁及隔墙。墓室四壁砌筑方法为横向错缝平铺至墓顶。墓顶为石板，因扰乱仅残留4块，石板为长方形。石板墓室内壁面较平整，四周边缘不平整。石板之间缝隙由墓砖填充，石板表面保留原有剥裂面，凹凸不平。墓室隔墙为一层平铺砖与一层立砌砖组合砌筑，隔墙最上三层为错缝平铺砖。墓坑残长1.76、宽1.9 ~ 2.1、深1.06米，墓室残长1.86、宽1.76 ~ 1.82、高0.7米。东室残长1.54、宽0.6、高0.7米，西室残长1.72、宽0.6 ~ 0.64、高0.7米。石板长0.8 ~ 0.9、宽0.54 ~ 0.62、厚0.14米。墓砖尺寸

28 厘米 ×14 厘米 ×5 厘米。墓室内填土为五花土，土色花杂，夹杂有零星瓷片、砖块等。木棺腐朽严重，仅可见棺灰痕迹。东棺残长 138、残宽 40、厚 2.5 厘米，西棺残长 134、宽 40 ~ 50、厚 2.5 厘米，未见随葬品（图二十六）。

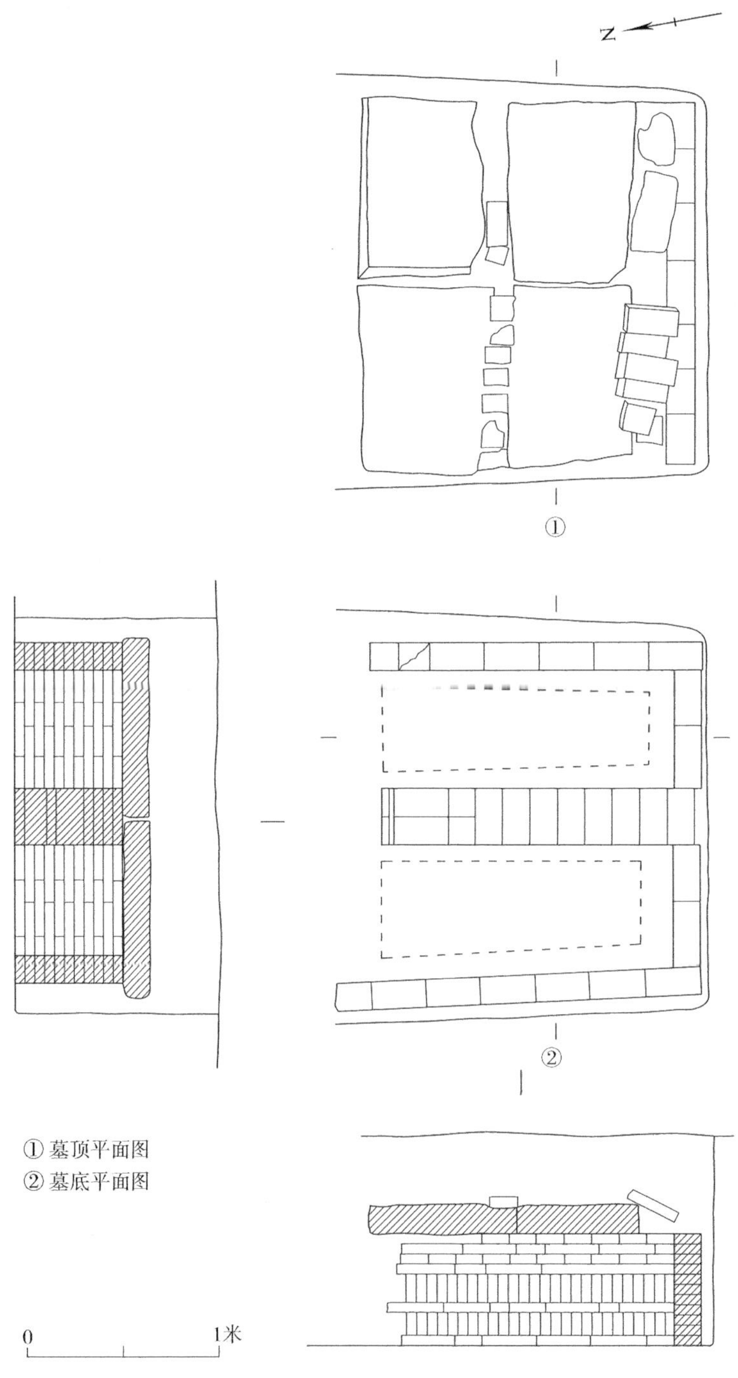

图二十六　M15 平、剖面图

M16

（一）墓葬形制

M16为石板砖室合葬墓，土坑平面呈梯形，开口距地表0.4米，方向15°（图二十七）。营建过程为先挖出竖穴土坑，四壁及墓底经过修整后砌筑墓室。墓底未

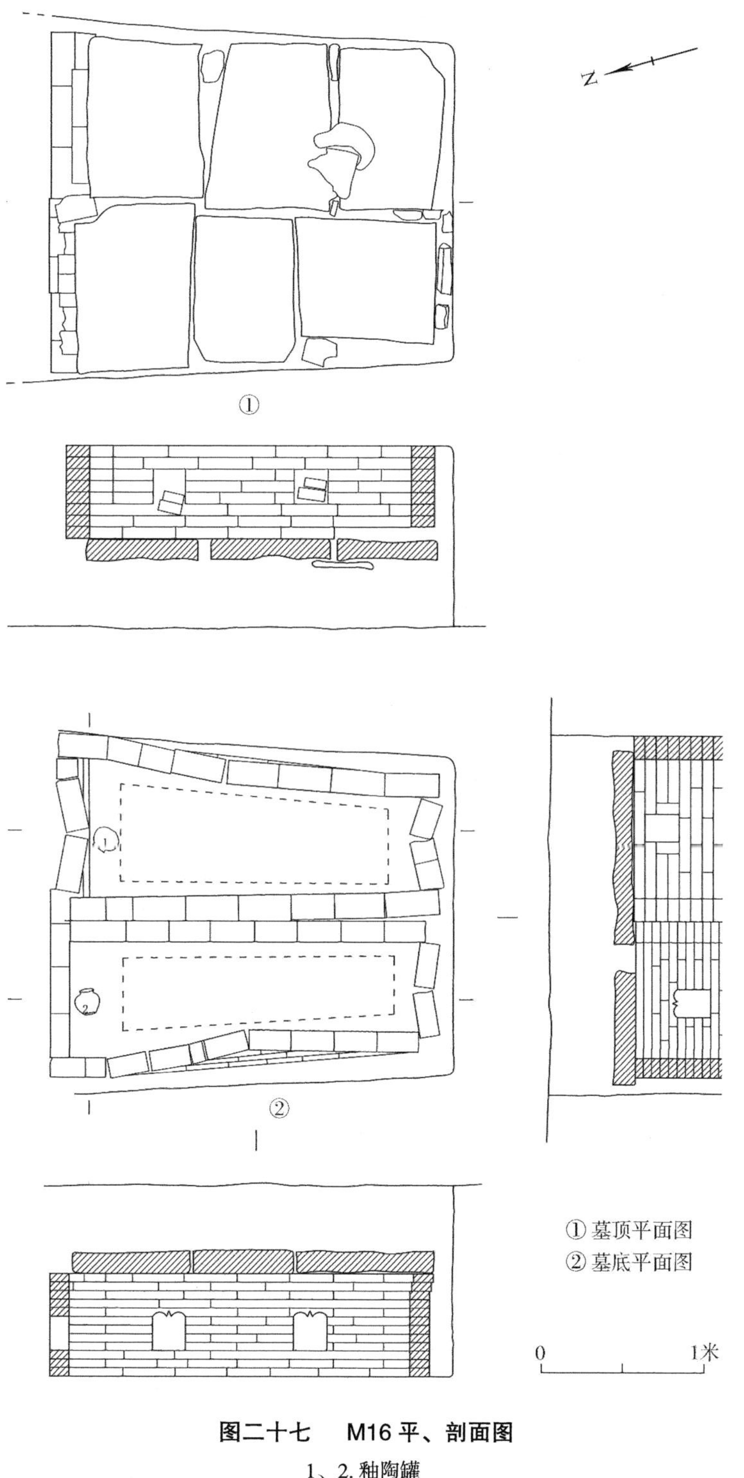

图二十七　M16平、剖面图

1、2. 釉陶罐

铺墓底砖，直接在生土面上砌筑墓室四壁及隔墙。墓室四壁及隔墙墙砖砌筑方法为错缝平铺至墓顶。墓室北壁东西两室均有一壁龛，高 0.25、宽 0.18、进深 0.14 米，壁龛上方为波浪状。隔墙上有两个过洞，过洞上方为波浪状，高 0.28、宽 0.2、进深 0.28 米。墓坑残长 2.56、宽 1.84 ~ 2.1、深 1.12 米，墓室长 2.34、宽 1.64 ~ 2.04、高 0.74 米。东室内长 2、宽 0.54 ~ 0.84、高 0.74 米，西室内长 2.1、宽 0.54 ~ 0.64、高 0.52 米。石板长 0.7 ~ 0.94、宽 0.6 ~ 0.8、厚 0.1 ~ 0.12 米。墓砖尺寸为 32 厘米 ×14 厘米 ×7 厘米和 26 厘米 ×12 厘米 ×5 厘米。墓室内填土为五花土，土色花杂。仅可见棺灰痕迹。东棺长 162、宽 45 ~ 60、厚 2 厘米，西棺长 165、宽 35 ~ 45、厚 2 厘米。

（二）随葬器物

釉陶罐 2 件。M16∶1，侈口，卷沿，矮弧颈，溜肩，筒形腹，平底内凹。内外施黑釉。口径 8.2、底径 7.6、高 11.4 厘米（图二十八：1）。M16∶2，子母口内敛，尖圆唇，圆鼓腹，平底内凹。内外施黑釉，腹部釉剥落。口径 9.6、底径 9.4、高 11.4 厘米（图二十八：2）。

釉陶盏 1 件。M16∶3，敞口，圆弧沿，斜弧腹，平底。内外施酱黄釉。口径 9.4、底径 4.4、高 3.4 厘米（图二十八：3）。

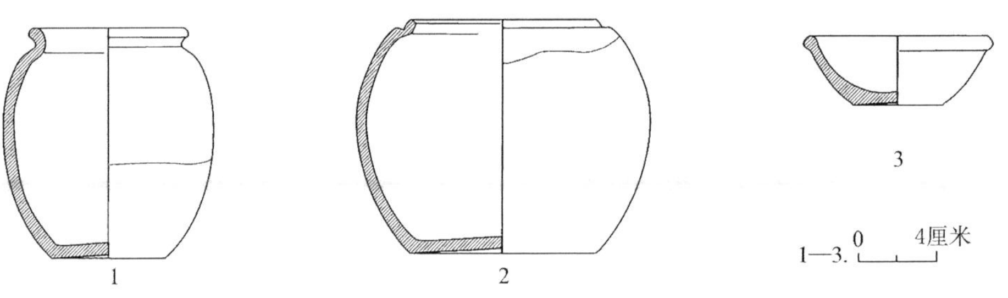

图二十八　釉陶罐、釉陶盏

1、2. 釉陶罐（M16 ∶ 1、M16 ∶ 2）、3. 釉陶盏（M16 ∶ 3）

M17

M17 为梯形竖穴土坑墓，开口距地表 0.57 米，方向 16°。墓坑残长 1.2、宽 0.8、深 0.96 米。填土为五花土，土色花杂，棺木完全腐朽，未见随葬品（图二十九）。

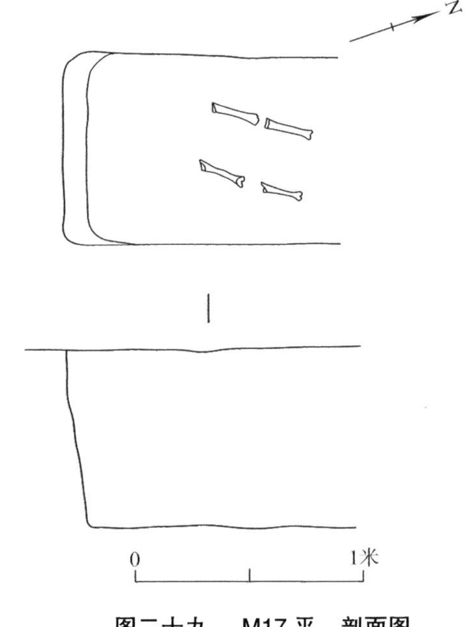

图二十九　M17 平、剖面图

M18

（一）墓葬形制

M18 为券顶砖室合葬墓，三室，墓坑近长方形，开口距地表 0.97 米，方向 28°（图三十）。墓葬营建过程为先挖出竖穴土坑，四壁及墓底经过修整后砌筑墓室。墓

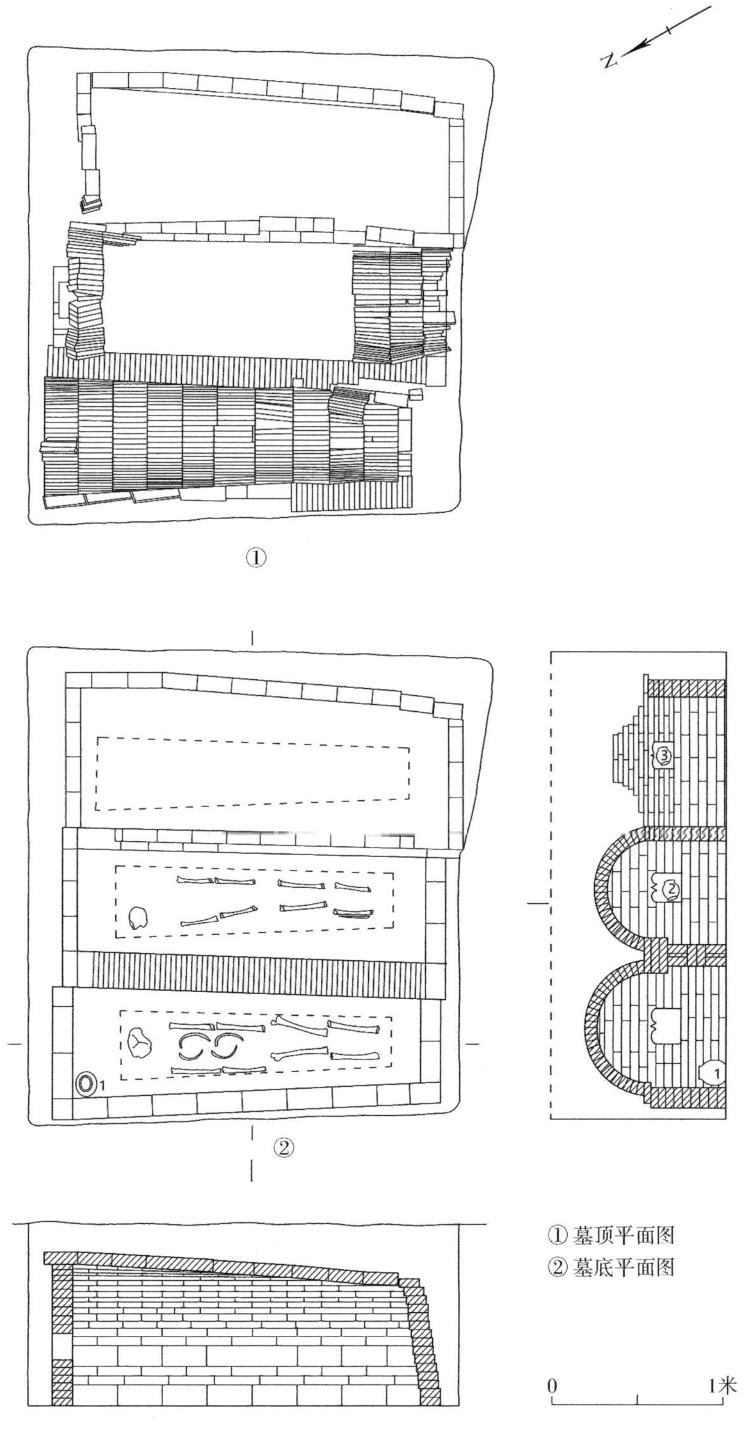

图三十　M18 平、剖面图

1—3. 釉陶罐

底未铺墓底砖，直接在生土面上砌筑墓室四壁及隔墙。墓室墙砖砌筑方法为横向错缝平铺，第十层开始起券。由于受外力影响，券顶仅西室保留完整，其余两室均坍塌。墓室东室与中室隔墙为单排横向错缝平铺砌筑，中室与西室隔墙为一层立砌与两层平铺砖组合砌筑，上部为三层平铺砖。该墓三室北壁均有一壁龛，壁龛上部为波浪状，高 0.28 ~ 0.36、宽 0.3 ~ 0.4 米，中、东室两室的壁龛内各放置 1 件釉陶罐，西室壁龛内的釉陶罐跌落于墓室。

墓坑长 2.5 ~ 2.7、宽 2.6 ~ 2.7、深 1.03 米，东室内长 2.12、宽 0.65 ~ 0.79、高 0.65 米，中室内长 2.14、宽 0.59 ~ 0.76 米，西室内长 2、宽 0.46 ~ 0.62、高 0.76 ~ 0.87 米。墓砖规格为 20 厘米 ×7 厘米 ×3 厘米和 26 厘米 ×12 厘米 ×5 厘米两种。墓室底部有棺板灰痕迹，东棺长 1.8、宽 0.3 ~ 0.43 米，中棺长 1.6、宽 0.32 ~ 0.43 米，西棺长 1.57、宽 0.28 ~ 0.4 米。

（二）随葬器物

釉陶罐 3 件。M18∶1，敞口，卷沿，矮弧颈，溜肩，上腹外弧，下腹内收，平底内凹。上腹部置对称桥形耳。内外施黑釉，釉不及底。口径 8.8、底径 8、高 10.4 厘米（图三十一：1）。M18∶2，带盖釉陶罐，盖呈覆钵状，圆弧顶近平。直口，小平沿，圆弧腹，平底内凹。内外施浅黄釉，釉不及底。口径 7.2、底径 7.2、通高 10.4 厘米（图三十一：2）。M18∶3，侈口，卷沿，矮弧颈，溜肩，近筒形腹，平底内凹。内外施黑釉。口径 8.4、底径 7.6、高 10.4 厘米（图三十一：3）。

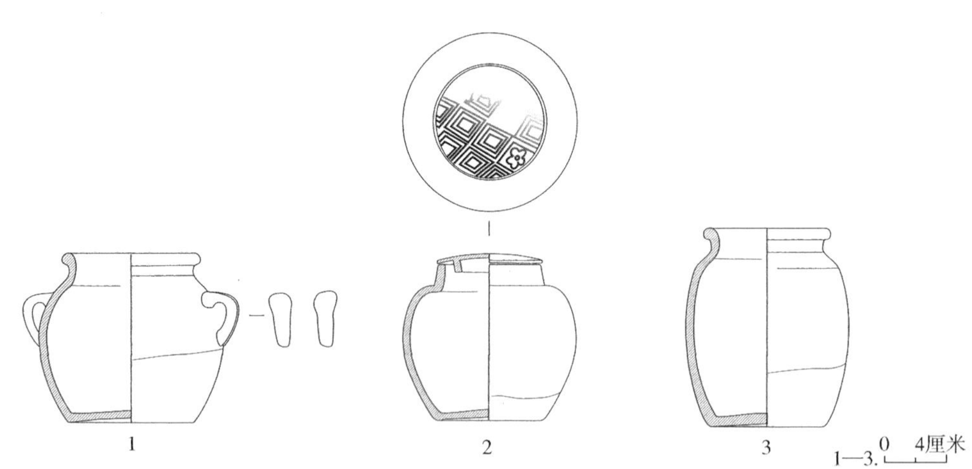

图三十一　釉陶罐

1—3. 釉陶罐（M18∶1、M18∶2、M18∶3）

M19

M19为石板砖室合葬墓，土坑平面呈长方形，开口距地表0.51米，方向15°。M19为先挖出竖穴土坑，四壁及墓底经过修整后砌筑墓室。墓底未铺墓底砖，直接在生土面上砌筑墓室四壁及隔墙。墓室四壁墙砖砌筑方法为横向错缝平铺至墓顶。墓顶加盖长方形石板，由于扰乱仅留6块石板。石板墓室内壁面修理平整，边缘不规整，石板表面保留原有自然断裂面，凹凸不平。石板长0.92～0.94、宽0.58～0.7、厚0.1米。墓室隔墙为一层立砌与一层平铺组合砌筑而成，上部为三层错缝平铺砖。墓坑残长2.4、宽2.2、深1.08米，墓室残长2.1、宽1.94～2、高0.76米。东室内长2、宽0.68、高0.74米，西室内长2、宽0.7～0.74、高0.76米。墓砖尺寸28厘米×14厘米×5厘米。墓室内填土为五花土，土色花杂。木棺腐朽严重，无棺灰痕迹，未见随葬品（图三十二）。

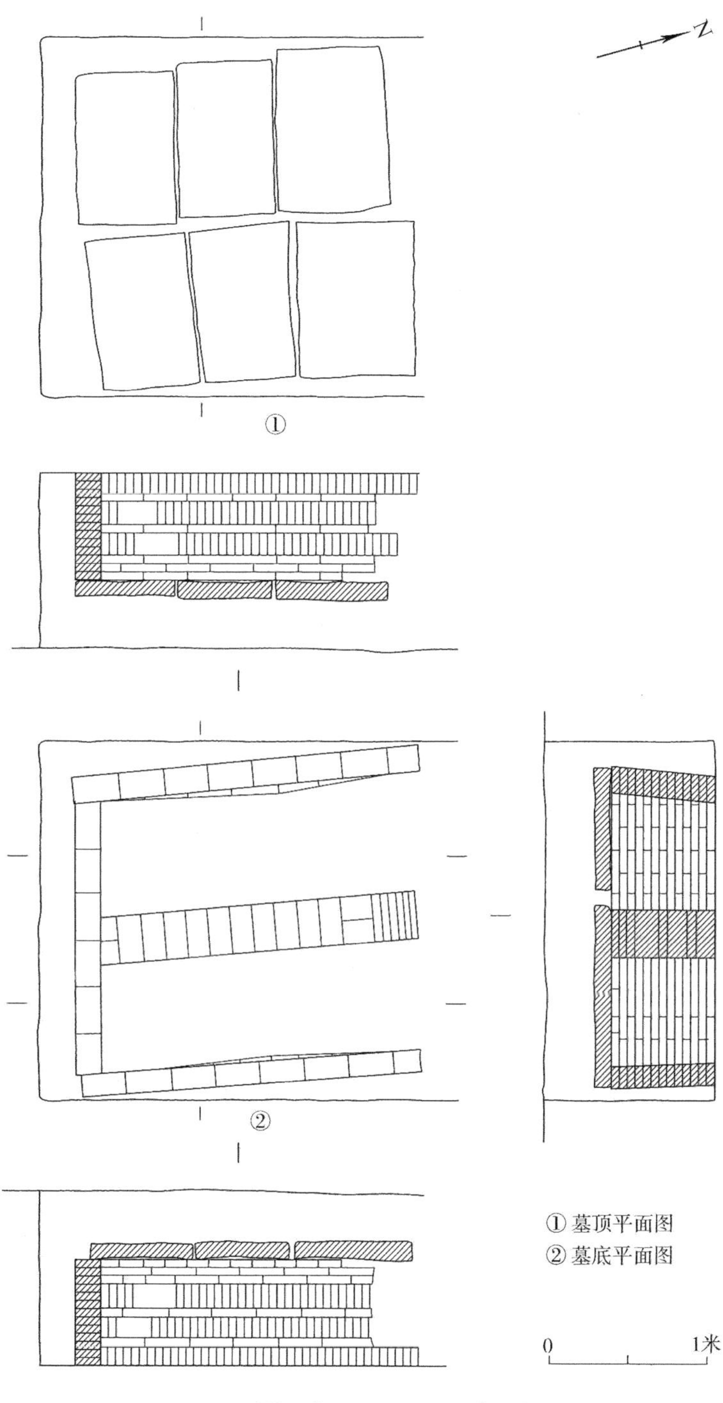

图三十二　M19平、剖面图

M20

M20为近长方形土坑石板砖室合葬墓，开口距地表0.51米，方向18°。M20为先挖出竖穴土坑，四壁及墓底经过修整后砌筑墓室。墓底未铺墓底砖，直接在生土面上砌筑墓室四壁及隔墙。墓室四壁墙砖砌筑方法为错缝平铺。由于受外力影响，墓室已变形。墓室顶部加盖8块长方形石板，石板内壁与墓室结合面较平整，边缘不规整，表面保留原有自然断裂面，凹凸不平，石板长0.9～0.94、宽0.56～0.76、厚0.1米。墓室隔墙为横向立砌、竖向立砌与平铺组合砌筑而成。墓坑残长3、宽2.2～2.34、深1.48米，墓室长2.68、宽1.6～1.78、高0.8米。东室内长2.5、宽0.62～0.68、高0.8米，西室内长2.46、宽0.62～0.7、高0.8米。墓砖尺寸为20厘米×10厘米×3厘米。墓室内填五花土，土色花杂，棺木完全腐朽，未见随葬品（图三十三）。

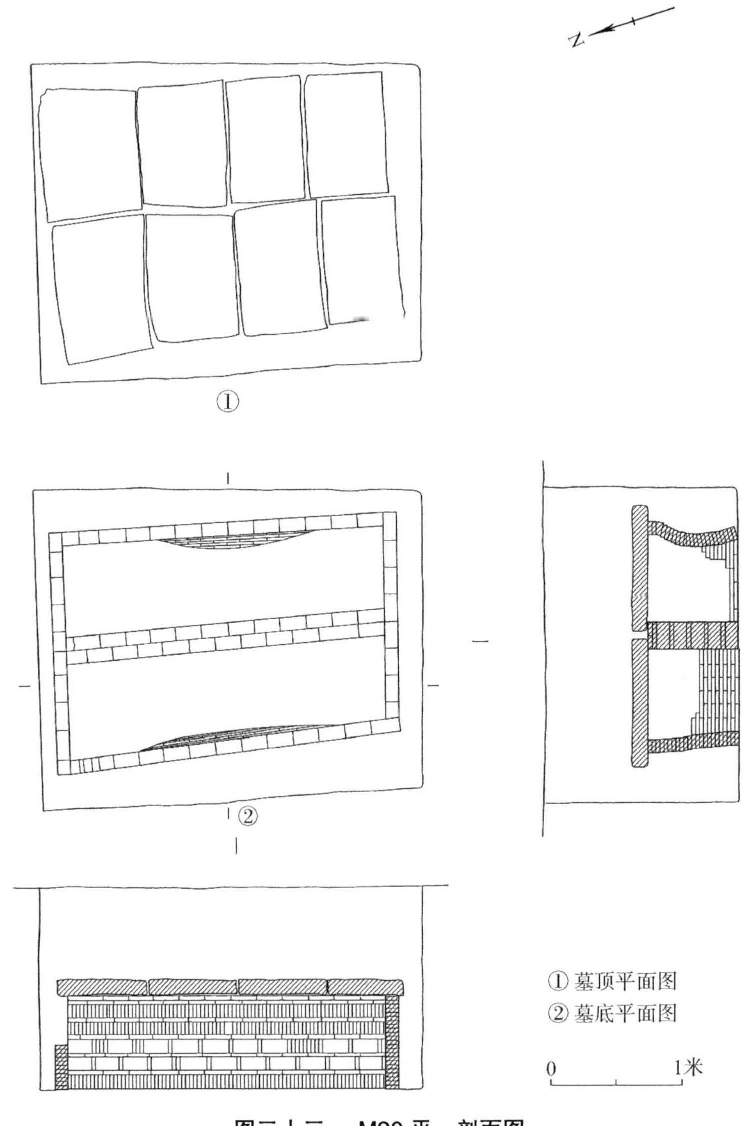

图三十三　M20平、剖面图

三、结语

1. 墓葬时代

此次发掘的20座墓葬开口层位相同，墓葬形制也大都相同，因此判断这批墓葬应为同一时代。部分墓葬出土有“康熙通宝”，此外，出土的釉陶器时代特点也比较明显，结合墓葬形制等因素综合判断这批墓葬的时代为清代早中期。

2. 墓主人之间的关系

这批墓葬以双室合葬墓为主，两室之间有过窗相通，民间也称其为“过仙洞”。虽然骨架都已经腐朽，难辨性别，但参考同时期同类型墓葬情况，结合当地近现代葬俗，可以说明这些合葬墓是夫妻合葬，多数为一夫一妻，个别为一夫一妻一妾。墓葬事先已规划好，根据死亡时间先后下葬，成排成组的墓葬关系密切，根据中国古代葬制葬俗，他们当属同一个家族。因本次发掘的面积和墓葬数量有限，难以对他们之间更准确的身份地位进行分辨。

3. 发掘意义和研究价值

这批墓葬虽均为平民墓葬，没有出土精美的随葬品，但部分墓葬内出现了一些世俗化的纹饰和题字，“福禄寿”的画像砖不仅在无锡地区的明清墓中少有发现，在其他地区也不多见。古代墓葬特别是高规格的砖室墓中画像砖较为常见，但其内容多为神话故事、历史典故等，民间世俗化的题材较为少见。根据近年来无锡的考古发现，明清墓葬数量众多，而且不乏高规格的大家族墓葬，此次发掘的虽然都是普通的平民墓，但建造颇为讲究。这些表明明清时期无锡聚集了大量家境殷实的家族，而普通民众的生活水平在全国处于较高水平。这些都是明清时期江南富足、商品经济发达的表现，而无锡作为江南商品经济最繁荣的核心区域，在充分的经济基础保障下，即使是最普通的民众也都营建了相当考究的墓室。

长乔海洋王国主题公园一期发掘报告

一、墓地概况

无锡长乔海洋王国主题公园项目，位于江苏省无锡市新吴区鸿山街道经十二路以东、锡梅路以南、飞凤路以西、锡协路以北（图一）。总用地面积约 263573 平方米，总建筑面积 340134 平方米，其中一期工地占地 98578 平方米，二期工地占地 164995 平方米。受无锡市文化遗产局的委托，无锡市文化遗产保护和考古研究所于 2017 年 10—12 月对海洋公园项目用地范围进行先期考古勘探。2018 年 1—3 月对一期工地发现的明清墓葬进行了发掘，5—9 月对二期工地发现的明清墓葬进行了发掘，两次共发掘明清墓葬 57 座。一

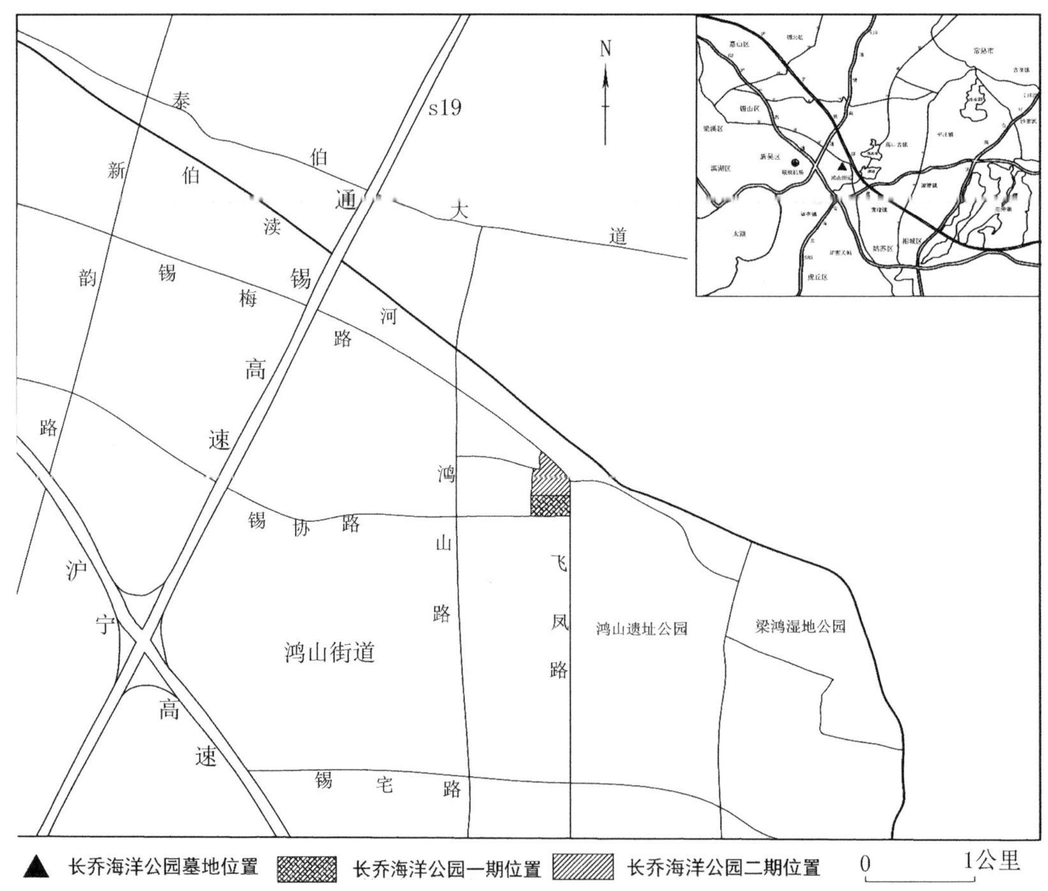

图一　墓葬发掘位置示意图

期工地发掘21座（编号M1—M21）（图二），其中1座为近代墓葬，其他为清代墓葬。按墓葬形制来分，竖穴土圹墓9座，砖室墓4座，砖石墓7座，石室墓1座。按埋葬人数来分，单人葬7座，双人葬12座，三人葬2座。现把此次墓葬的发掘情况详细报告如下：

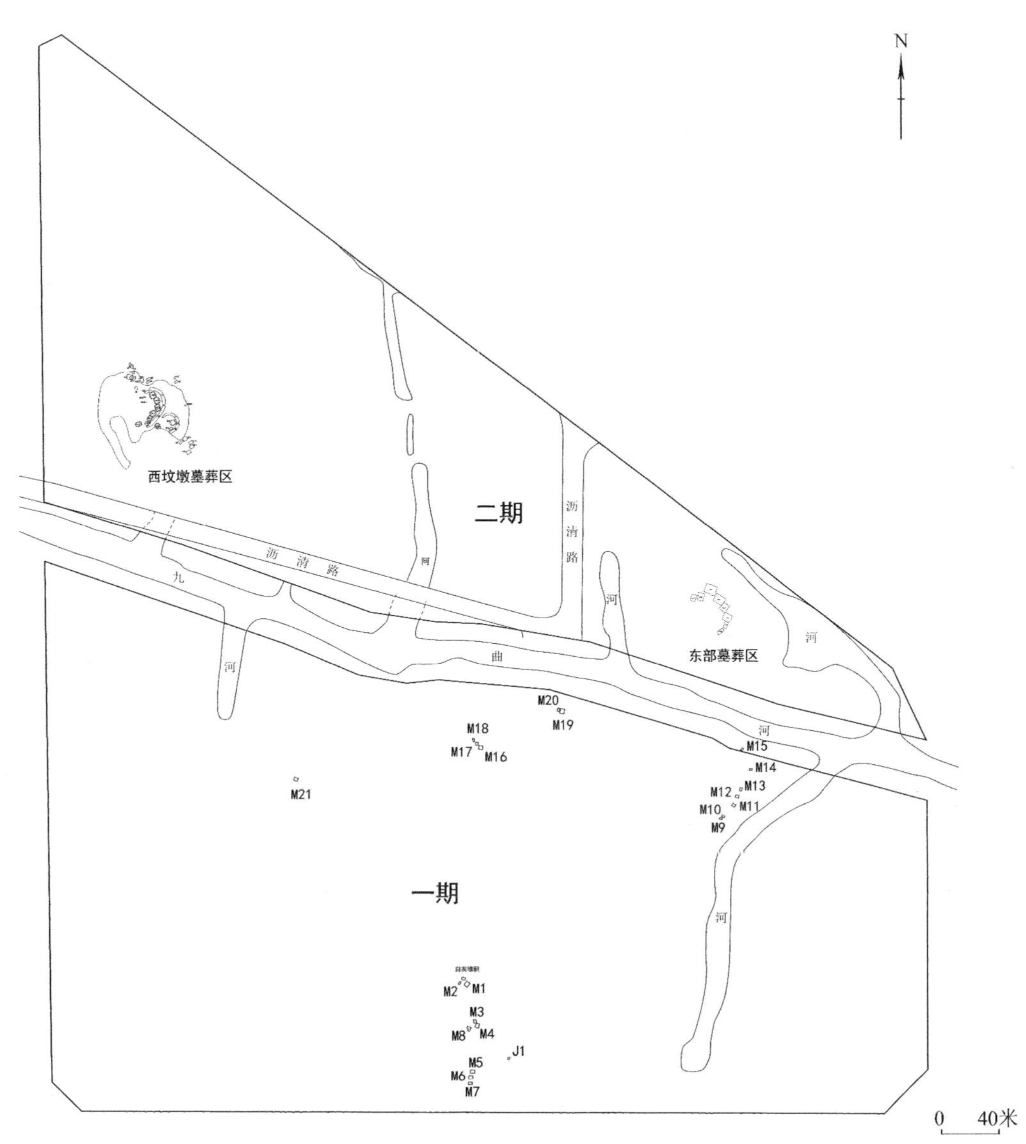

图二　海洋王国主题公园一期墓葬位置总图

二、墓葬形制及随葬器物

M1

（一）墓葬形制

M1 位于长乔海洋公园一期南部，竖穴土坑浇浆墓，平面长方形，方向 83° 。墓坑长 3.16、宽 2.8、深 1.06 ~ 1.6 米。坑内三棺南北向并列摆放，北棺与中棺和南棺之间的浇浆颜色不一样，坑底高度较浅，为后期合葬所致。三具木棺保存完好，均内外髹黑漆，平面呈梯形，横剖面呈鼓形。南棺前挡纵向粘贴阳文描金“皇清例赠登仕郎显考锦豊府君之寿□”铭文，棺长 2.34 米，前宽 0.67、高 0.84 米，后宽 0.6、高 0.72 米，棺板厚度 10 厘米。中棺长 2 米，前宽 0.5、高 0.54 米，后宽 0.37、高 0.49 米，棺板厚度 3 ~ 10 厘米。北棺前挡纵向刻阴文描金“皇清例赠孺人显妣韩氏孺人之灵柩”铭文。棺长 2.25 米，前宽 0.64、高 0.63 米，后宽 0.58、高 0.62 米，棺板厚度 10 厘米。

三具尸骨四周均用纸包灰袋固定，保存比较完整，头东脚西，面向上，仰身直肢，尸骨下也垫有防潮的石灰和木炭。南棺为男性，眉毛胡须清晰可见，面部皮肤毛孔仍可辨识，已塌陷。中棺为女性，仅存肩部衣物。北棺为女性，眉毛清晰可见，面部皮肤毛孔仍可辨识（图三）。

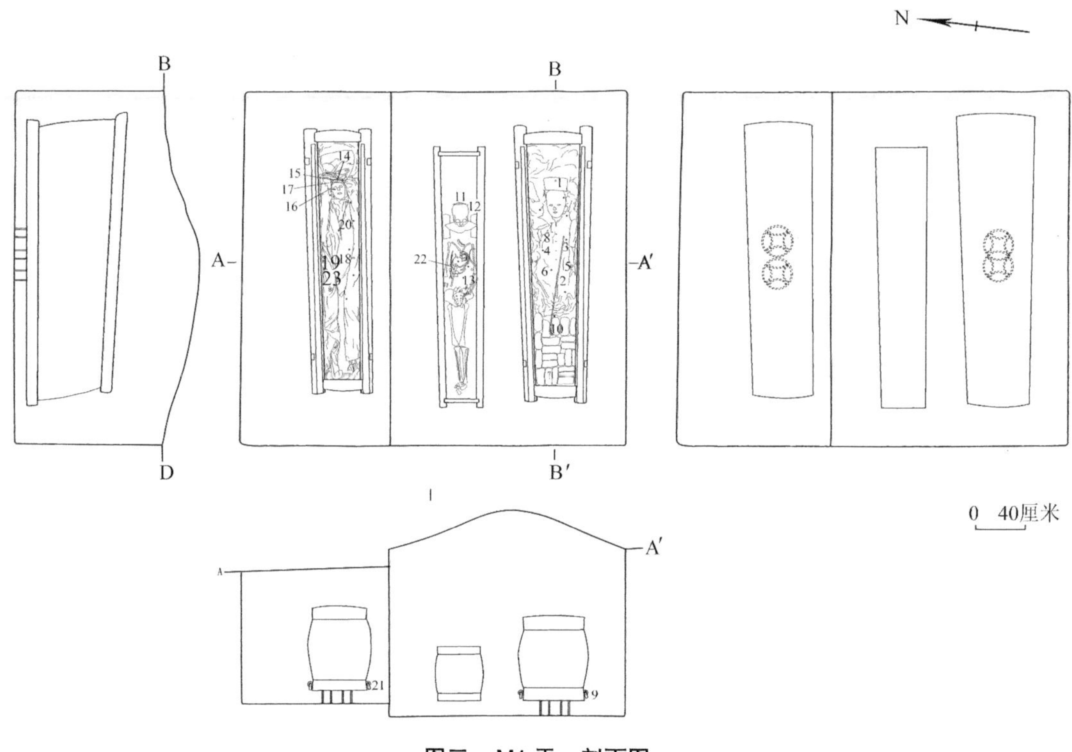

图三　M1 平、剖面图

1. 铜花钱　2. 竹竿　3、8. 铜扣　4、13、20. 铜钱　5、18. 银元宝　6. 金元宝　7. 珠饰　9. 铜扣环　10. 核桃　11. 铜鎏金扁簪　12. 玛瑙珠饰　14. 银佛像　15. 银步摇　16. 银簪　17. 银扁方　19. 鎏金银元宝　21. 铜扣环　22、23. 核桃

（二）随葬器物

出土随葬品 50 件。分述如下：

铜花钱 1 枚。M1∶1，钮残，位于南棺内帽子前檐的中部，中间弧形钮残断，边缘有一圆形小穿孔。正面浮雕“连中三元”铭文，背面素面，直径 3.6、厚 0.1 厘米（图四：1）。

竹竿 1 根。M1∶2，残损严重，位于南棺内尸身上。残长 80、直径 0.6 厘米。

铜扣 8 枚。M1∶3，5 枚，残，位于南棺第一层上衣上。M1∶8，3 枚，出土于南棺第二层上衣上。灯笼形，球体高浮雕变体缠龙纹，底层为细密短线纹，上部为圆形吊孔，通体鎏金。球体直径 1~1.1 厘米，通高 1.5~1.8 厘米（图四：2）。

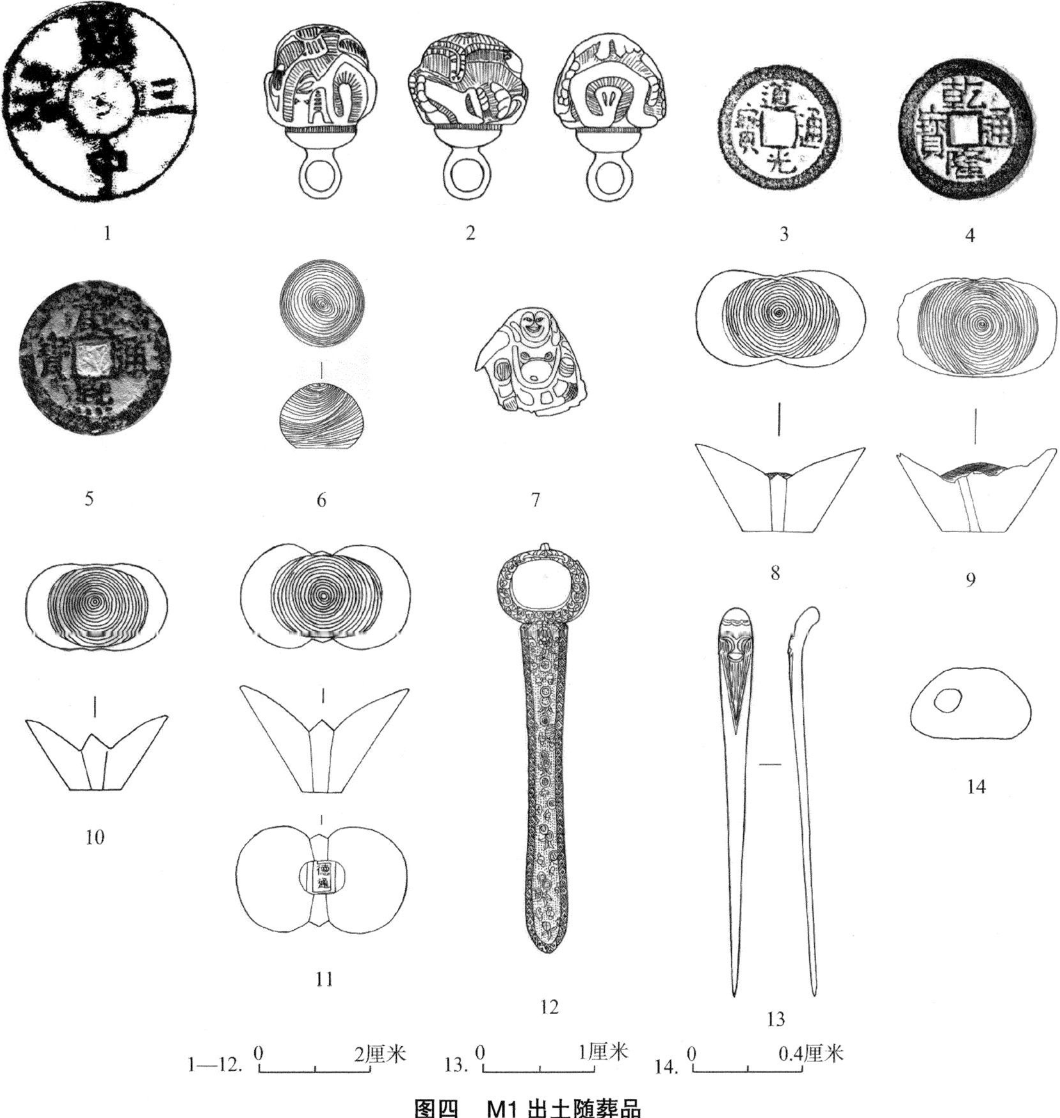

图四　M1 出土随葬品

1. 铜花钱（M1∶1）　2. 铜扣（M1∶8）　3—5. 铜钱（M1∶4-1、M1∶4-2、M1∶20）　6. 玛瑙珠饰（M1∶12）　7. 银佛像（M1∶14）　8—10. 银元宝（M1∶5、M1∶18、M1∶19）　11. 金元宝（M1∶6）　12. 银扁方（M1∶17）　13. 银簪（M1∶16）　14. 珠饰（M1∶7）

铜钱 4 枚。M1∶4，道光通宝、乾隆通宝各 1 枚，残损严重，位于南棺内尸骨身下。M1∶4–1，道光通宝。直径 2.3、穿边长 0.5 厘米；M1∶4–2，乾隆通宝。直径 2.3、穿边长 0.6 厘米。M1∶13，康熙通宝。残损严重，位于中棺尸骨下面，直径 2.7、穿边长 0.6、缘宽 0.25、厚 0.1 厘米；M1∶20，康熙通宝。残，位于北棺底部，直径 2.6、穿边长 0.6、缘宽 0.3、厚 0.1 厘米（图四：3—5）。

银元宝 2 件。M1∶5，位于南棺墓主右手位置。空心，船形两端上翘，正面刻画细密螺旋纹，背面有系绳穿孔。长 3.1、宽 1.7、高 1.6 厘米。重 4.84 克。M1∶18，位于北棺墓主右手位置。长 2.5、宽 1.4、高 1.3 厘米。重 1.41 克（图四：8、9）。

鎏金银元宝挂件 1 件。M1∶19，位于北棺墓主左手位置。空心，船形两端上翘，正面刻画细密螺旋纹，背面有系绳穿孔。长 2.6、宽 1.5、高 1.4 厘米。重 1.54 克（图四：10）。

金元宝挂件 1 件。M1∶6，位于南棺墓主左手位置。空心，船形两端上翘，正面刻画细密螺旋纹，背面有系绳穿孔。长 3.1、宽 1.9、高 2 厘米。重 1.85 克（图四：11）。

珠饰 1 件。M1∶7，完整，位于南棺墓主右脚尖位置，不规则形，白色有光泽，中间有一穿孔（图四：14）。

核桃 17 个。南棺采集核桃 3 个，位于尸骨下肢部；中棺采集核桃 6 个，位于尸骨腹部及下肢部位；北棺采集核桃 8 个，位于尸骨右腿外侧。

铜扣环。M1∶9，位于北棺四角，共 4 个，勾云形，有的附有残破的铜钉、铜片。M1∶21，位于南棺四角，共 4 个，勾云形，有的附有残破的铜钉、铜片（图版三三：7）。

鎏金铜扁方 1 件。M1∶11，残，位于中棺墓主头顶部。方身长扁形，尾端略窄，正面錾刻植物花卉纹，头部椭圆形，中间嵌红色玛瑙，周边绕一组蝴蝶花卉饰件，通长 14.6 厘米（图版三三：3）。

玛瑙珠饰 1 颗。M1∶12，完整，位于中棺墓主头左侧。淡红色，圆珠形，底平，有两系绳圆孔，有裂隙。直径 1.6、高 1 厘米（图四：6）。

银佛像缀件 1 个。M1∶14，略残，位于北棺墓主抹额位置。银制鎏金，弥勒佛造型，缀于帽子前额。高 1.8、宽 2 厘米（图四：7）。

银步摇 1 件。M1∶15，残，位于北棺墓主头后顶。细锥形，步摇头部整体造型为三个连续的菱形底架上焊接了一富贵灯笼和一组莲花基座，连接的摇摆件缺失。通长 10 厘米（图版三四：6）。

银簪 1 件。M1∶16，完整，位于北棺墓主头部。整体锥形，顶端扁平微上翘，尾端细锥形，正面刻一长须寿星，背面錾刻“乾泰”款。通长 6.7 厘米，最宽处 0.6 厘米（图四：13）。

银扁方 1 件。M1∶17，完整，位于北棺墓主头部。方身扁平，中间窄收，正面錾刻细密富贵花卉吉祥图案，背面刻“宝庆”款。簪头部绞丝、堆叠双层椭圆底座镶嵌一拇指盖大小的淡红色玛瑙，通体鎏金。通长 11.5 厘米（图四：12）。

M2

（一）墓葬形制

M2 为竖穴土坑双人合葬砖石墓，方向 10° 。墓坑平面呈梯形，北宽南窄，长 2.65、宽 1.85 ~ 2.22、深 1.22 米。砖室为单砖错缝平砌，中间有隔墙，并列分为东西两室。隔墙为交叉单砖侧立、平铺。隔墙中上部有一小过洞，过洞南北宽 14、高 10、进深 24 厘米。墓砖为长条形青灰色，分大小两种规格，大砖长 24、宽 10、厚 6 厘米，小砖长 24、宽 10、厚 3 ~ 4 厘米。

东西两室平面均呈梯形，北宽南窄。墓口上用石板封盖，石板残破坍塌。东室长 2.2、宽 0.68 ~ 0.8、深 0.72 米，西室长 2.2、宽 0.68 ~ 0.82、深 0.72 米。东西两室北壁正中各砌一长方形壁龛。东室壁龛宽 18、高 24、进深 10 厘米，西室壁龛宽 18、高 24、进深 10 厘米。东西两室均有木棺朽痕，残存有零散的肢骨，葬式不详，性别不详（图五）。

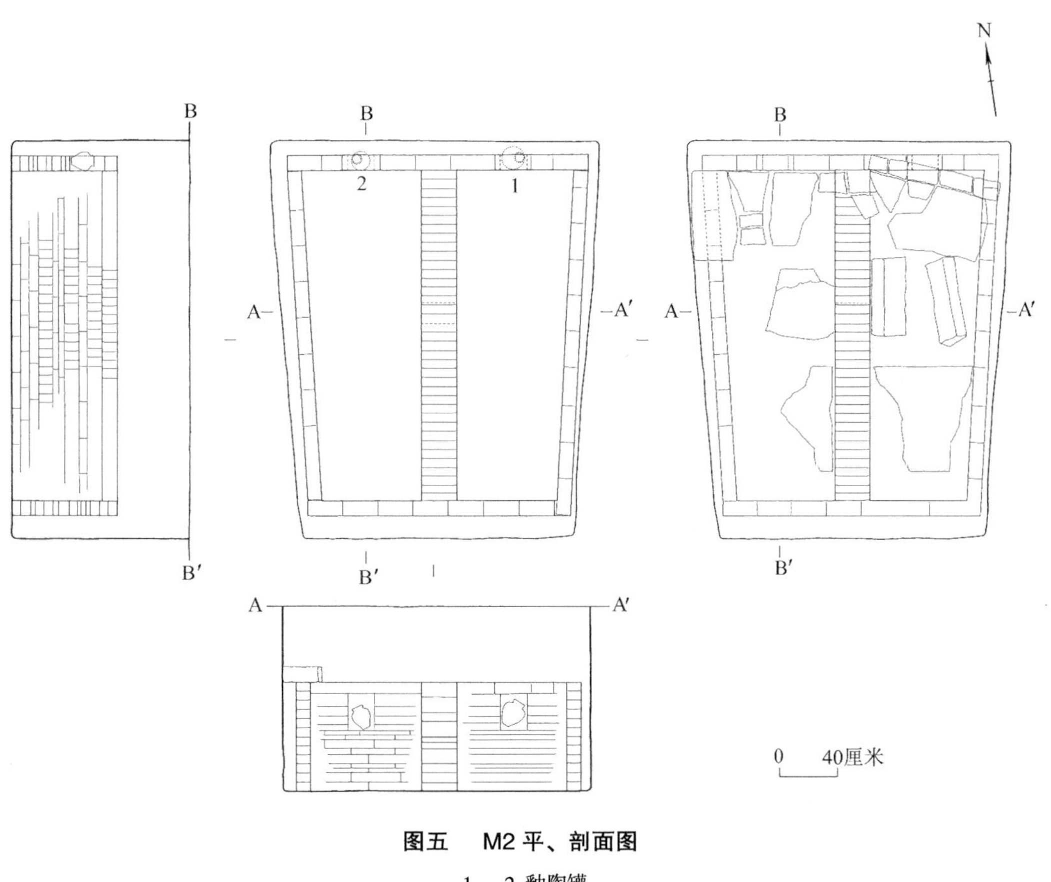

图五 M2 平、剖面图

1、 2. 釉陶罐

（二）随葬器物

出土随葬品 2 件，东室釉陶罐 1 件，西室釉陶罐 1 件。分述如下：

釉陶罐 2 件。M2：1，残，位于东室北壁龛内。侈口，圆唇，无领，溜肩，斜腹，平底，器身满布竹木刮削痕迹。口径 8、底径 9、通高 22 厘米。M2：2，完整，位于西室北壁龛内。直口，方唇，束颈，矮领，圆鼓肩，下腹内收，小平底，肩腹部满布竹木刮削痕迹。口径 9.4、底径 8、通高 20 厘米（图六：1、2）。

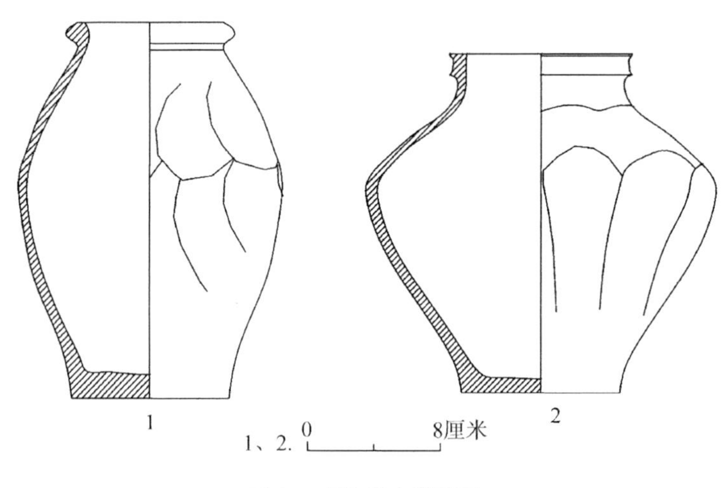

图六　M2 出土随葬品

1、2. 釉陶罐（M2：1、M2：2）

M3

（一）墓葬形制

M3 为竖穴土坑双人合葬砖室墓，方向 33°。墓坑平面呈梯形，北宽南窄，长 2.52、宽 1.78 ~ 2.08、深 0.84 米。砖室为单砖错缝平砌，中间有隔墙，分为并列的东西两室。隔墙为单砖错缝平砌。隔墙北部砌有一小过洞，过洞宽 24、高 40、进深 18 厘米。隔墙砖比四壁和墓顶的砖规格大。过洞砖长 40、宽 18、厚 10 厘米；墙和顶砖长 22、宽 7、厚 3 厘米。东西两室平面均呈梯形，北宽南窄，拱形砖券顶。东室拱形顶已坍塌，砖块落入墓室内；西室拱形顶保存较完好。

东室长 2.18、宽 0.68 ~ 0.78、现高 0.68 米；西室长 2.2、宽 0.68 ~ 0.82、高 0.72 米。东西两室北壁正中各有一长方形壁龛。东室壁龛宽 18、高 18、进深 16 厘米，西室壁龛宽 20、高 18、进深 16 厘米。东西两室均有木棺朽痕和零散的肢骨，葬式不详，性别不详（图七）。

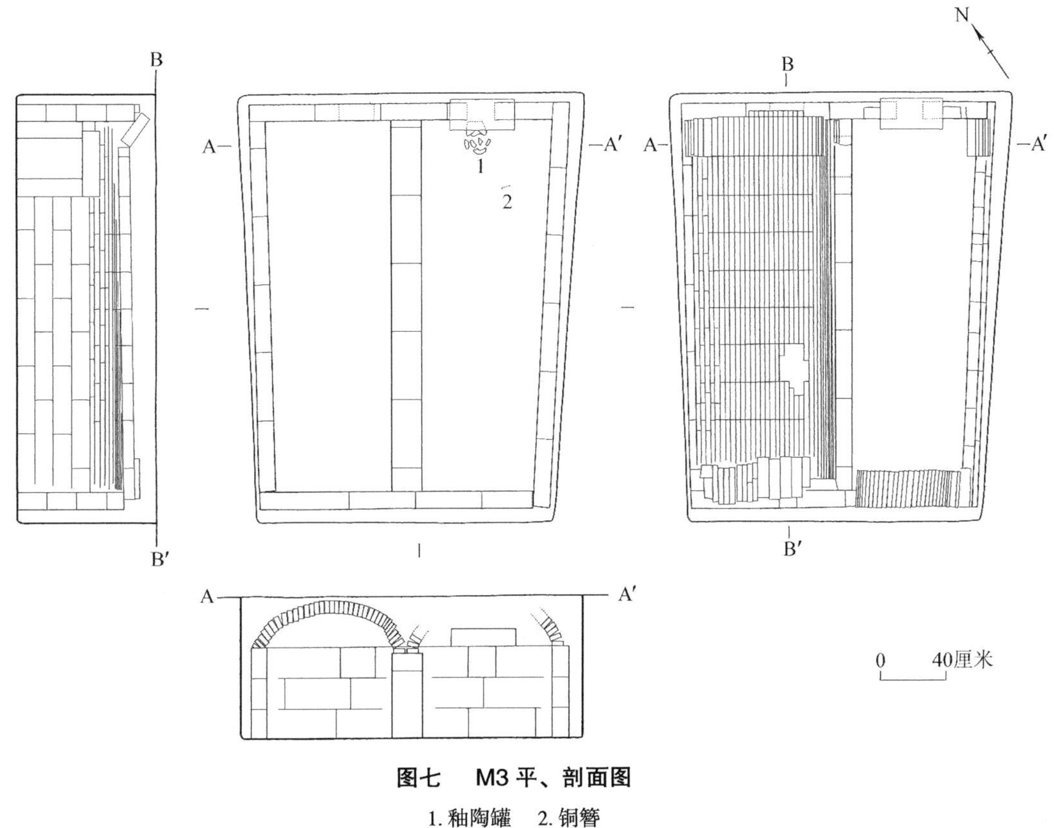

图七　M3 平、剖面图

1. 釉陶罐　2. 铜簪

（二）随葬器物

出土随葬品 2 件，釉陶罐、铜簪各 1 件，均位于东室北部。

釉陶罐 1 件。M3：1，残，位于东室北部。侈口，圆唇，无领，垂腹，平底，下腹部以上满布黑褐色釉。口径 8、底径 9.2、通高 15 厘米（图版三〇：5）。

铜簪 1 件。M3：2，残，位于东室北部。扁条形，顶端稍宽，弯曲成钩，尾端逐渐变细，通长 6 厘米（图版三四：2）。

M4

（一）墓葬形制

M4 为竖穴土坑双人合葬砖石墓，方向 0°。墓坑平面呈“Z”字形，通长 3.46、宽 1.88、深 0.86 ～ 1.12 米。

东西两室并列前后错位，平面均呈梯形，北宽南窄。东室为拱形砖券顶，拱形顶已坍塌，砖块落入墓室内。西室墓口上用石板封盖，石板保存较完好，石板长 100、宽 72、厚 7 ～ 10 厘米。

东室长 2.08、宽 0.56 ～ 0.72、高 0.7 米，西室长 2.2、宽 0.68 ～ 0.76、高 0.68 米。西室北壁正中砌一长方形壁龛，宽 18、高 16、进深 16 厘米。东西两室均有木棺朽迹和零散的肢骨，葬式不详，性别不详（图八）。

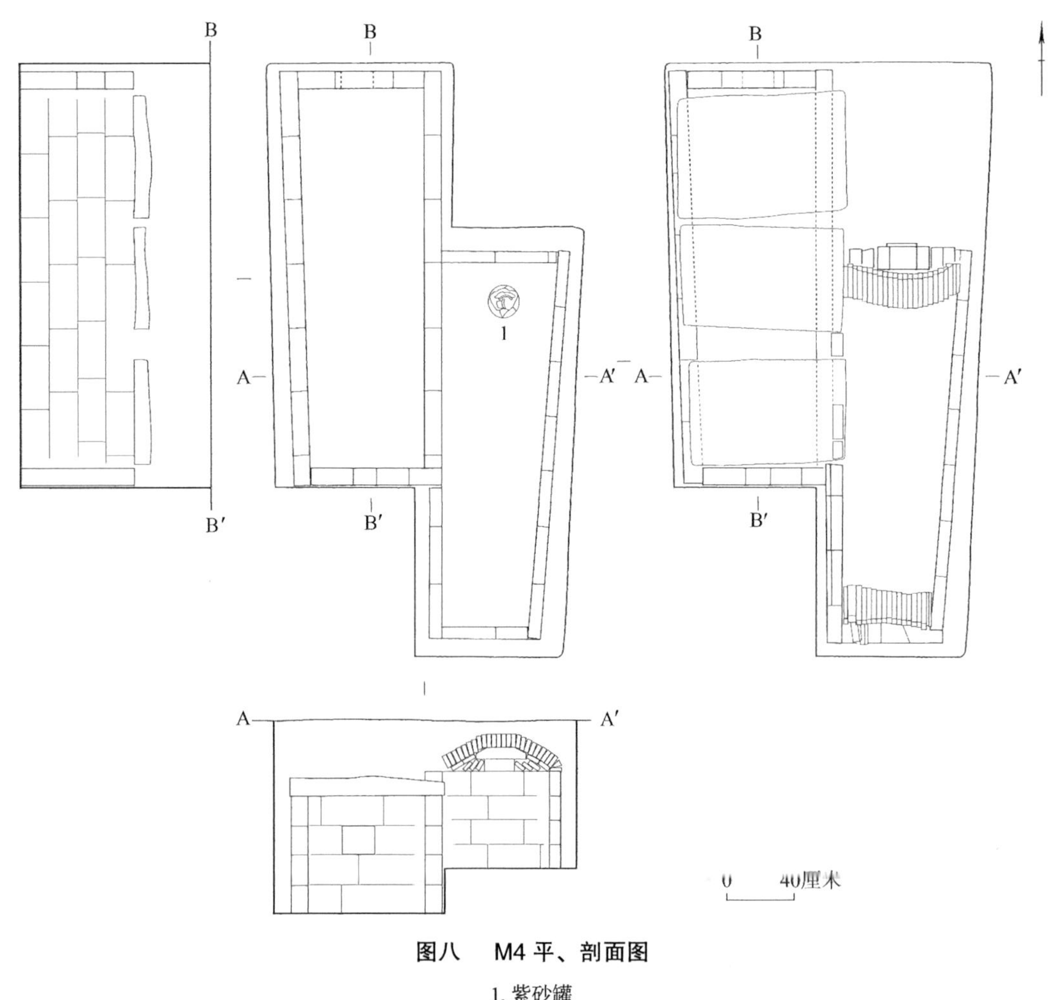

图八　M4 平、剖面图

1. 紫砂罐

（二）随葬器物

东室出土紫砂罐 1 件。

紫砂罐 1 件。M4 :1，直口，方唇，直领，弧肩，弧鼓腹，平底矮圈足。红褐色胎，灰白色胎衣基本脱落。口径 8.6、底径 9.6、高 12 厘米（图九）。

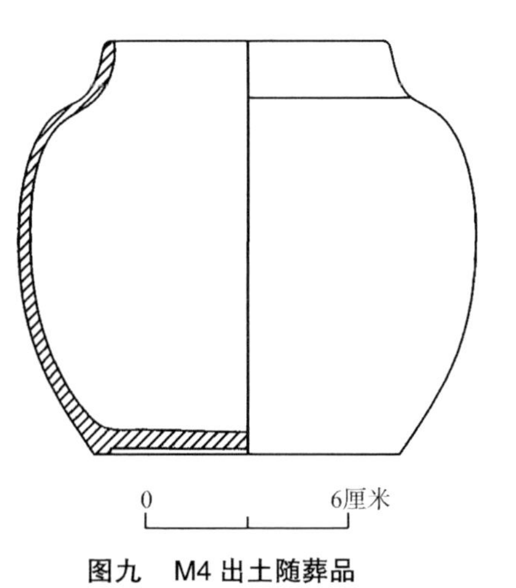

图九　M4 出土随葬品

紫砂罐（M4 ：1）

M5

（一）墓葬形制

M5 为竖穴土坑双人合葬砖石墓，方向 285° 。墓坑平面呈梯形，西宽东窄，长2.6、宽1.94 ~ 2.06、深0.76米。砖室为单砖错缝平砌，中间有隔墙，并列分为南北两室。隔墙中上部砌有一小过洞，过洞宽0.14、高0.21、进深0.2米。砖为长条形青灰砖，长0.2、宽0.1、厚0.02米（图十）。

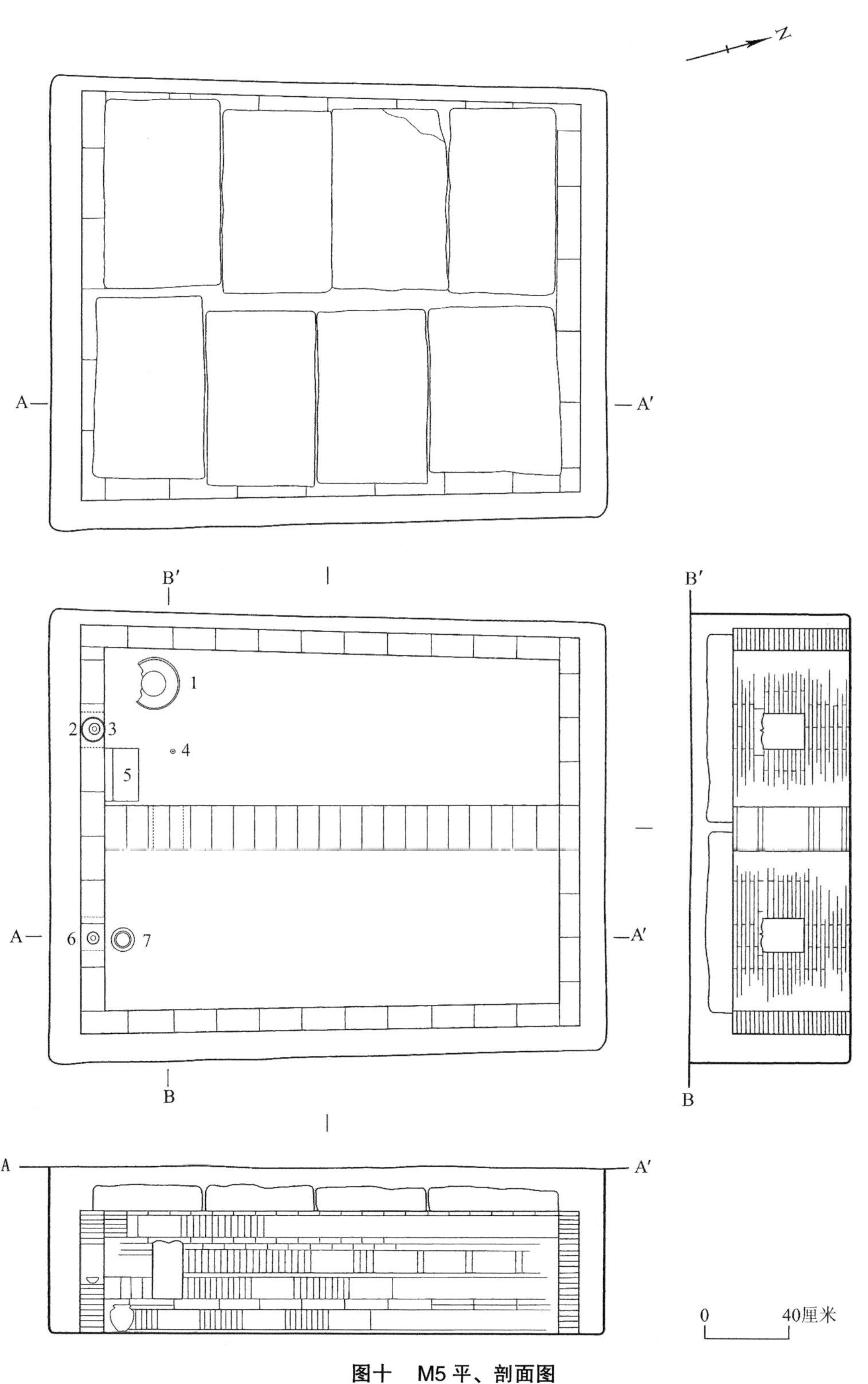

图十　M5平、剖面图

1. 釉陶盆　2、6. 釉陶盏　3. 瓷碗　4. 铜钱　5. 墓志砖　7. 釉陶罐

南北两室平面均呈梯形，西宽东窄。墓口用石板封盖，石板保存较完整，石板长0.86、宽0.56、厚0.14米。南室长2.12、宽0.68～0.72、深0.72米，北室长2.12、宽0.66～0.72、深0.72米。南北两室西壁正中各砌一长方形壁龛，南室壁龛宽14、高20、进深12厘米，北室壁龛宽16、高18、进深12厘米。南北两室均有木棺朽痕与零散的肢骨，葬式不详，性别不详。

（二）随葬器物

出土随葬品7件。北室出土陶盆、釉陶盏、瓷碗、墓志砖各1件，铜钱1枚；南室釉陶盏、釉陶罐各1件。分述如下：

釉陶盆1件。M5：1，位于墓室西北角，直口微内敛，宽平沿中间有一周凹槽，沿下内收，直弧腹，平底内凹。夹砂红褐色胎。口径23、底径20、高13厘米（图十一：1）。

青花瓷碗1件。M5：3，完整，位于北室壁龛内。侈口，尖圆唇，深弧腹，矮圈足。器内外施青釉，沿下绘蓝彩一周，内底绘草叶纹。口径11.4、底径4.8、高5厘米（图十一：2）。

釉陶罐1件。M5：7，完整，位于南室西端。侈口，卷沿，束颈，肩微折，直弧腹，平底。夹砂灰胎，器表上部施褐釉。口径7、底径7、高10厘米（图十一：3）。

康熙通宝1枚。M5：4，完整，位于北室西部，锈蚀。直径2.8、穿边长0.6、缘宽0.35、厚0.1厘米（图十一：4）。

釉陶盏2件。M5：2，完整，位于北室壁龛内，敞口，弧腹，圜底，紫砂胎。器内施黑釉，器表素面。口径8.5、高2厘米。M5：6，残，位于南室壁龛内，侈口，微卷沿，弧腹，

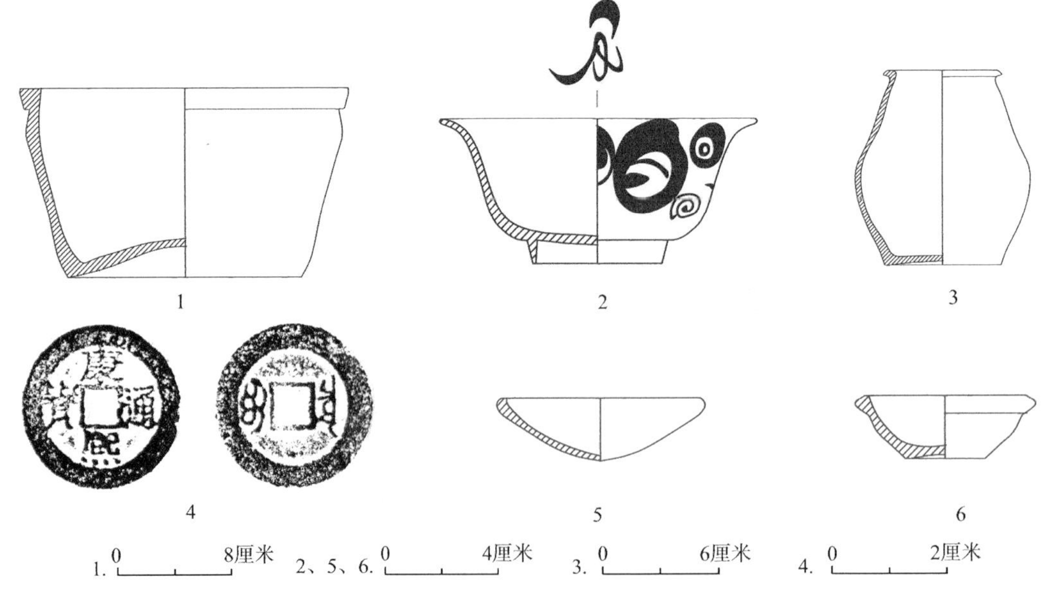

图十一　M5出土随葬品

1.釉陶盆（M5：1）　2.瓷青花碗（M5：3）　3.釉陶罐（M5：7）
4.康熙通宝（M5：4）　5、6.釉陶盏（M5：2、M5：6）

平底微内凹，紫砂胎，器内外施黄褐釉，器内釉多脱落。口径 8、底径 3.4、高 2.2 厘米（图十一：5、6）。

墓志砖 1 个。M5 : 5，完整，位于北室西端。方形青砖，边长 24、厚 3 厘米，光滑的一面朱砂书写志文，朱砂大部分脱落，志文难以辨识。

M6

（一）墓葬形制

M6 为竖穴土坑双人合葬砖石墓，方向 288° 。墓坑平面近长方形，长 3.08、宽 2.14、深 0.82 米。砖室为单砖错缝平砌，中间有隔墙，并列分为南北两室。隔墙为单砖侧立、平铺交叉砌成。隔墙中上部砌有一小过洞，过洞宽 18、高 20、进深 20 厘米。砖为长条形青灰砖，长 20、宽 10、厚 4 厘米。

南北两室平面均呈梯形，西宽东窄。墓口上用石板封盖，石板保存较完整，长 0.9、宽 0.6、厚 0.12 米。南室长 2.2、宽 0.7 ~ 0.78、深 0.7 米，北室长 2.2、宽 0.78 ~ 0.82、深 0.7 米。南北两室西壁正中各砌一长方形壁龛。南室壁龛宽 12、高 20、进深 10 厘米，北室壁龛宽 18、高 20、进深 10 厘米。

南北两室均有残损木棺和零散的肢骨，葬式不详，性别不详（图十二）。

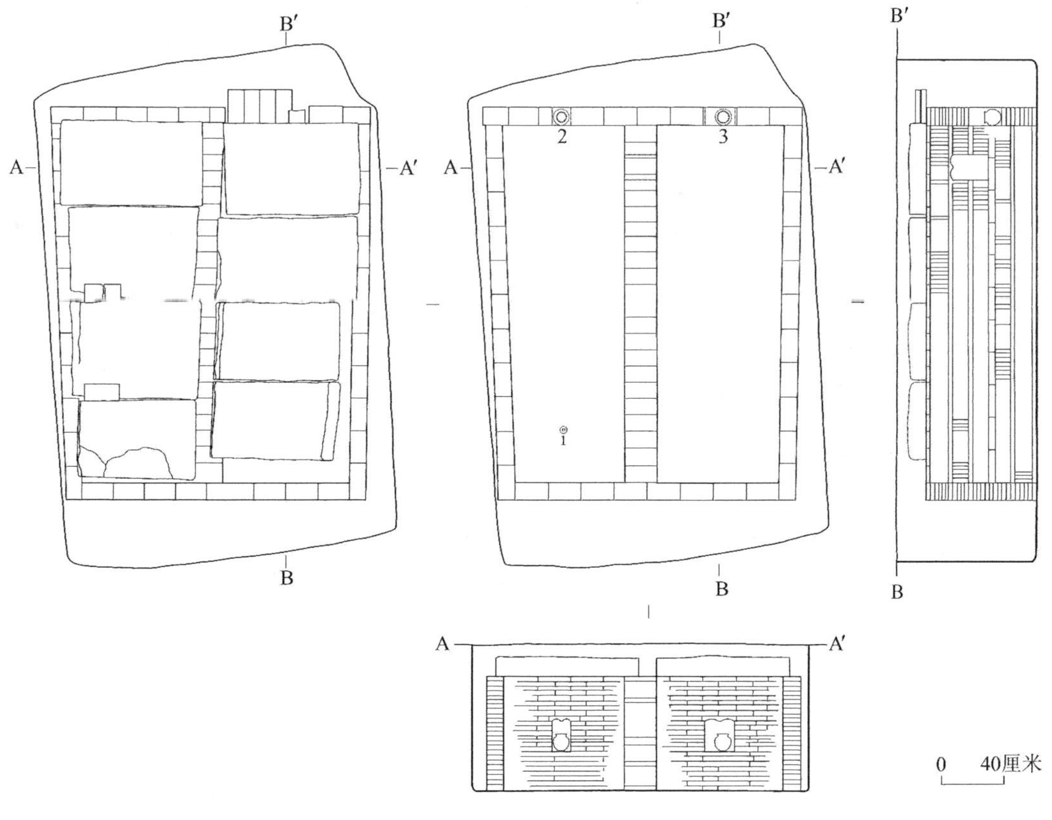

图十二　M6 平、剖面图

1. 铜钱　2、3. 釉陶罐

（二）随葬器物

出土随葬品3件。南室出土铜钱1枚、釉陶罐1件，北室出土釉陶罐1件。分述如下：

顺治通宝1枚。M6：1，锈蚀，位于南室东部，直径2.4、穿边长0.6、缘宽0.2、厚0.1厘米（图十三：1）。

釉陶罐2件。M6：2，残，位于南室西端壁龛内。侈口，圆唇卷沿束颈矮领，鼓肩，鼓腹，平底，红褐色紫砂胎，器表下腹以上施酱釉，下腹绘一组草叶花卉。口径7.6、底径8.2、高11.8厘米。M6：3，残，位于北室西部壁龛内。侈口，圆唇卷沿，无领，溜肩，鼓腹，平底。浅灰白泥质胎，器表施酱釉。口径7.5、底径8.4、高10厘米（图十三：2、3）。

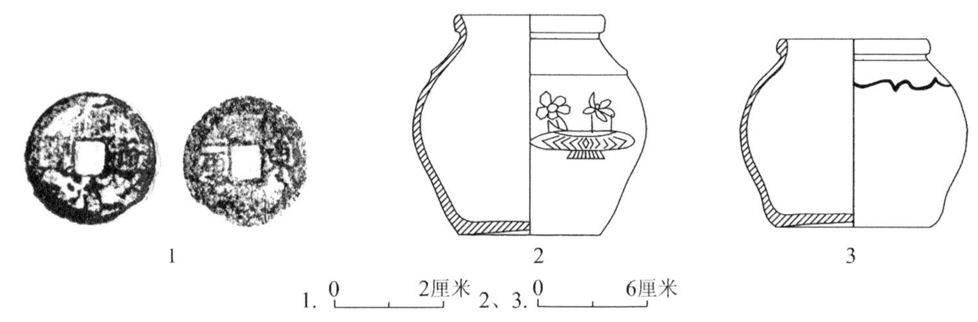

图十三　M6出土随葬品

1. 顺治通宝（M6：1）　2、3. 釉陶罐（M6：2、M6：3）

M7

（一）墓葬形制

M7为竖穴土坑双人合葬砖石墓，方向283°。墓坑平面呈梯形，长2.5、宽1.8 ~ 1.9、深0.82米。砖室为单砖错缝平砌，中间有隔墙，并列分为南北两室。隔墙为单砖侧立与平铺交叉砌成。隔墙中上部砌有一小过洞，过洞宽12、高12、进深28厘米。砖为长条形青灰砖，长28、宽13、厚5厘米。

南北两室平面均呈梯形，西宽东窄。墓口用石板封盖，石板保存较完整，长0.82、宽0.56、厚0.12米。两室墓底西部均有板瓦。南室长2.12、宽0.57 ~ 0.68、深0.62米，北室长2.12、宽0.56 ~ 0.68、深0.2米。南北两室西壁正中各砌一长方形壁龛。南室壁龛宽16、高20、进深12厘米，北室壁龛宽16、高20、进深12厘米。

南北两室均有残损木棺和零散的肢骨节，葬式不详，性别不详（图十四）。

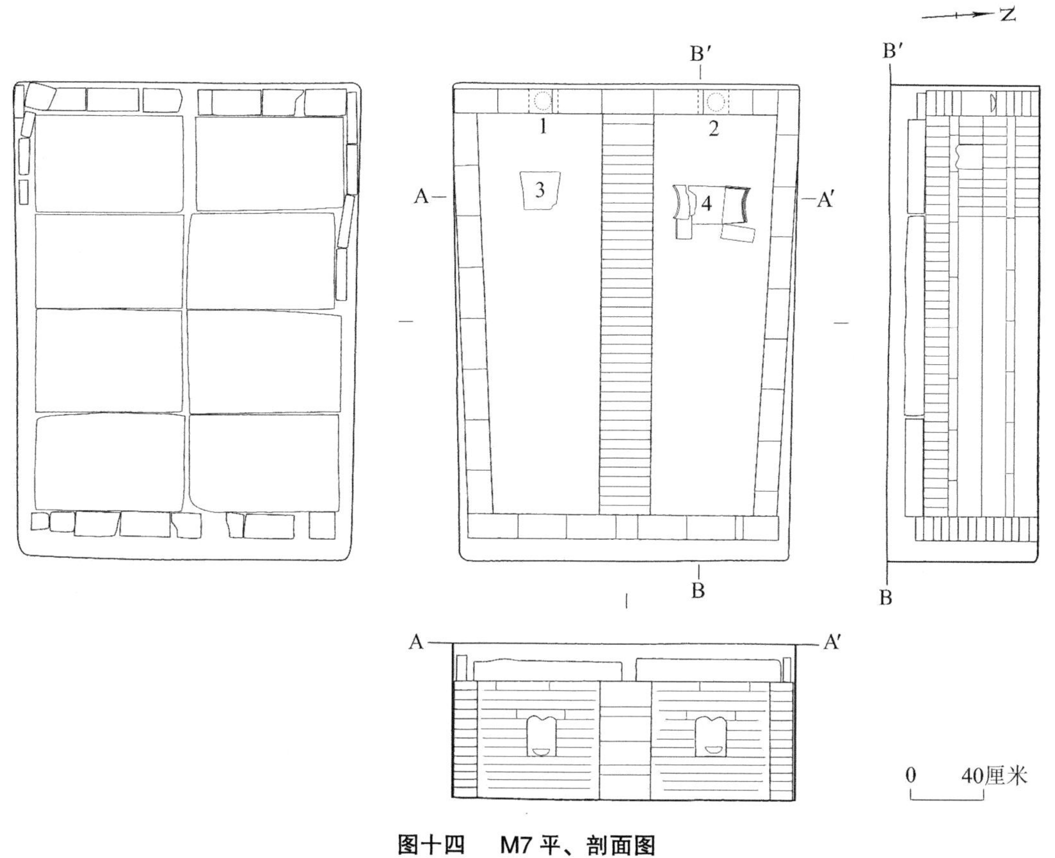

图十四　M7 平、剖面图

1、2. 釉陶盏　3、4. 板瓦

（二）随葬器物

出土随葬品 2 件。南、北室各出土釉陶盏 1 件。

釉陶盏 2 件。M7∶1，残，位于南室壁龛下方，推测原置于壁龛内。敞口，圆唇，卷沿，弧腹，平底微内凹。夹砂红胎，器内外施黄褐釉。口径 8.8、底径 4、高 2.5 厘米。M7∶2，残，位于北室壁龛下方，推测原置于壁龛内。敞口，尖圆唇，微卷沿，弧腹，平底微内凹。灰褐色夹砂胎，器表施灰褐釉，部分脱落。口径 7.4、底径 3.8、高 2.6 厘米（图十五：1、2）。

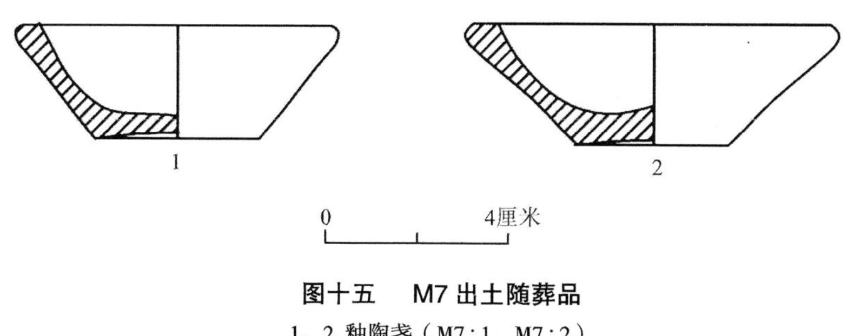

图十五　M7 出土随葬品

1、2. 釉陶盏（M7∶1、M7∶2）

M8

（一）墓葬形制

M8 为竖穴土坑单人砖室墓，方向 20° 。墓坑平面呈梯形，长 3.08、宽 1.16 ~ 1.24、深 0.6 米。残存铺地砖，为一字形错缝平铺。砖为长条形青灰砖，长 24、宽 13、厚 3 厘米。未发现葬具、人骨（图十六）。

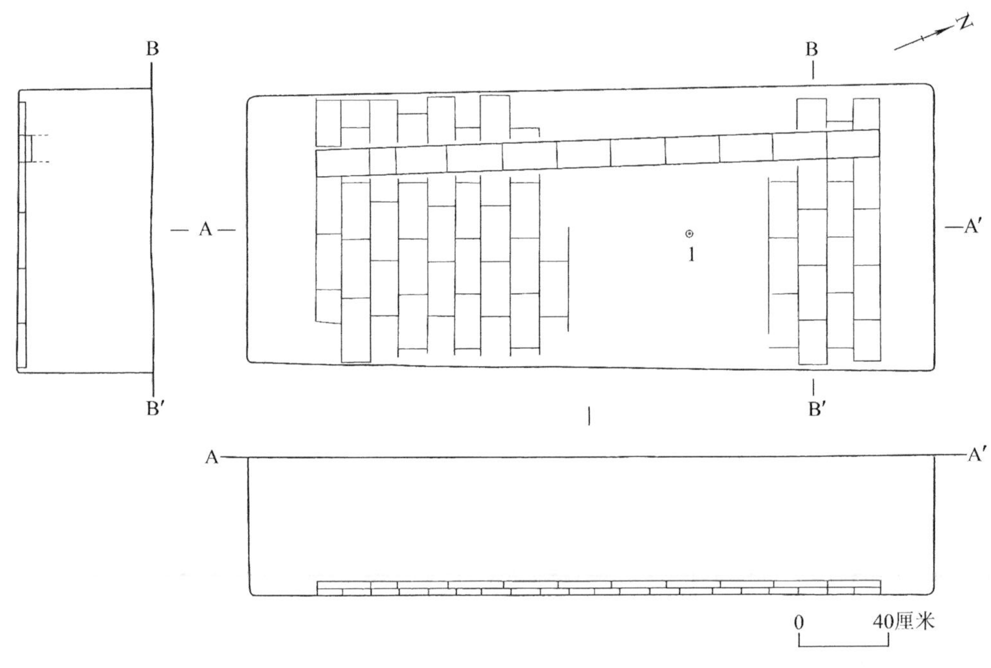

图十六　M8 平、剖面图

1. 铜钱

（二）随葬器物

出土随葬品 1 件。

铜钱 1 枚。M8∶1，锈蚀严重，基本呈粉末状，难以提取，钱文无法辨识。

M9

M9 为竖穴土坑单人砖室墓，方向 20° 。墓坑平面呈梯形，长 3.08、宽 2.24 ~ 2.56、深 0.7 米。墓底有铺地砖，为一字形错缝平铺。长条形青灰砖，长 24、宽 12、厚 4 厘米。未发现葬具、人骨和随葬品（图十七）。

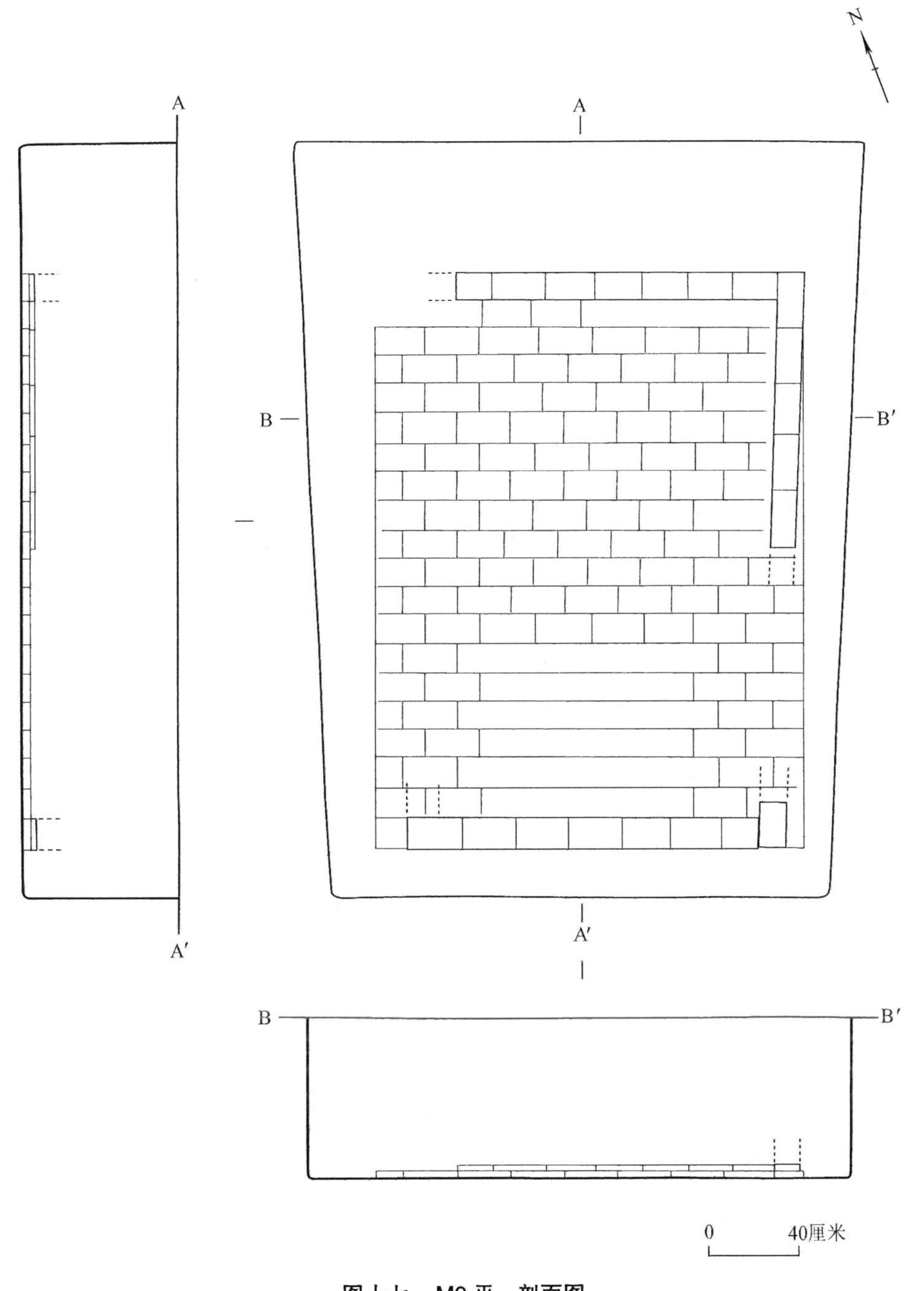

图十七 M9 平、剖面图

M10

（一）墓葬形制

M10 为竖穴土坑双人合葬砖室墓，方向 23° 。墓坑平面呈长方形，长 2.8、宽 2.6、深 0.8 米。墓坑南壁被一椭圆形扰坑打破，扰坑直径 0.9 米 ×0.34 米，深 0.8 米。墓底存铺地砖，为一字形错缝平铺，铺地砖上仅残存有墓室墙砖一层，中间有隔墙分为东西两室。

长条形青灰砖，长 20、宽 10、厚 3 厘米。

东西两室平面均呈长方形。西室长 2.2、宽 0.73、仅存深度 0.03 米，东室长 2.2、宽 0.74、仅存深度 0.03 米。东西两室均有极少木棺朽痕，未发现人骨（图十八）。

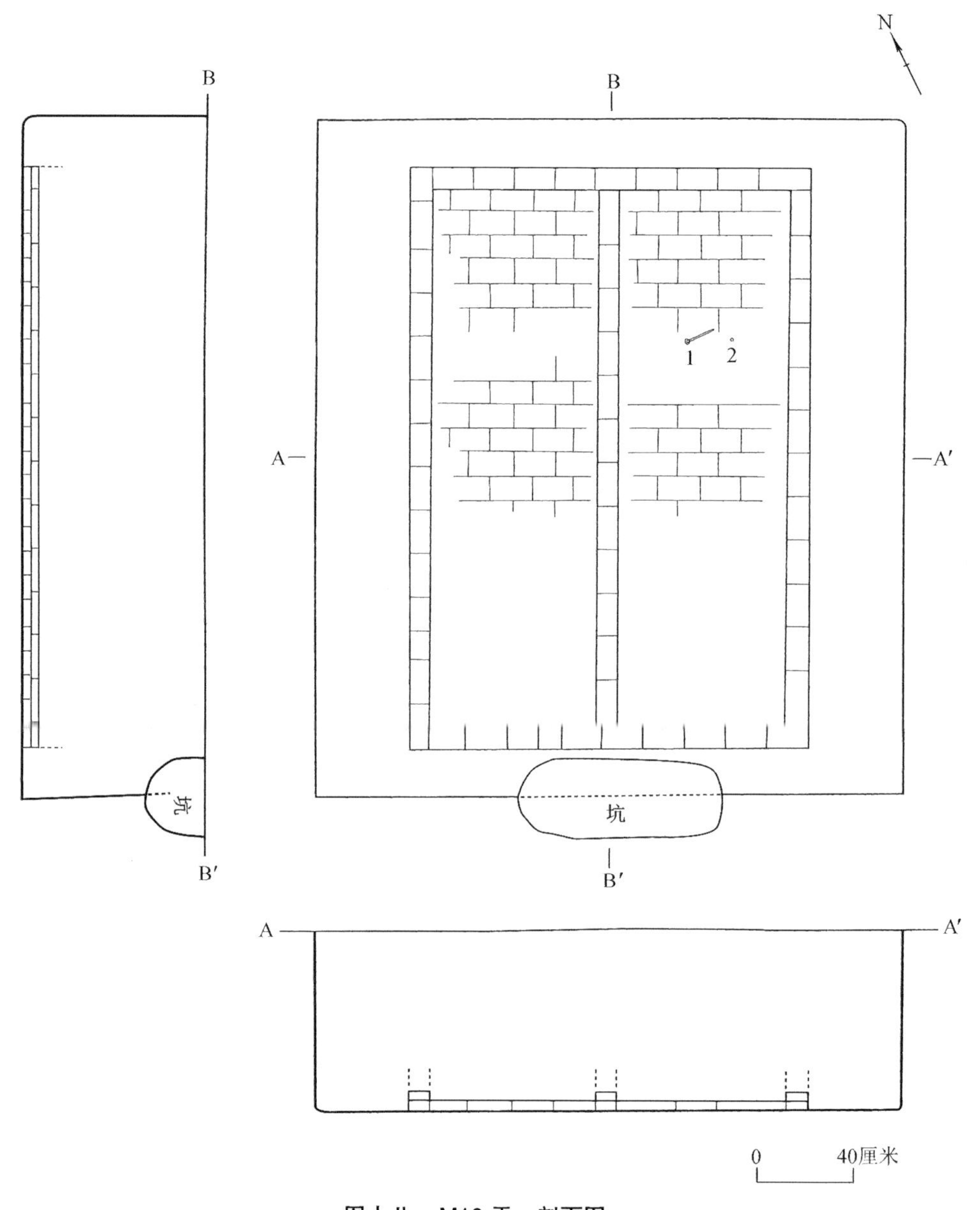

图十八　M10 平、剖面图

1. 鎏金银发簪　2. 珠饰

（二）随葬器物

出土随葬品 2 件，均在东室。

鎏金银发簪 1 件。M10∶1，残，位于墓室北部。扁平形。正面纹饰精美，底纹为细方格纹，主体纹饰为缠枝花卉，背面有“源顺”款。桃形簪首，镶嵌物缺失，表层鎏金大部分脱落。通长 13.3 厘米（图十九：1）。

珠饰 1 枚。M10∶2，残，位于墓室北部。豆粒形，白色石英岩，底部平整，为镶嵌饰件（图十九：2）。

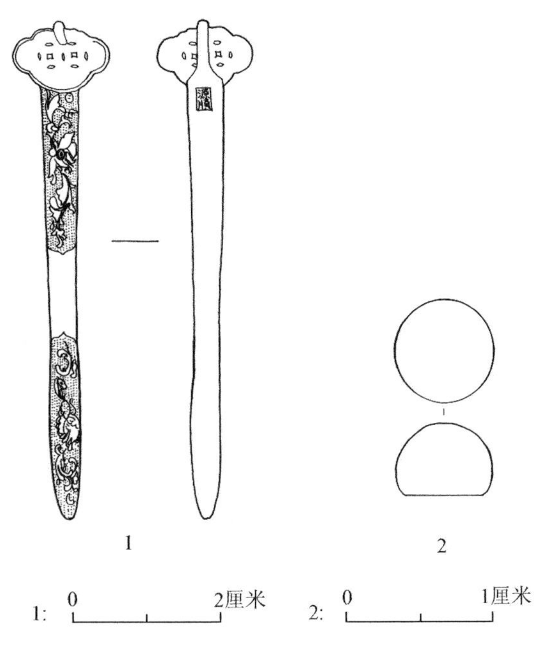

图十九　M10 出土随葬品

1. 鎏金银发簪（M10∶1）　2. 珠饰（M10∶2）

M11

（一）墓葬形制

M11 为竖穴土坑双人合葬石室墓，方向 14°。墓坑平面呈长方形，长 3.38、宽 2.96、深 1.52 米。墓室平面呈梯形，北宽南窄，石室用整块石板构筑，石板之间以榫卯连接。石室南北通长 2.78、宽 1.98 ~ 2.24 米，石板厚 0.2 米。

墓室中部南北向有一石板隔墙将墓室分为东西两室，隔墙石板厚 0.16 米。隔墙中间有一攒尖顶过洞，宽 0.2、高 0.2 米。

东西两室墓口各用两块石板封盖，东室石板完好，石板长 1.38、宽 1.07、厚 0.18 米；西室石板坍塌，损坏严重。

东室平面呈梯形，北宽南窄，长 2.2、宽 0.72 ~ 0.8、深 0.86 米。现存木棺一具，保存较差，腐朽较为严重，平面呈梯形。木棺残长 2.03、宽 0.5 ~ 0.64 米，残高 0.46 米，棺板厚 0.04 米。

西室平面呈梯形，北宽南窄，长 2.2、宽 0.7 ~ 0.84、深 0.86 米。现存木棺一具，保存较差，腐朽较为严重，平面呈梯形。木棺残长 2.03、宽 0.5 ~ 0.56 米，残高 0.48 米，棺板厚 4 厘米。两棺仅存零散肢骨节，葬式、性别不详（图二十）。

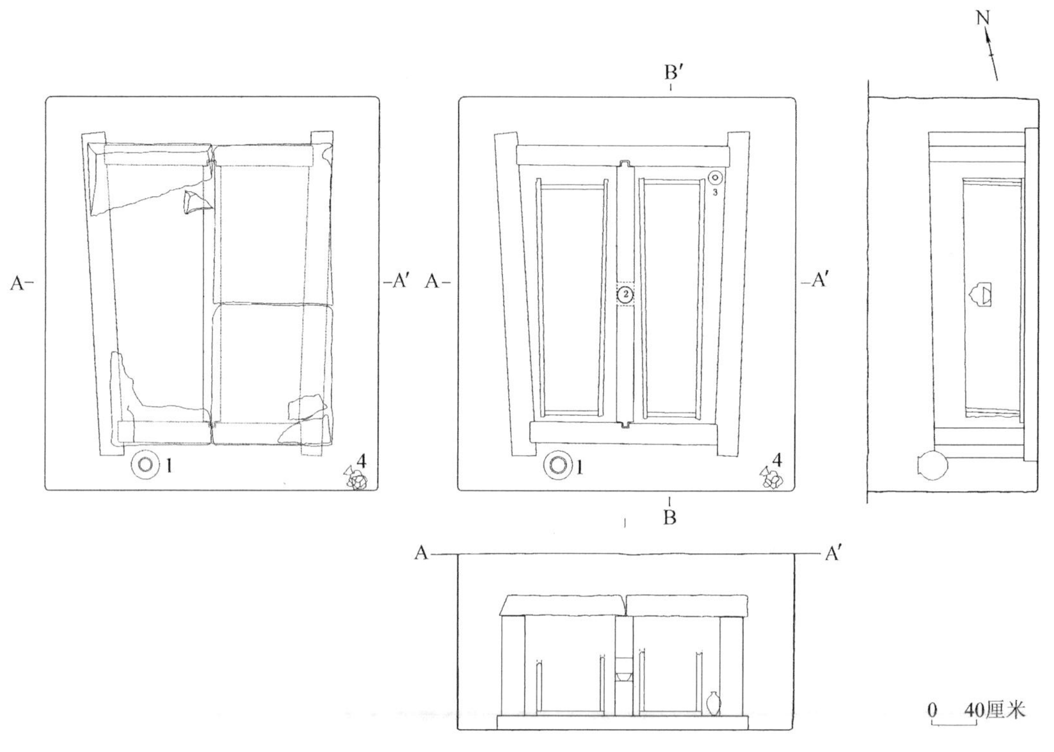

图二十　M11 平、剖面图

1. 釉陶壶　2. 青花瓷碗　3. 釉陶瓶　4. 青瓷碗残片

（二）随葬器物

出土随葬品 4 件。

釉陶壶 1 件。M11∶1，残，位于西室外西南部。侈口，卷沿圆唇，圆鼓腹，平底，一侧置流，一侧置把手，均残缺。红褐色夹砂胎，通体施酱褐釉。口径 14、底径 16、高 30 厘米（图二十一：1）。

青花瓷碗 2 件。M11∶2，残，平置于过洞。侈口，平沿，圆唇，沿下内收，深弧腹，圈足。灰白胎，内外施青釉，器表绘勾连圆圈纹，器底书写“二九”款。口径 14、底径 6、高 6.5 厘米。M11∶3，残，敞口，尖圆唇，弧腹，矮圈足。灰白胎。内外施青白釉，器表绘勾连青彩。口径 14.4、底径 5.6、高 5.5 厘米（图二十一：3、4）。

釉陶瓶 1 件。M11∶4，完整，位于东室东北角。子母扣，宽平沿，束颈无领，溜肩，圆鼓腹，小平底。红褐色夹砂胎，器表釉大部分脱落。口径 4、底径 4.6、高 18 厘米（图二十一：2）。

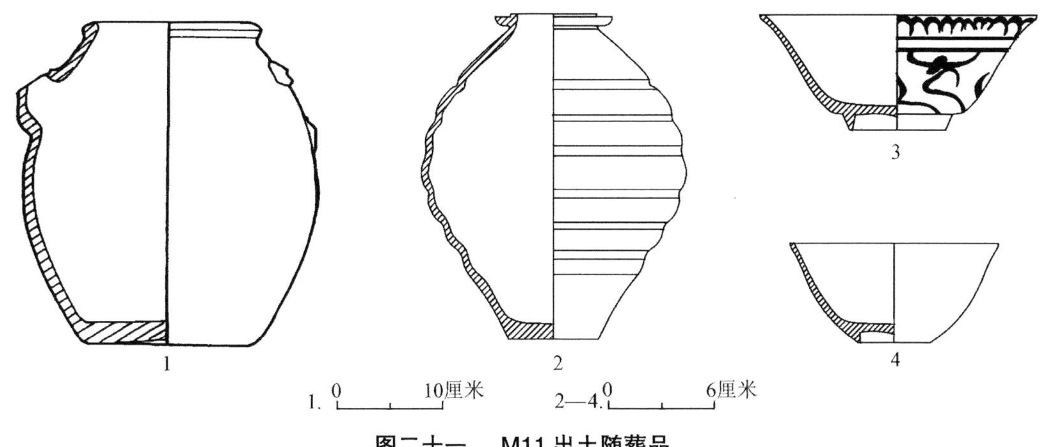

图二十一 M11 出土随葬品

1. 釉陶壶（M11∶1） 2. 釉陶瓶（M11∶4） 3、4. 青花瓷碗（M11∶2、M11∶3）

M12

M12 为竖穴土坑单人砖石墓，方向 17°。墓坑平面呈长方形，长 2.62、宽 1.2、深 0.85 米。

墓口顶部铺三块长方形石板，石板保存基本完好。石板缝隙之间用砖块填实。石板长 1.2、宽 0.56 ~ 0.68、厚 0.12 米。

墓室平面呈长方形，长 1.86、宽 0.65、深 0.6 米。四周用单砖错缝平砌，砖长 31、宽 13、厚 8 厘米。墓室砖墙坍塌变形，现保存七层，墓底未发现铺地砖。仅存棺木朽痕，人骨朽迹，未见随葬品（图二十二）。

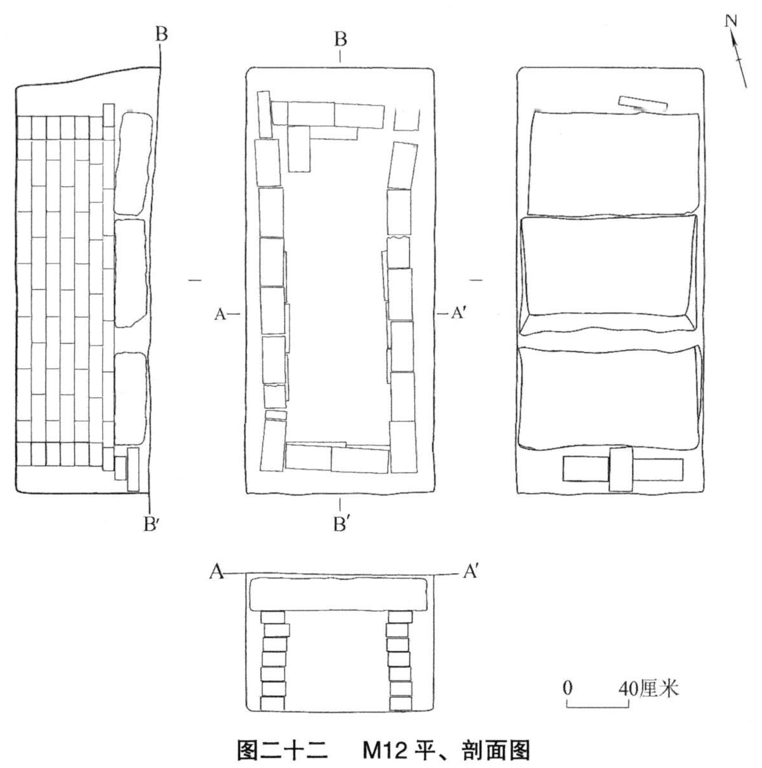

图二十二 M12 平、剖面图

M13

（一）墓葬形制

M13 为竖穴土坑双人合葬墓，方向 55° 。墓坑平面呈长方形，长 2.6、宽 1.4、深 0.64 米。两具木棺保存较差，腐朽严重，平面均呈梯形。东棺长 2.2、宽 0.6 ~ 0.66、残高 0.28 米，棺板厚 6 厘米；西棺长 2.2、宽 0.53 ~ 0.58、残高 0.28 米，棺板厚 5 厘米。东棺人骨严重腐朽，呈白色粉末；西棺仅存部分肢骨，其余呈白色粉末，葬式不详（图二十三）。

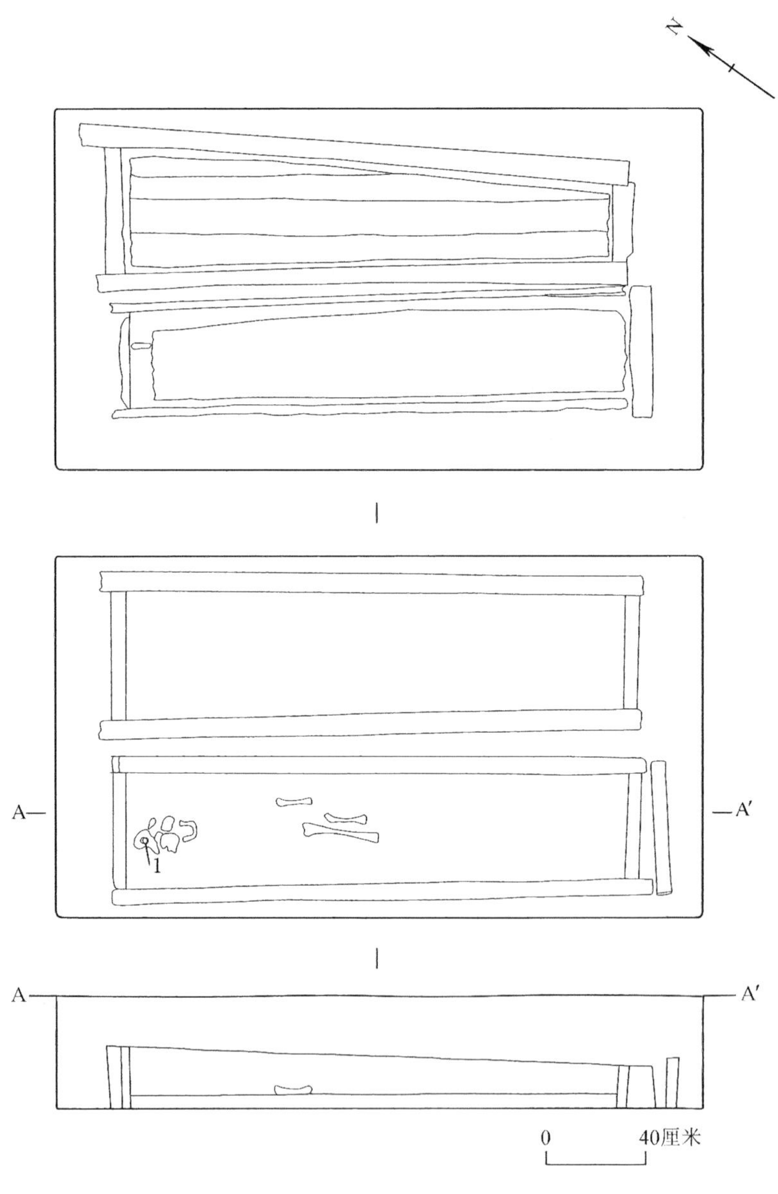

图二十三　M13 平、剖面图

1. 铜簪

（二）随葬器物

铜簪 1 件。M13：1，位于西棺头部。窄条形，逐渐细收成针形，簪首椭圆形底座，正面镶嵌一块红色玛瑙石，背面有款，字迹难辨。通长 7.5 厘米（图二十四）。

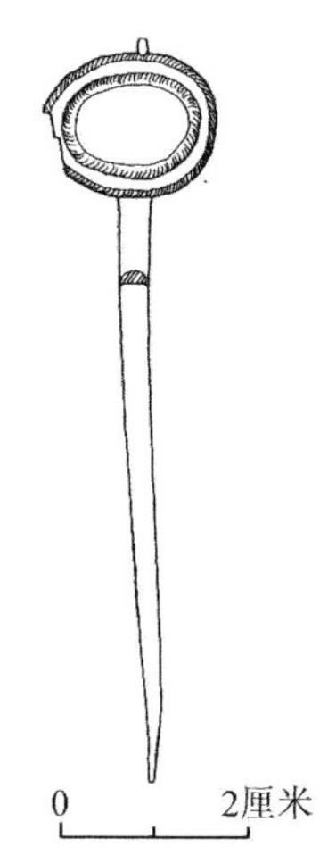

图二十四　M13 出土随葬品

铜簪（M13：1）

M14

（一）墓葬形制

M14 为竖穴土坑三合土浇浆双人合葬墓，方向 103°。墓坑平面呈长方形，长 2.6、宽 2、深 0.86 米。

北棺保存完好，平面呈梯形，东宽西窄，通长 2.2、前宽 0.64、高 0.74 米，后宽 0.58、高 0.63 米，棺板厚 0.1 米；南棺保存完好，平面呈梯形，东宽西窄，通长 2.1、前宽 0.54、高 0.63 米，后宽 0.48、高 0.58 米，棺板厚 0.1 米。两具骨架四周均用纸包灰袋固定，尸骨下垫有较厚的白灰和木炭渣。两具骨架保存较完整，头向东，面向上，仰身直肢。南棺为男性，北棺为女性（图二十五）。

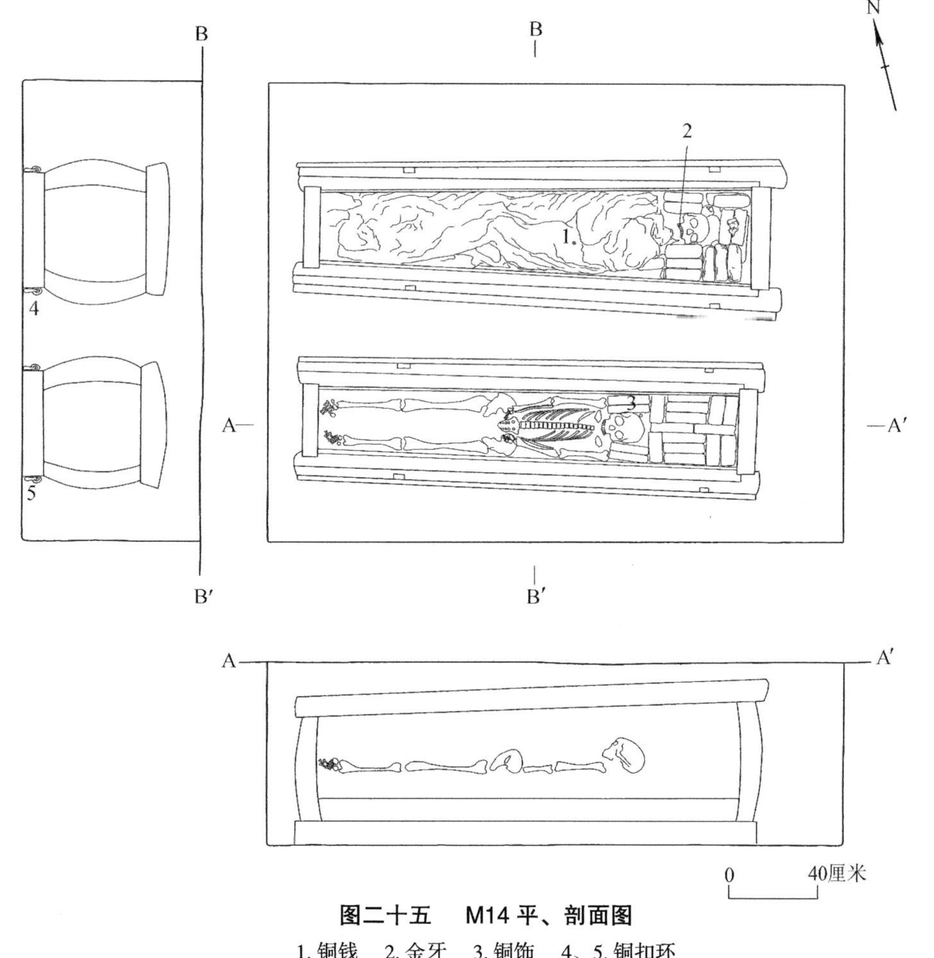

图二十五　M14 平、剖面图

1. 铜钱　2. 金牙　3. 铜饰　4、5. 铜扣环

（二）随葬器物

出土随葬品 6 件，包括铜钱 1 枚，铜饰 1 件，铜扣环 4 个。

嘉庆通宝 1 枚。M14：1，直径 2.4、穿边长 0.6、缘宽 0.2 厘米（图二十六：1）。

铜饰 1 件。M14：2，残损严重，残件为不规则四边形，正反面均有小扣，宽 1.95 厘米、高 2.2 厘米（图二十六：2）。

铜扣环。M14：3（图版三四：1），位于北棺四角，共 4 个。勾云形。有的附有残破的铜钉、铜片。

1　　2

1、2. 0　2厘米

图二十六　M14 出土随葬品

1. 铜钱（M14：1）

2. 铜饰（M14：2）

M15

（一）墓葬形制

M15 为竖穴土坑三人合葬墓，方向 100°。墓坑平面呈方形，长 2.2、宽 2.04、深 0.7 米。

东西并列三个骨盒。西骨盒由两个陶盆对扣，内有纸包裹木质骨灰盒；中部和东部骨盒均为陶罐，内装人骨。该墓为二次迁葬，骨骼不全（图二十七）。

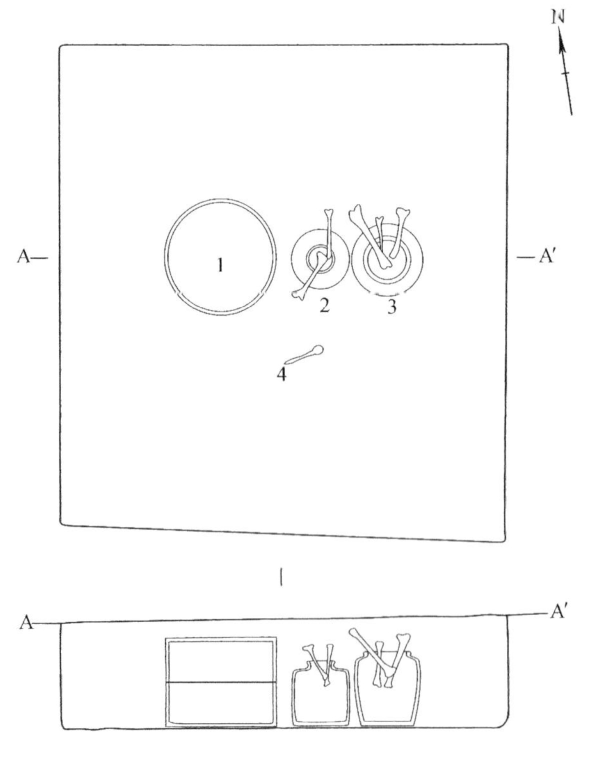

图二十七　M15 平、剖面图

1. 陶盒　2、3. 釉陶罐　4. 银扁方

（二）随葬器物

出土随葬品 4 件，均出土于墓葬填土中。

银扁方 1 件。M15：4，束腰形簪身，尾端勺柄形，背面有“物华铺”款，簪首圆丘形，富贵吉祥图案。通长 8 厘米（图二十八：1）。

陶盒 1 件。M15：1，残朽严重，仅存破碎木片，无法提取。

釉陶罐 2 件。M15：2，侈口，卷沿，尖唇，折肩，腹微鼓，下腹内收，平底。高 9.2、口径 7.2、底径 6.2 厘米（图二十八：2）。M15：3，直口，圆唇，耸肩，腹弧收，底微内凹。高 31.2、口径 22.4、底径 23.6 厘米（图版三一：5）。

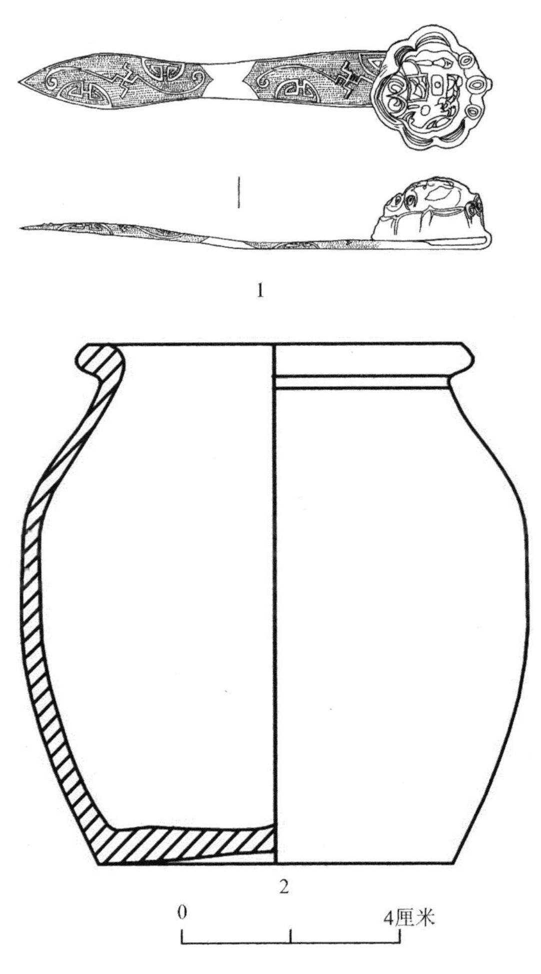

图二十八　M15 出土随葬品

1. 银扁方（M15：4）　2. 釉陶罐（M15：2）

M16

M16为竖穴土坑双人合葬墓，方向115°。墓坑平面呈长方形，长2.5、宽1.8、深0.6米。

两具木棺保存较差，平面均呈梯形。北棺长2.2、宽0.52～0.54、现高0.5米，棺板厚0.04～0.06米；南棺长2.1、宽0.5～0.54、现高0.5米，棺板厚0.06米。南北棺骨架保存均不完整，头向东，面向上。骨架严重腐朽，仅存颅骨、上肢骨。南棺为男性，北棺为女性，未见随葬品（图二十九）。

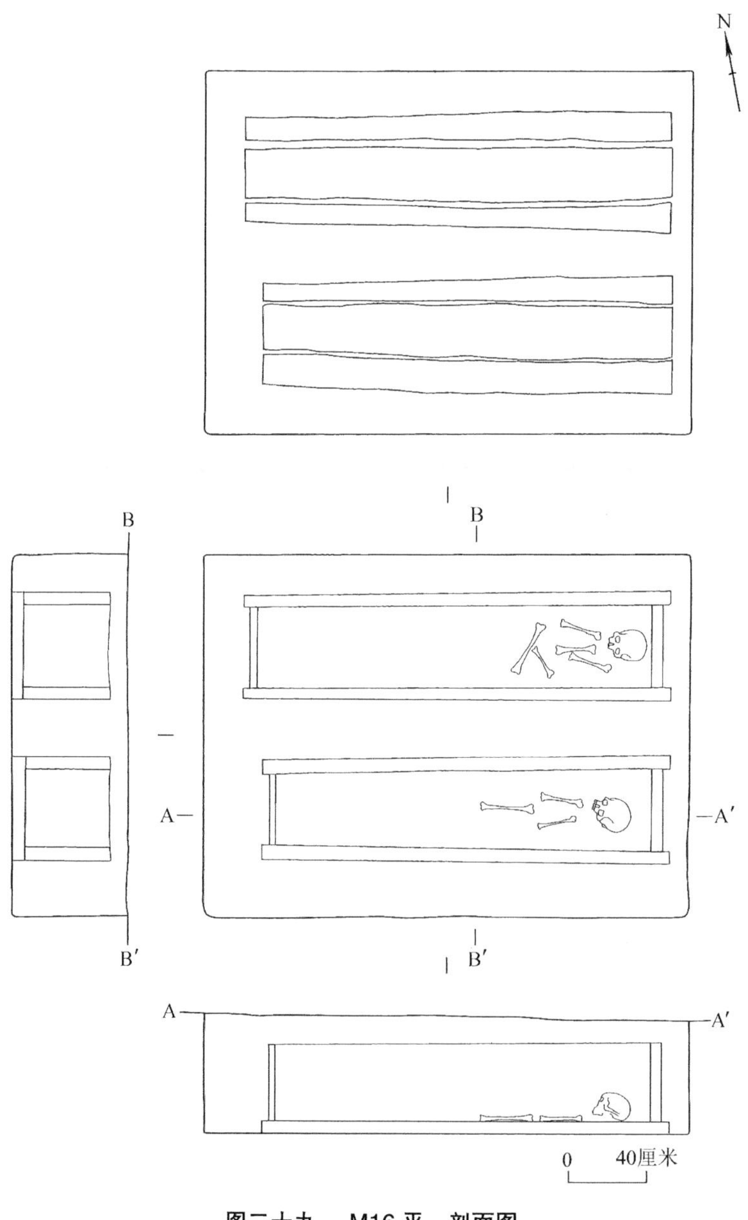

图二十九　M16平、剖面图

M17

M17为竖穴土坑双人合葬墓，方向115°。墓坑平面呈长方形，长2.4、宽1.6、深0.58米。两具木棺保存较差，平面均呈梯形。北棺长1.82、宽0.5～0.6、现高0.44～0.5米，棺板厚0.04～0.06米；南棺长1.9、宽0.5～0.6、现高0.44～0.5米，棺板厚4～6厘米。南北棺骨架保存均不完整，头向东，面向上。骨架严重腐朽，仅存颅骨、上肢骨。南棺为男性，北棺为女性（图三十）。

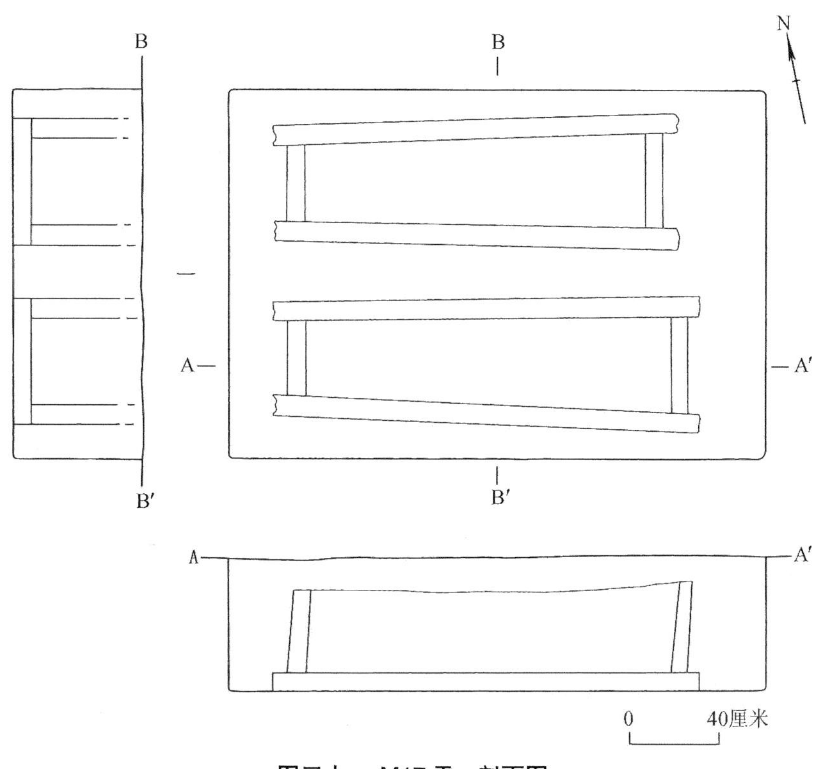

图三十　M17平、剖面图

M18

（一）墓葬形制

M18为竖穴土坑单人墓，方向82°。墓坑平面呈梯形，西窄东宽，长2.9、宽1.74～1.84、深0.46米。根据墓室四壁和底残存的三合土，应为三合土浇浆墓，三合土厚2～4厘米。未发现葬具。西北角填土内有零散肢骨（图三十一）。

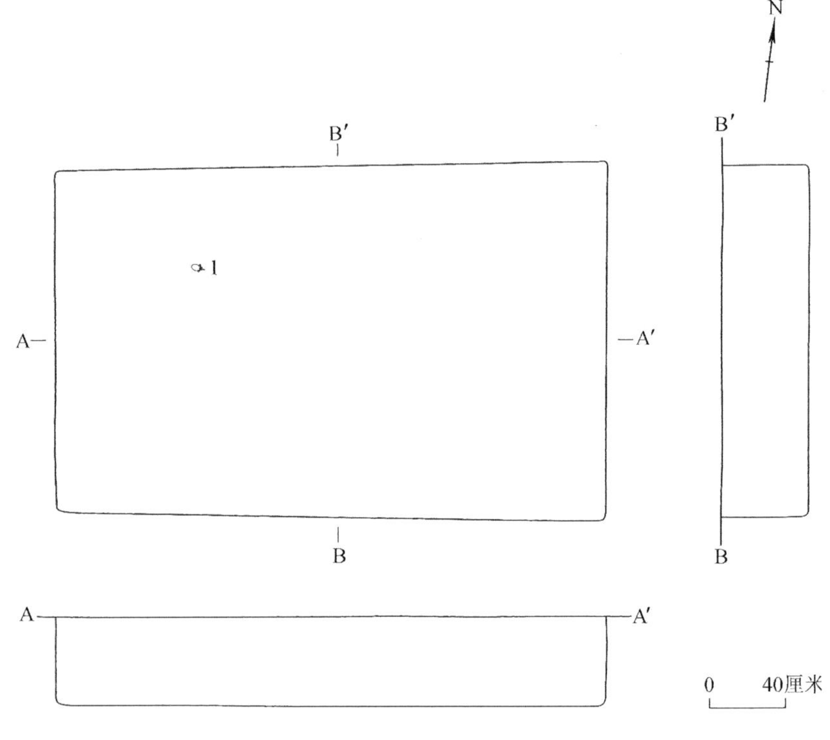

图三十一　M18平、剖面图

1. 帽顶戴

（二）随葬器物

出土随葬品1件。

帽顶戴1件。M18∶1，残，位于棺内西北角。铜制。整体宝塔造型，顶部橄榄形，下面圆形底座。残长4.7厘米（图三十二）。

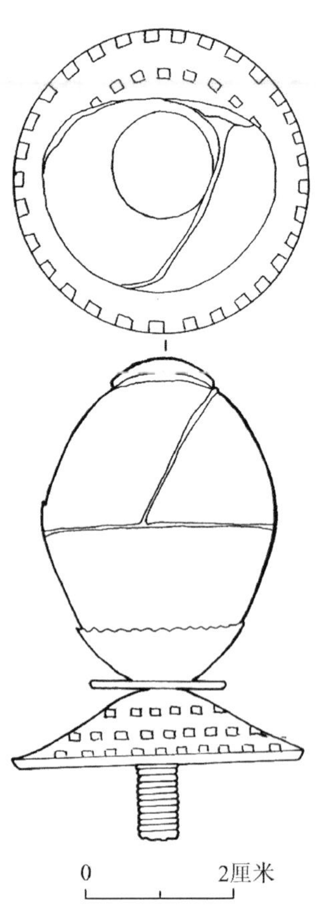

图三十二　M18出土随葬品

帽顶戴（M18∶1）

M19

M19为竖穴土坑单人砖石墓，方向253°。墓坑平面呈长方形，长0.74、宽0.64、深0.27米。中部有一层铺地砖，铺地砖上放置木质骨盒，北侧单砖错缝平砌一道砖墙，骨盒上盖压一块石板，四周用土填实。骨灰盒长24、宽14、高16厘米，盒板厚度1厘米，未发现随葬品（图三十三）。

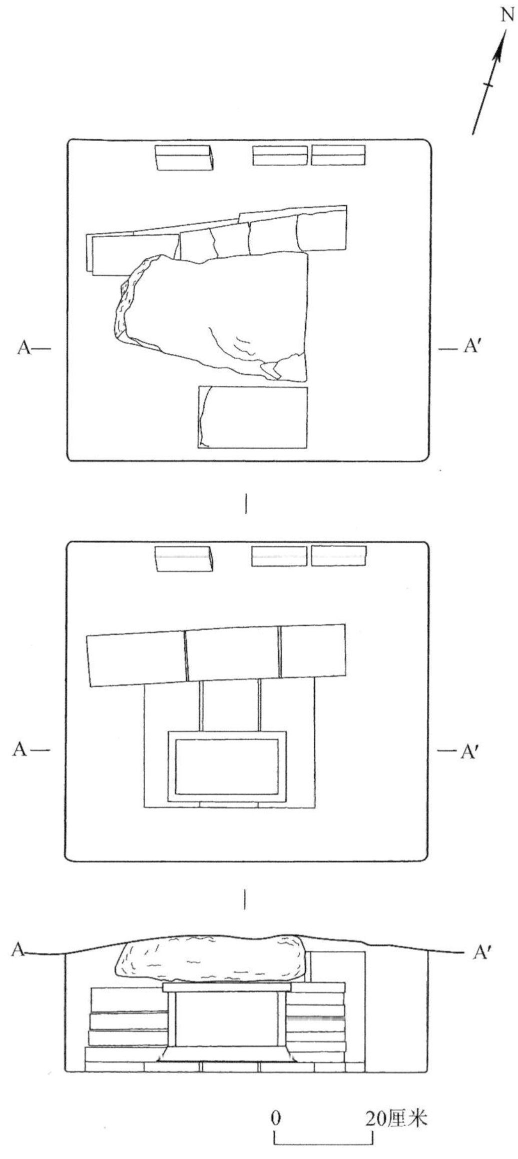

图三十三 M19 平、剖面图

M20

M20 为竖穴土坑单人墓，方向 10° 。墓坑平面呈梯形，北宽南窄，长 2、宽 0.66 ~ 0.78、深 0.46 米。仅发现朽木和棺钉。人骨保存极差，仅存少部分肢骨。未发现随葬品（图三十四）。

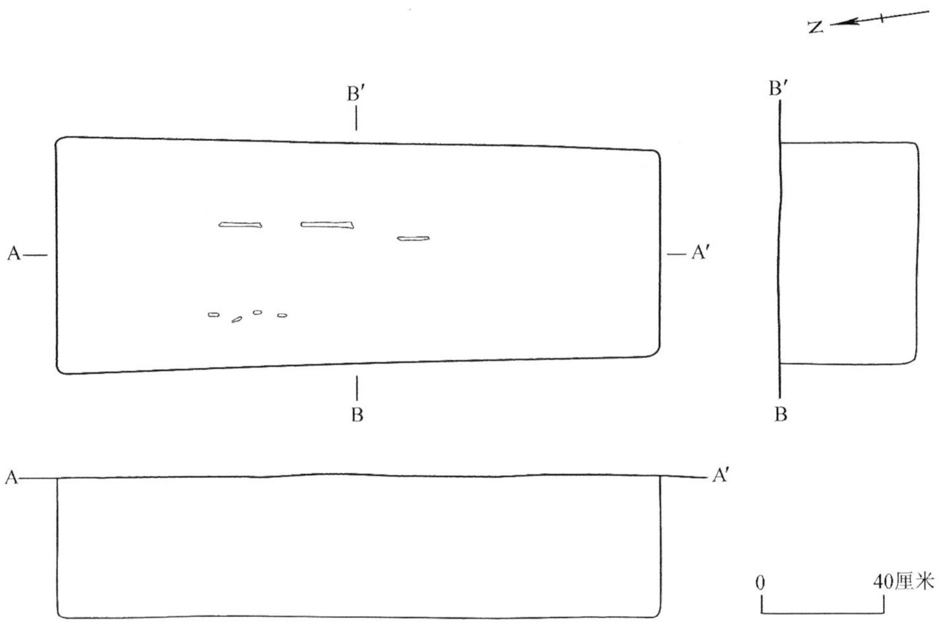

图三十四　M20 平、剖面图

M21

M21 为竖穴土坑墓，方向 10°。单人葬。墓坑平面呈梯形，北宽南窄，长 2.1、宽 0.66 ~ 0.78、深 0.46 米。仅发现朽木和棺钉，人骨保存极差，仅见少量残骨与牙齿。未发现随葬品（图三十五）。

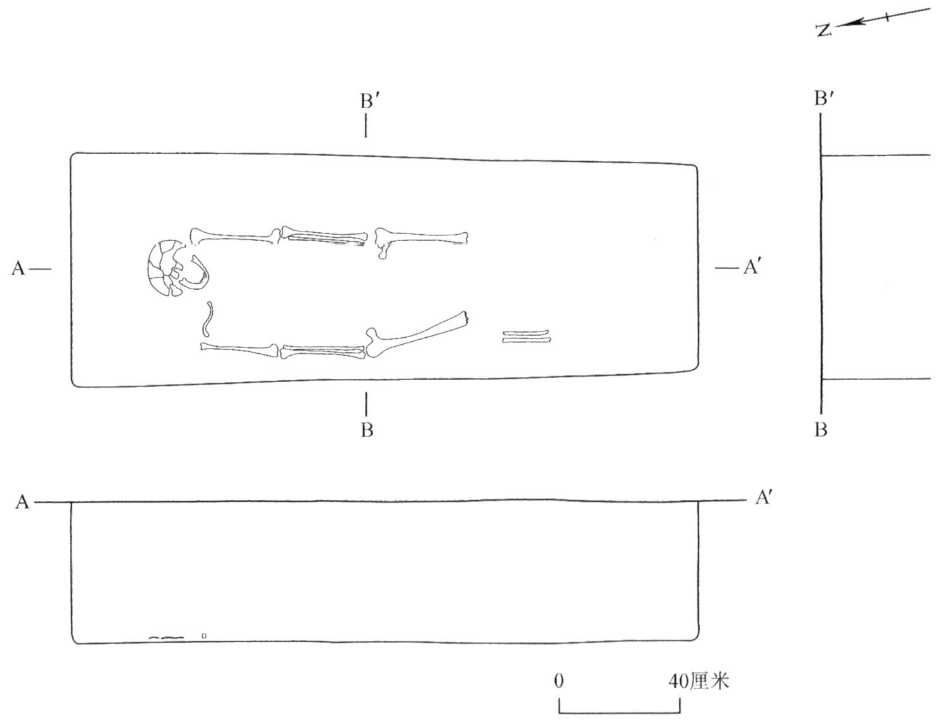

图三十五　M21 平、剖面图

三、结语

海洋公园一期工地范围内发现的21座墓葬以M1规格最高，墓葬形制也相对复杂。从棺木上的文字可以明确判断墓主人为当地的乡绅阶层，他们受到朝廷的敕封，具备一定的社会地位，因此有资格营建较高规格的墓葬，相对较好的经济基础让他们使用了比较名贵的木材并大量使用浇浆来密封墓葬，保证了棺木的完整性，棺内的衣物大部分也得以保存，为我们研究清代江南民俗提供了鲜活的实物资料。其他大部分墓葬无论是规模还是墓葬结构都无法与M1相比，这些墓葬的主人都是当时的普通民众，经济条件较差，墓葬都比较简单，几乎没有像样的随葬品，墓葬也零星分布。从墓葬形制和出土的随葬品及铜钱等资料可以判断其时代基本为清代以来，最晚为民国时期，而该区域应是当时一处公共的平民墓地，以小家族或者家庭为单位零散分布。

长乔海洋王国主题公园二期发掘报告

一、墓地概况

长乔海洋王国主题公园项目位于无锡市新吴区鸿山街道经十二路以东、锡梅路以南、飞凤路以西、锡协路以北。总用地面积约 263573 平方米，总建筑面积 340134 平方米，其中二期工地 164995 平方米。受无锡市文化遗产局的委托，无锡市文化遗产保护和考古研究所于 2017 年 10—12 月对海洋公园项目用地范围进行先期考古勘探，于 2018 年 5—9 月份对二期工地发现的明清墓葬进行了发掘。东西两个区共发掘明清墓葬 36 座，西区西坟墩共发掘墓葬 28 座，编号为 M1—M28（图一）；东区 8 座，编号为 M29—M36（图二）。

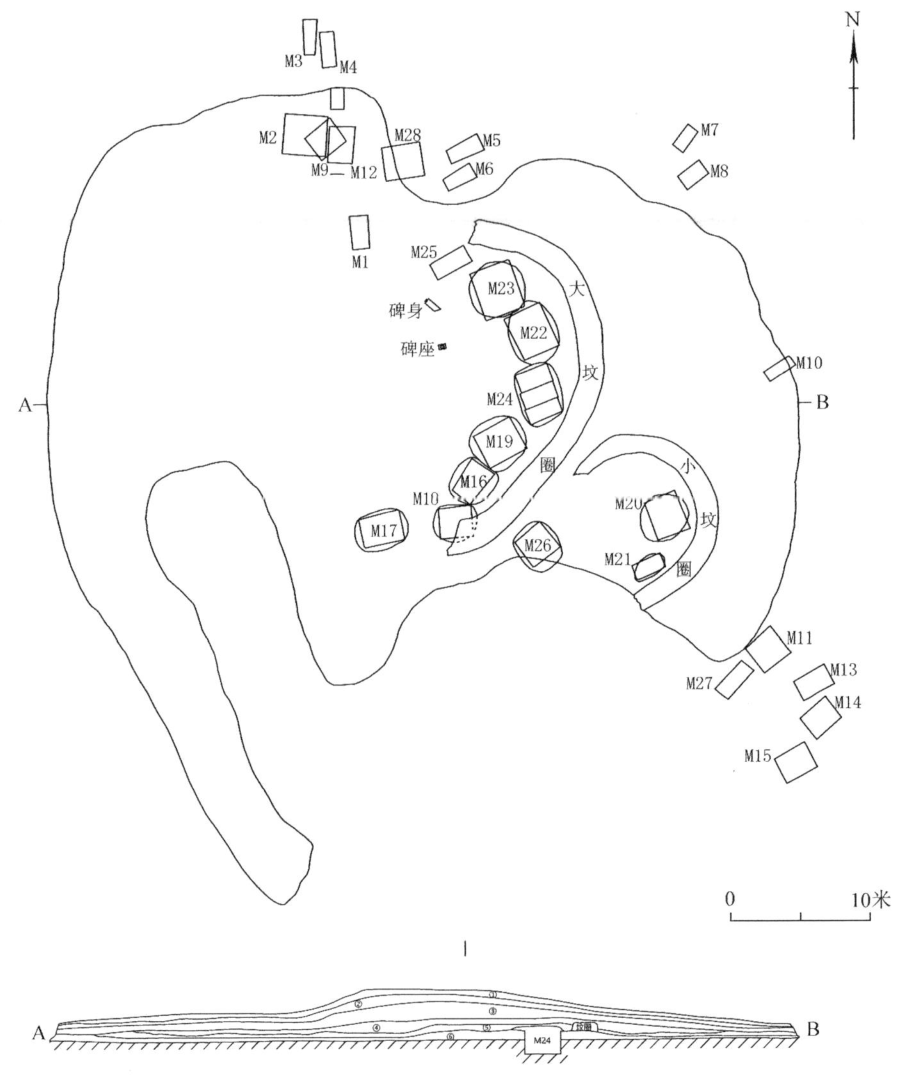

图一　二期西区墓葬平、剖面图

其中，西坟墩墩体内墓葬17座，土墩边缘11座。按墓葬形制划分：砖室石盖板墓（砖石墓）29座，竖穴土坑墓4座，砖室券顶墓3座；按埋葬人数划分：三人合葬墓7座，双人合葬19座，单人墓10座。

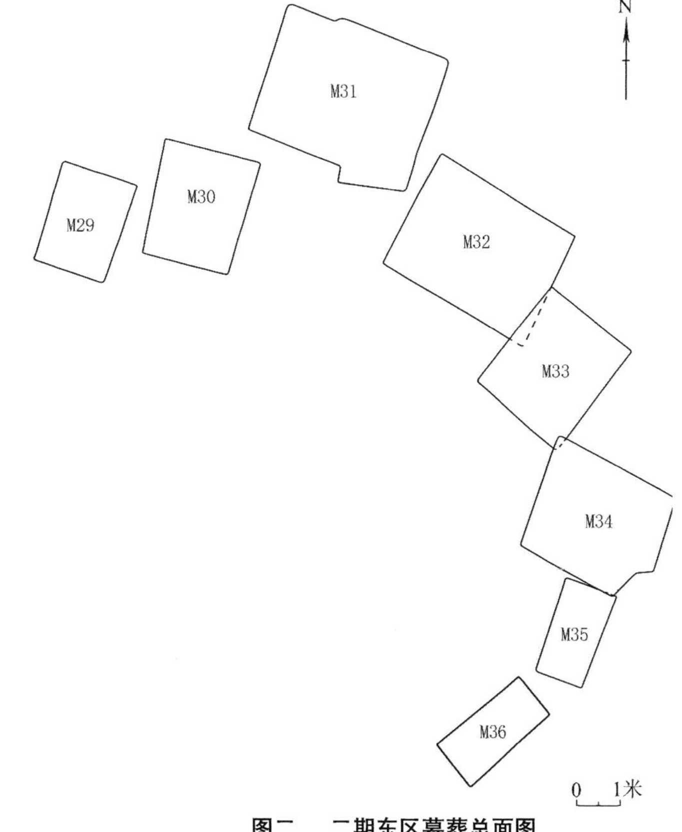

图二　二期东区墓葬总面图

二、墓葬形制及随葬器物

M1

（一）墓葬形制

M1位于西坟墩西北处，西北邻M12，小型竖穴土坑双棺合葬墓，墓向355°。开口于②层下，打破③层，开口距地表60厘米。直壁，平底，壁面粗糙，未见工具痕迹。填土灰褐色，包含少量砖瓦残块和零星瓷片。双棺双人葬，双棺均已腐朽坍塌，仅见棺板灰痕迹。

墓圹呈长方形，南北向，南北长250、东西宽130、深32厘米。

东棺仅残留棺板灰，棺长172、宽36～38厘米，棺板厚不详，棺内底部有一层厚约2厘米的白灰，白灰上部为厚约1厘米的草木灰。在草木灰上清理出铜钱1枚。人骨已朽，葬式不明。

西棺仅残留棺板灰，棺长170、宽34～44厘米，棺板厚不详，棺内底部铺厚约2厘米的白灰，其上又铺厚约1厘米的草木灰，清理草木灰时发现铜钱7枚，铜纽扣2枚。枕瓦位于棺内底部偏北，共用瓦3块，枕瓦长18、宽13～16、厚1厘米。瓦上残存头骨，头骨北侧出铜簪1件（图三）。

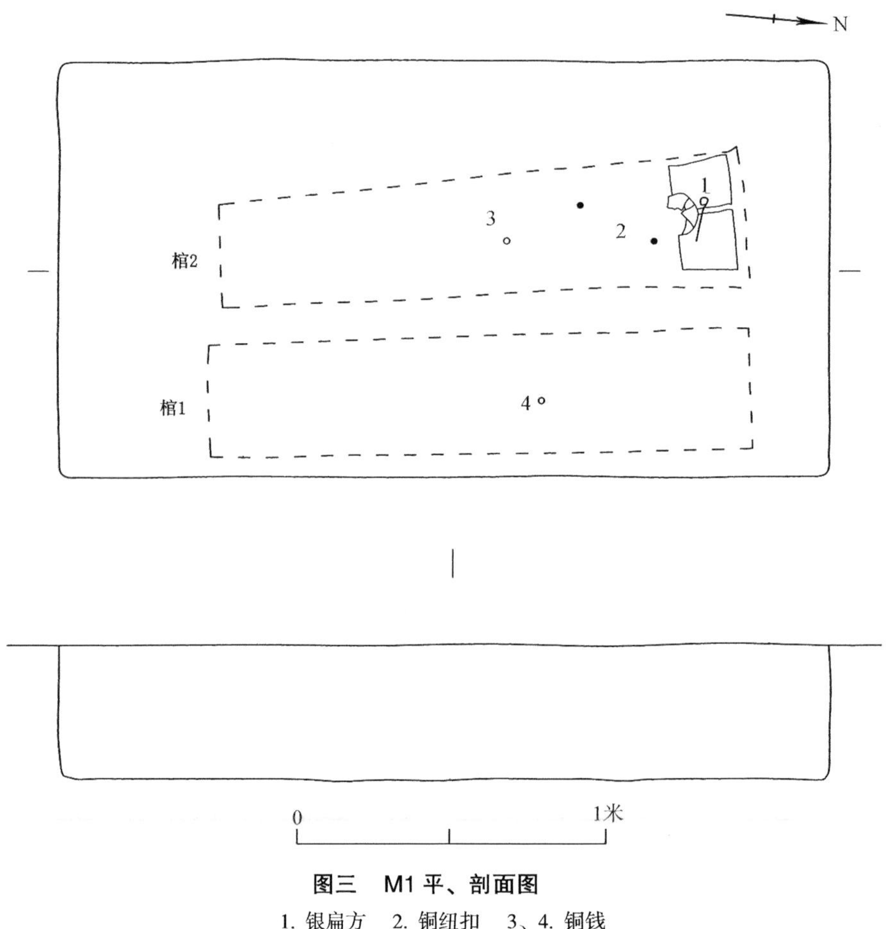

图三　M1 平、剖面图

1. 银扁方　2. 铜纽扣　3、4. 铜钱

（二）随葬器物

出土随葬品 11 件。东室出土铜钱 1 枚，西室出土铜钱 7 枚、铜纽扣 2 枚、银扁方 1 件。分述如下：

银扁方 1 件。M1∶1，带首银扁方，柄身汤匙形，两端宽，中部束腰，正面通身錾刻细密纹饰，边缘为菱形几何纹，中间以戳点为地纹衬托祥云、石榴等吉祥图案，背面有“泰三”戳印。柄前端有钩，钩住椭圆形首部，首底托浮雕双龙、双蝠拱日，围绕双钱；中部为“S”字形纵向缠丝；顶部为重叠花瓣，三部分焊接成型。托槽内镶嵌红色玛瑙石一颗。扁方通体长 12.8 厘米（图四：1）。

铜纽扣 2 枚。M1∶2，圆形，孔残。直径 1.6 厘米（图四：2）。

铜钱 3 枚。M1∶3-1，嘉庆通宝，1 枚。出土于西棺草木灰中。直径 2.5、穿边长 0.5 厘米（图四：3）。M1∶3-2，锈蚀铜钱，1 枚。锈蚀严重，钱文无法辨识。直径 2.5、穿边长 0.5 厘米。铜钱 1 枚。M1∶4，元丰通宝，1 枚。出土于东棺中部棺内底部。直径 2.5、穿边长 0.6 厘米（图四：4）。

根据墓葬开口层位、形制结构、出土遗物判断，M1 年代为明代。

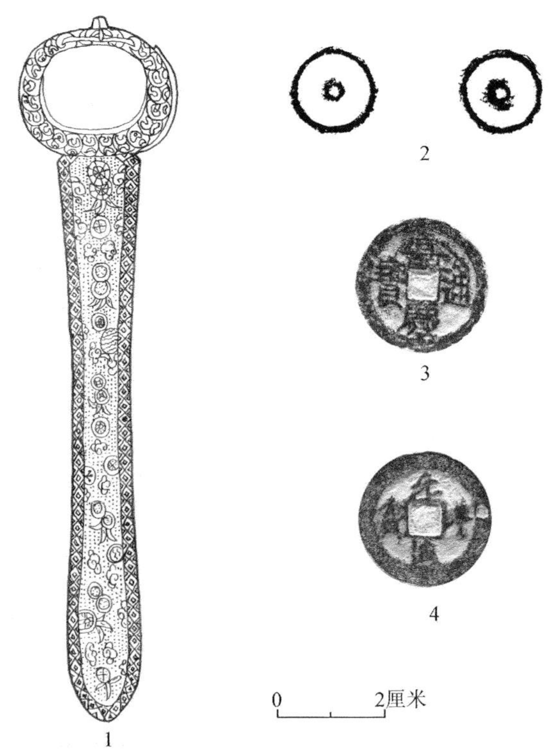

图四　M1 出土随葬品

1. 银扁方 (M1∶1)　2. 铜扣（M1∶2）　3、4. 铜钱（M1∶3-1、M1∶4）

M2

（一）墓葬形制

M2 位于土墩西北处，东邻 M12，竖穴土坑砖石墓，开口于②层下，打破 M9，墓口距地表 0.6 米。多人分次合葬，墓向正北。

墓圹平面为长方形，南北长 2.94 ~ 3、东西宽 3.14 ~ 3.08、深 1.1 米。填土深灰色，紧贴墓壁，无法自然剥落，壁面粗糙，未见工具痕迹。共三个墓室，中室和东室为同一个墓坑，西室后来附葬。东室和中室石盖板南北向排列 2 行，每行用 4 块石板，共 8 块，均平置于墓室口部，每块石板厚薄不一，长 85 ~ 100、宽 58 ~ 67、厚 10 ~ 13 厘米，石板上有凿击痕迹。盖板下砖室南北长 2.54、宽 1.8 米，东室长 2.34、宽 0.7 米，中室长 2.34、宽 0.66 米，墓室高 84 厘米，两室之间隔墙宽 22 厘米。墓室底部无铺地砖。所用墓砖尺寸为 22 厘米 ×10 厘米 ×4 厘米。西室比中室、东室向南错位 30 厘米，北部因现代修路致使西墙向内倾倒，石盖板坍塌于室内。石盖板南北排列 4 块，均平置于墓室口部，每块板厚薄不一，长 76 ~ 86、宽 50 ~ 66、厚 11 ~ 13 厘米，平整的一面朝下，粗糙的一面朝上。西室内长 233、宽 66、高 88 厘米。

墓室北壁上均有壁龛，距墓室底部40厘米，中东室壁龛宽16、高18、进深10厘米；西室壁龛宽14、高16、进深10厘米。隔墙北部偏上位置有长方形过洞连通墓室，顶部砌成波浪形，宽16、高17厘米。

从残存的棺钉和板灰痕迹复原东室木棺长1.66、宽0.52米，头部枕骨下有枕瓦3块，两块倒扣，一块叠压于中部。棺底中部有铜钱2枚，墓室西北角有瓷碗2件，釉陶盏1件。中室木棺复原棺长1.84、宽0.44米，西室棺长1.9、宽0.48米。

东棺内为仰身直肢葬男性骨架，头骨已朽，仅见碎片，头向北，面向不明。中棺骨架腐朽严重，仅见腿骨残块，棺底有铜钱5枚，银簪1件，银腰牌1件，正面有“养老”两字。西棺有仰身直肢女性骨架1具，头向北，面向东。头骨处有铜钱5枚，银簪1件（图五）。

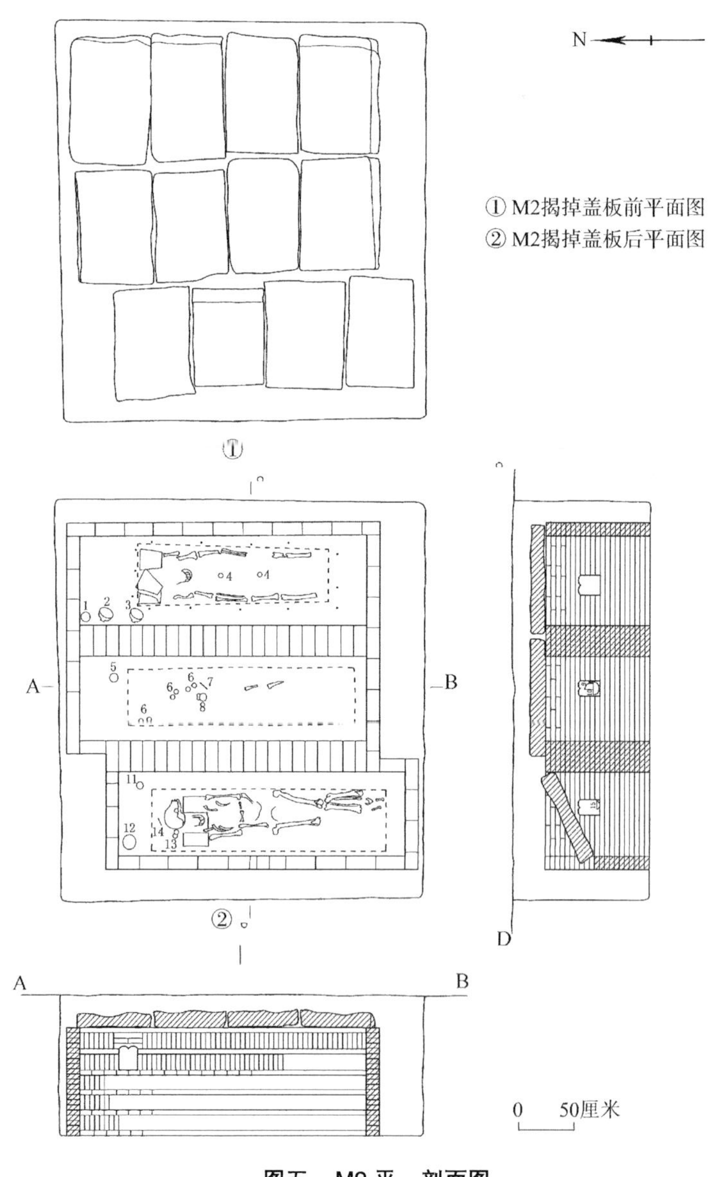

图五　M2平、剖面图

1、5、11、15. 釉陶盏　2、3、9、10、12. 青花瓷碗　4、6、13. 铜钱　7、14. 银簪　8. 银腰牌

（二）随葬器物

出土随葬品 21 件。东室出土铜钱 2 枚、瓷碗 2 件、釉陶盏 1 件，中室出土铜钱 5 枚、瓷碗 2 件，以及银簪、银腰牌、釉陶盏各 1 件，西室出土铜钱 2 枚、银簪 1 件、瓷碗 1 件、釉陶盏 2 件。分述如下：

釉陶盏 4 件。M2∶1，出土于东室底部西北。敞口，尖圆唇，弧腹，圜底。红褐色夹砂粗胎，器外和沿下施红衣，内施酱釉。口径 8.2、通高 2.8 厘米（图六：1）。釉陶盏 1 件。M2∶5，出土于中室底部东北。敞口，尖圆唇，弧腹，圜底。红褐色夹砂粗胎，器外和沿下施红衣，内施酱釉。口径 8.2、通高 2.1 厘米（图六：2）。M11、M2∶15，出土于西棺东北部和壁龛内，形制和尺寸相同。敞口，尖圆唇，弧腹，圜底。红褐色夹砂粗胎，器外和沿下施红衣，内施酱釉。口径 8.2、通高 2.1 厘米（图六：3、4）。

瓷碗 5 件。M2∶2，出土于东室底部西北。敞口，圆弧唇，深弧腹，圈足。器内外施青白釉，足内施蓝彩。口径 11.6、底径 5.5、高 6.4 厘米（图六：5）。M2∶3，出土于东室底部西北。敞口，圆弧唇，斜弧腹，圈足。足内底饰蓝彩两周，中部蓝彩落款，字款不清。器内外施青釉。口径 11.5、底径 5.7、高 6 厘米（图六：6）。M2∶9，出土于中室北壁龛内。敞口，圆弧唇，斜弧腹，圈足。足内底饰蓝彩圈带两周，中部蓝彩落款。器内外施青釉，口径 11.4、底径 5.6、高 5.8 厘米（图六：7）。M2∶10，敞口，方唇，斜弧腹，圈足。足内底饰蓝彩，内外施青釉，口径 11.8、底径 5.4、高 6 厘米（图六：8）。M2∶12，出土于西室底部西北角。敞口，圆唇，斜弧腹，圈足。足内底饰蓝彩两周，中部置菱形蓝彩落款，字不清晰。器内外施青釉，口径 11.4、底径 5.9、高 5.6 厘米（图六：9）。

银腰牌 1 件。M2∶8，出土于中棺棺底。椭圆形，上部饰云纹，正面有阳文“养老”二字，左侧刻画阴文“五钺”。银牌长 8.3、宽 6 厘米（图六：10）。

铜钱 9 枚。东棺底中部 2 枚，中棺棺底 5 枚，西棺头骨处 2 枚。M2∶4–1，康熙通宝，1 枚。直径 2.75、穿边长 0.55 厘米（图六：11）。M2∶4–2，雍正通宝，1 枚。直径 2.55、穿边长 0.6 厘米（图六：12）。M2∶6–1，太平通宝，1 枚。直径 2.4、穿边长 0.55 厘米（图六：13）。M2∶6–2，正隆元宝，1 枚。直径 2.4、穿边长 0.5 厘米（图六：14）。M2∶6–4，康熙通宝，1 枚。直径 2.75、穿边长 0.55 厘米。M2∶6–5，雍正通宝，1 枚。直径 2.55、穿边长 0.6 厘米。M2∶6–6，锈蚀铜钱，1 枚。钱文无法辨识，直径 2.4、穿边长 0.5 厘米。M2∶13，康熙通宝，2 枚，直径 2.75、穿边长 0.55 厘米。

银簪 2 件。M2∶7，出于中棺棺底，簪首为六瓣花瓣状，花瓣中心有 4 个穿孔，为穿线之用，簪尾逐渐变细成尖状。通体长 3.3 厘米，簪首花瓣平面直径 1 厘米（图六：15）。M2∶14，出于西棺头骨处，细扁长形，首部向后弯曲成钩，尾逐渐细收成尖。通长 9.5 厘米，最宽处 5 毫米（图六：16）。

根据墓葬开口层位、形制结构、出土遗物判断，M2 年代为清代。

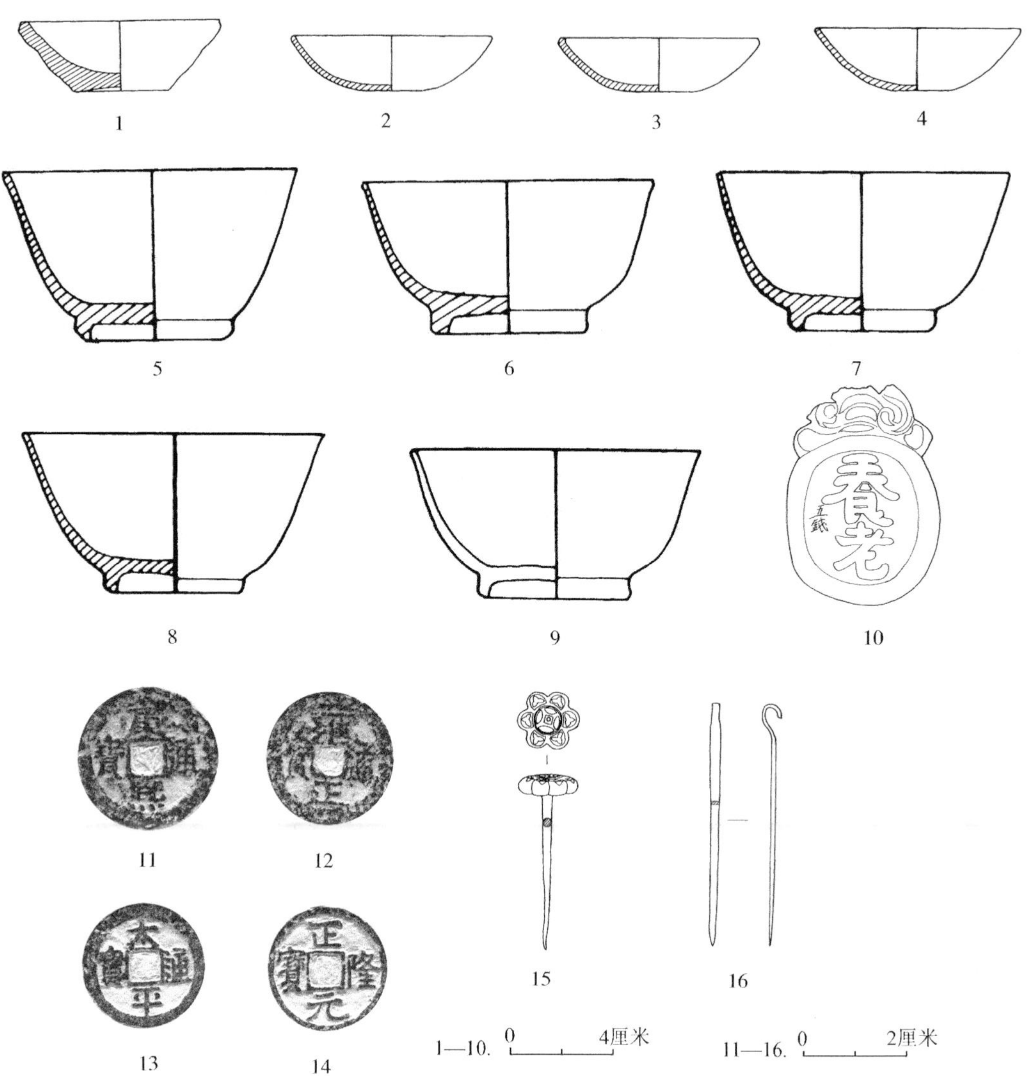

图六　M2 出土随葬品

1—4. 釉陶盏（M2∶1、M2∶5、M2∶11、M2∶15）　5—9. 瓷碗（M2∶2、M2∶3、M2∶9、M2∶10、M2∶12）
10. 银腰牌（M2∶8）　11—14. 铜钱（M2∶4-1、M2∶4-2、M2∶6-1、M2∶6-2）　15、16. 银簪（M2∶7、M2∶14）

M3

（一）墓葬形制

M3 位于土墩北部，东邻 M4，南邻 M9，竖穴土坑砖石墓，开口于①层下，打破⑥层，开口距地表深 50 厘米，墓向 345°。墓圹呈南北向，平面为梯形，北宽南窄，南北长 290、宽 100 ~ 116 厘米。直壁，平底，壁面粗糙，未见工具痕迹。

墓室为石室，平顶，上盖 4 块大石板，石板长 67 ~ 91、宽 52 ~ 58、厚 10 ~ 20 厘米。石室一周用大小不一的石块由底而上依次垒砌，石块平整的一面朝内，石块之间用泥土粘接，除东壁上部用石块垒砌，以下为原生土。墓室长 270、宽 106、高 66 厘米，墓壁厚 20 ~ 23 厘米，共起筑 4 ~ 6 层。北壁上部有壁龛，距墓室底部 60 厘米、面宽 30、高 20、进深 30 厘米，壁龛内放置釉陶罐 1 件。木棺已朽，从残迹判断棺长 205、宽 50 ~ 55、残高 18 ~ 39、棺厚 4 厘米。从残存边缘侧板可见每块板长 205、宽 14 ~ 16、厚 4 厘米，两端挡板为梯形，一块大板底部宽 50 ~ 55、残高 18 ~ 40 厘米（图七）。

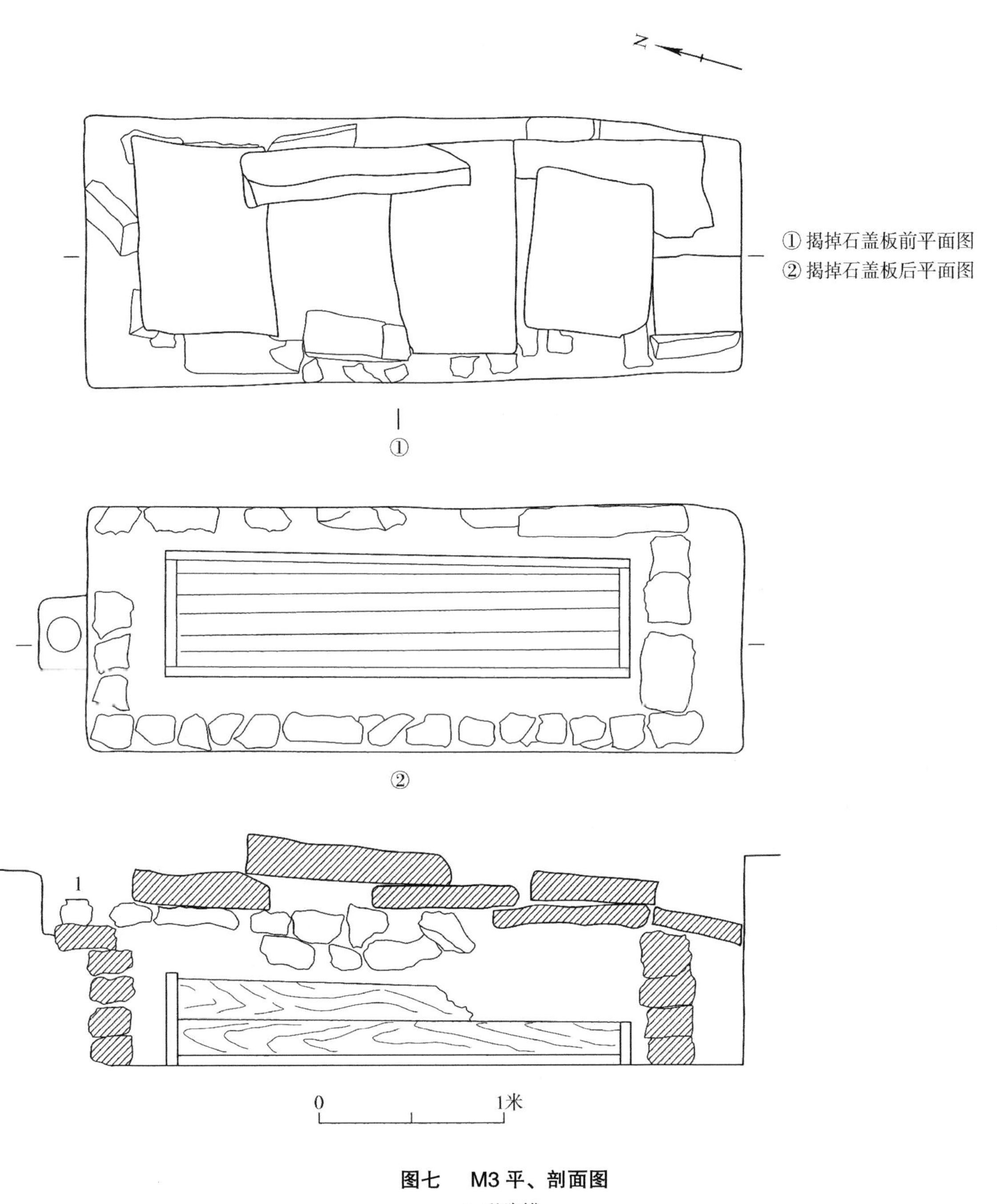

图七　M3 平、剖面图

1. 釉陶罐

（二）随葬器物

出土釉陶罐 1 件。M3∶1，出土于壁龛内。小口，卷沿外翻，矮领，弧肩，鼓腹，最大腹径在中部，小平底，通体施黄褐釉。口径 9.2、底径 7.5、高 16.2 厘米（图八）。

根据墓葬开口层位、形制结构、出土遗物判断，M3 年代为明代。

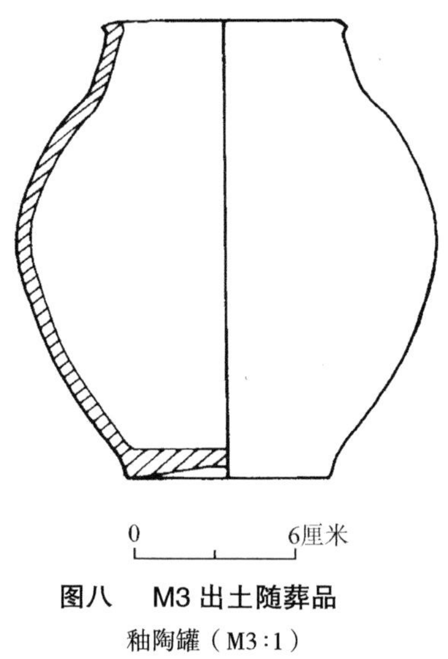

图八　M3 出土随葬品

釉陶罐（M3∶1）

M4

（一）墓葬形制

M4 位于土墩北部，西邻 M3，南邻 M9，竖穴土坑石室墓。北宽南窄呈梯形，方向 350°。开口于①层下，打破⑥层，开口距地表 50 厘米，紧靠 M3 东壁。

墓圹平面为梯形，南北长 284、东西宽 120 厘米。平底，直壁，壁面粗糙，未见工具痕迹。

墓室为石室，平顶，用大石块平置于墓室口部，共用石板 4 块，长 86 ~ 94、宽 51 ~ 76、厚 11 ~ 16 厘米。两块板上有人为留下的凿痕，刻凿凹槽深 3、残宽 1、长 3 厘米。石室一周用大小不一的石块，由底而上依次垒砌。墓室长 270、宽 116、高 60 厘米，墓壁厚 18 ~ 22 厘米，起筑 5 层。北壁上部有壁龛，距墓室底部 40、面宽 28、高 20、进深 23 厘米，壁龛内放置瓷碗 2 件，一大一小，小碗倒扣于大碗内。

木棺已朽，坍塌，仅底部保持原状。棺长 19、宽 50 ~ 55、残高 12、棺厚 4 厘米。人骨已朽，头向北，面向不明，仰身直肢，女性，年龄不详（图九）。

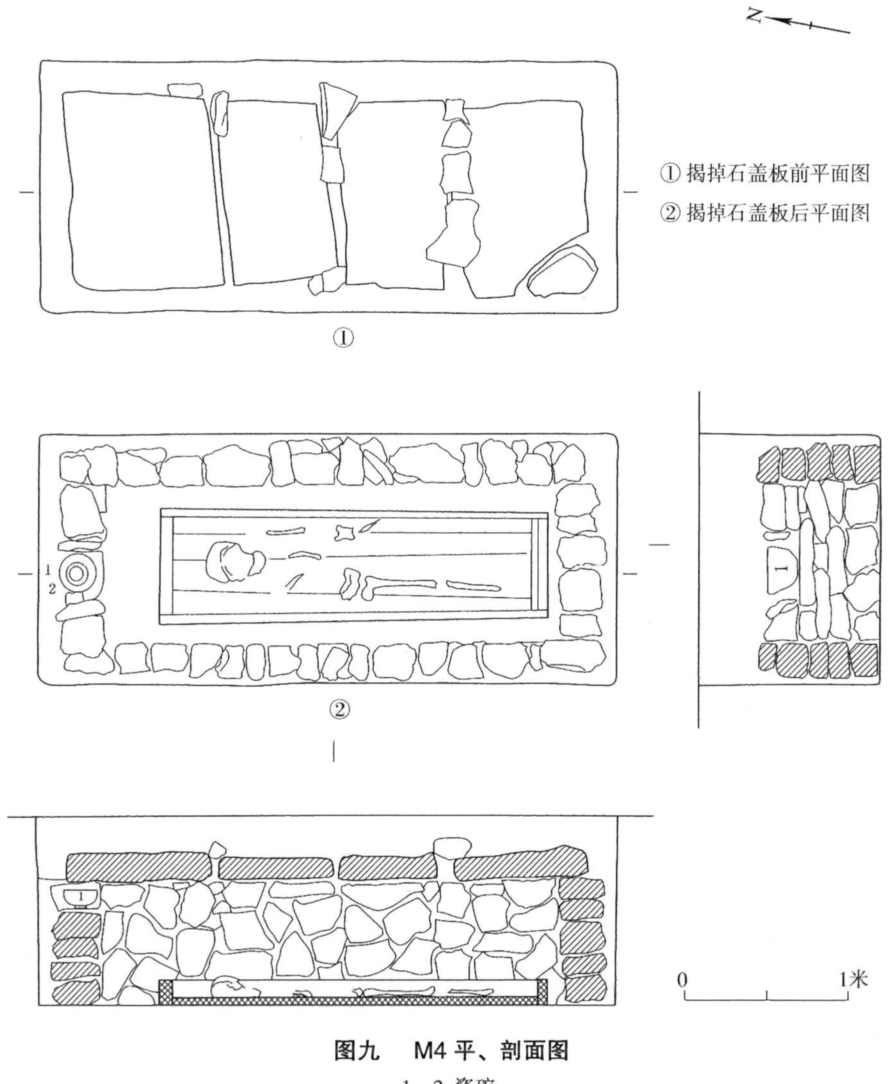

图九　M4 平、剖面图

1、2. 瓷碗

（二）随葬器物

出土随葬品瓷碗 2 件，均出土于北壁龛内。分述如下：

大瓷碗 1 件。M4∶1，已残。敞口，尖圆唇，弧腹，矮圈足。通体施白釉，外挂蓝彩，饰写意花卉草叶纹，沿内和底部饰两周蓝彩圈带，内底绘写意游鱼。口径 12.6、底径 4.8、高 4 厘米（图十：1）。

小瓷碗 1 件。M4∶2，已残，倒扣于大碗内。敞口，尖唇，弧腹，平底。通体施青白釉，沿内挂蓝彩一周。口径 9、底径 4.3、高 2.8 厘米（图十：2）。

根据墓葬开口层位、形制结构、出土遗物判断，M4 年代为明代。

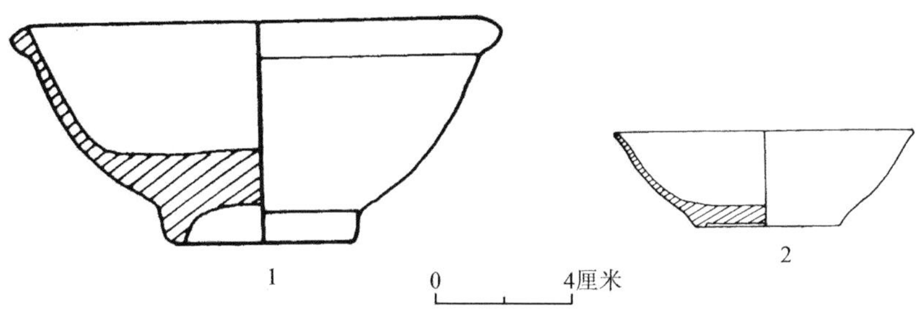

图十　M4 出土随葬品

1. 大瓷碗（M4:1）　2. 小瓷碗（M4:2）

M5

（一）墓葬形制

M5 位于土墩北部，南邻 M6，竖穴土坑砖石墓，方向 65°，开口于①层下，打破⑥层，开口距地表 45 厘米。

墓圹平面为梯形，东西长 260、宽 120 ~ 130 厘米。平底，直壁，壁面粗糙，未见工具痕迹。填土为黄褐土。

墓室为砖室，平顶，石板平置于墓室口部，石盖板厚 15 ~ 21 厘米。砖室为长方形，长 240、宽 94 ~ 98、高 60 ~ 66 厘米，墓壁厚 14 厘米，墙体共 10 ~ 11 层，由底而上单砖、单向，顺横错缝依次叠压垒砌，四角处相互套合加以稳固。用砖尺寸：长 38、宽 12、厚 5 厘米，或长 30、宽 14、厚 6 厘米。东壁正中靠近墓底处有壁龛，距墓底 6、宽 14 ~ 36、通高 34 厘米，壁龛内放置釉陶罐 1 件。

木棺已朽，盖板无存。棺长 186、宽 50 ~ 56、厚 7、残高 38 ~ 45 厘米，两侧板和挡板均为一整块木板。

人骨已朽，根据残存骨片判断，头向东，面向不详，女性，年龄不详，仰身直肢。头骨东侧放置铜镜 1 件，大小木梳置于头骨东南部（图十一）。

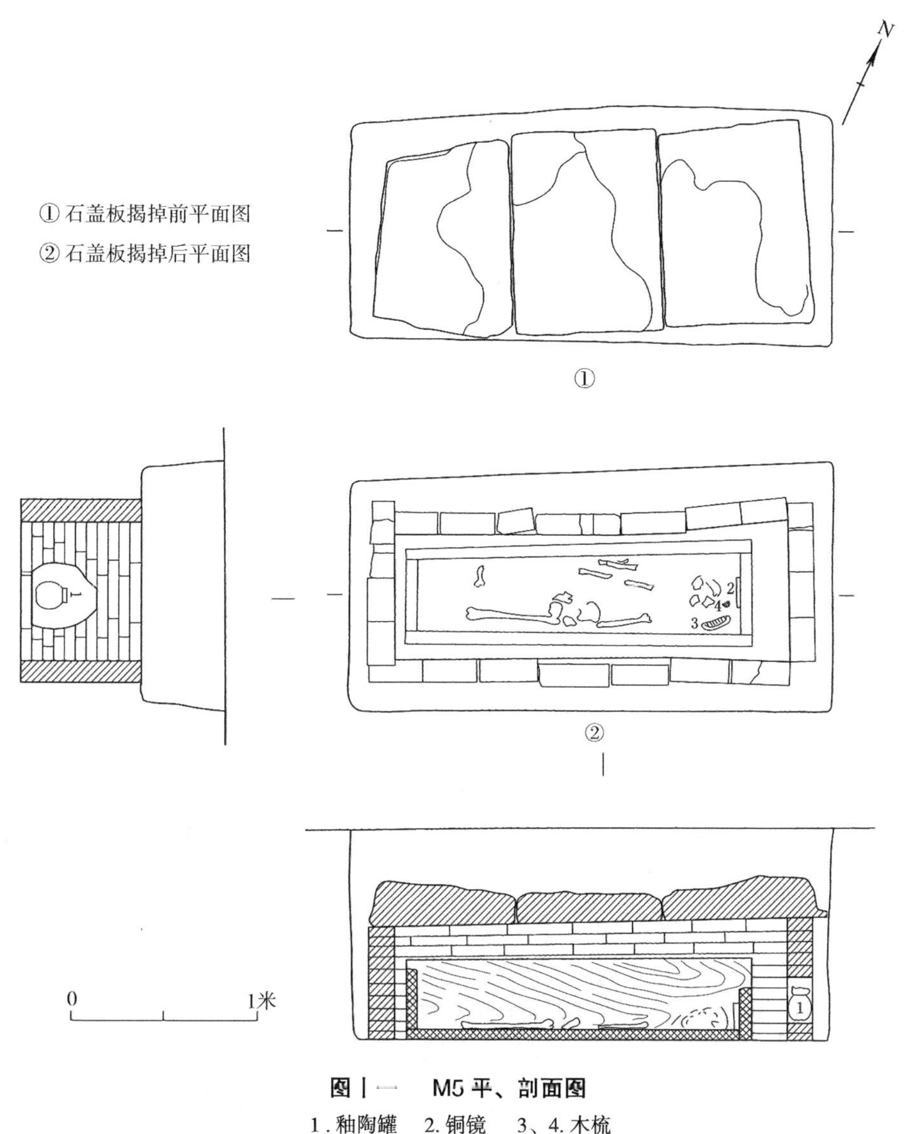

图十一　M5 平、剖面图

1. 釉陶罐　2. 铜镜　3、4. 木梳

（二）随葬器物

出土随葬品 4 件。釉陶罐、铜镜各 1 件，木梳 2 件。分述如下：

釉陶罐 1 件。M5：1，出土于东壁龛内。侈口，平弧沿，尖唇，束颈，溜肩，鼓腹，平底中凹。施酱黄釉，釉面剥落。口径 6.4、底径 5.2、通高 12.2 厘米。（图十二：1）。

铜镜 1 件。M5：2，出土于头骨东侧，圆形，圆钮，钮外一周凸弦棱，镜缘截面三角形。直径 15 厘米（图十二：2）。

木梳 2 件。新月形，宽齿，素面，腐朽严重，无法提取。M5：3，出土于头骨南侧。M5：4，出土于头骨东侧。

根据墓葬开口层位、形制结构、出土遗物判断，M5 年代为明代。

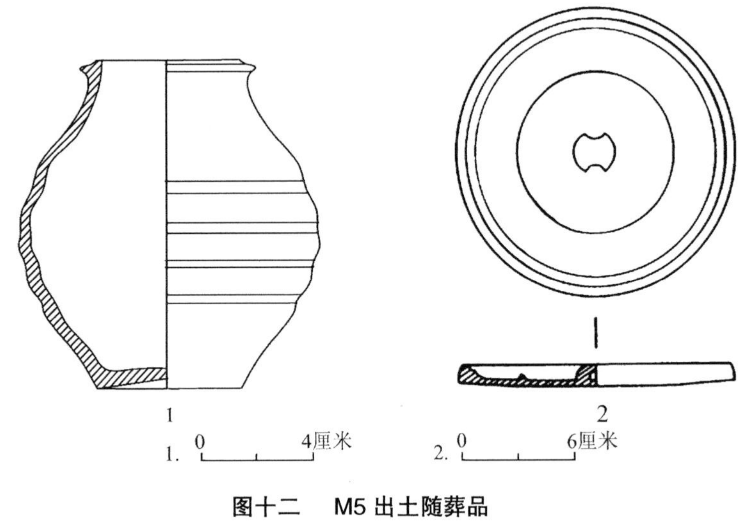

图十二　M5出土随葬品

1. 釉陶罐（M5∶1）　2. 铜镜（M5∶2）

M6

（一）墓葬形制

M6位于土墩北部，北邻M5，小型竖穴土坑砖石墓，方向65°，开口于①层下，打破⑥层，开口距地表45厘米。

墓圹平面为梯形，东西长250、南北宽110 ~ 120厘米。平底，直壁，壁面粗糙，未见工具痕迹。填土为黄褐土。

墓室为平顶，用大石块平置于墓室口部，顶部距开口处35厘米，石盖板厚14 ~ 16厘米，共用石板3块，每块长96 ~ 102、宽58 ~ 76厘米。砖室，平面呈梯形，长220、宽82 ~ 94、高64厘米，墓壁厚11厘米，共4层。其中西墙为一块大石板横向竖立，长80、宽50、厚11厘米，其他三壁用厚砖顺、横向错缝侧立叠压垒砌，北墙南部的上部用小砖补充一段。小砖长23、宽11、高3厘米，大砖长26 ~ 40、宽16 ~ 18、厚11厘米。

东壁正中有一壁龛，距墓室底部28、面宽20、通高18、进深18厘米，内置釉陶罐1件。

木棺已朽，坍塌于墓室内，棺长180、宽46 ~ 52、厚4、残高30厘米。棺底板已朽，用6块木板拼合而成，木棺四角处可见榫卯套合痕迹。

人骨已朽，头向东，面向不明，仰身直肢，性别、年龄不详（图十三）。

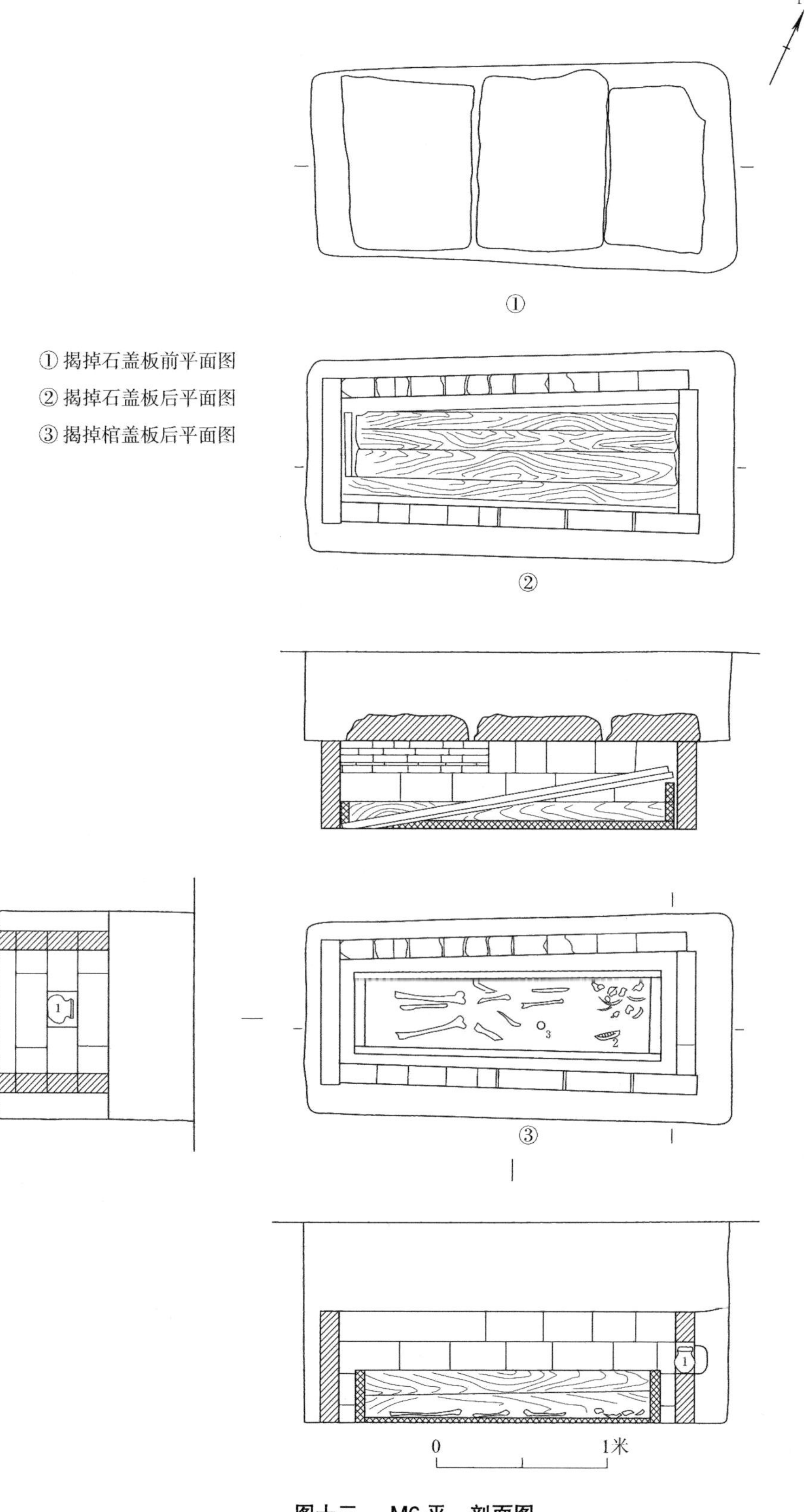

图十三　M6 平、剖面图

1. 釉陶罐　2. 木梳　3. 铜钱

（二）随葬器物

出土随葬品 3 件。釉陶罐、木梳、铜钱各 1 件。分述如下：

釉陶罐 1 件。M6：1，出土于东壁龛内。侈口，卷弧沿，矮束颈，溜肩，弧腹，平底中凹。体施黑釉，釉不及底。口径 6.8、底径 6.2、通高 12.4 厘米（图十四：1）。

木梳 1 件。M6：2，残，出土于棺内。新月形，宽齿，素面。腐朽严重，无法提取。

铜钱 1 枚。M6：3，顺治通宝，1 枚。直径 2.4、穿边长 0.5 厘米。背面有铭文“东一厘”（图十四：2）。

根据墓葬开口层位、形制结构、出土遗物判断，M6 年代为明代。

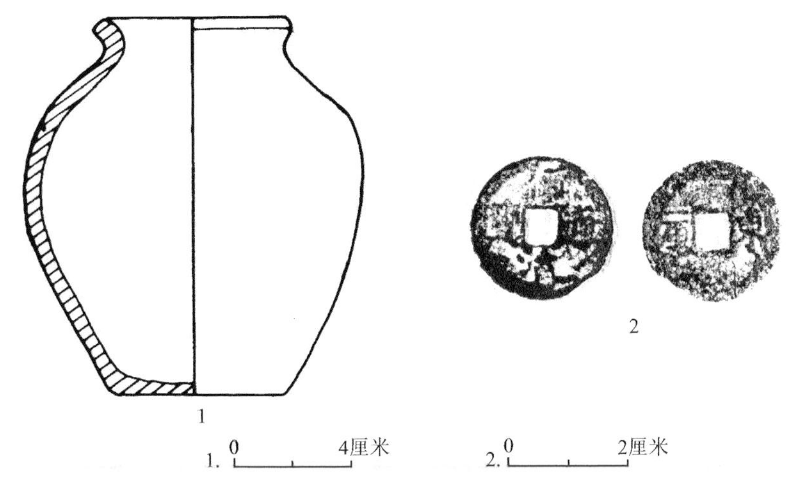

图十四　M6 出土随葬品

1. 釉陶罐（M6：1）　2. 顺治通宝（M6：3）

M7

M7 位于土墩北部，南邻 M8，小型竖穴土坑砖石墓，方向 220°，开口于①层下，打破⑥层，开口距地表 40 厘米。

墓圹平面呈长方形，长 210、宽 116 厘米。平底，直壁，壁面粗糙，未见工具痕迹。墓圹与墓室之间的缝隙用土填实，填土为黄褐土。

墓室上盖大石板，由于长期受水侵蚀，北部石板已经坍塌，南部保存较好，每块石板长 94 ~ 102、宽 51 ~ 71、厚 11 ~ 15 厘米。砖室平面为梯形，东墙向内倾斜，受重力挤压变形，墓室外长 174、宽 80 ~ 100、高 60 厘米，墓壁厚 10 厘米，共 15 层，由底向上单砖、单向，顺、横向错缝叠压垒砌，四角处相互套合加以稳固。使用的墓砖有两种规格：16 厘米 ×10 厘米 ×5 厘米和 23 厘米 ×10 厘米 ×3 厘米。

木棺已朽，仅底部可见其形状，长 125、宽 46、厚 4、残高 14 ~ 28 厘米，棺底板用 4 块木板拼合。

人骨已朽，头向南，面向上，肢骨无存。无随葬品（图十五）。

根据开口层位和墓葬形制判断，M7 年代为明代。

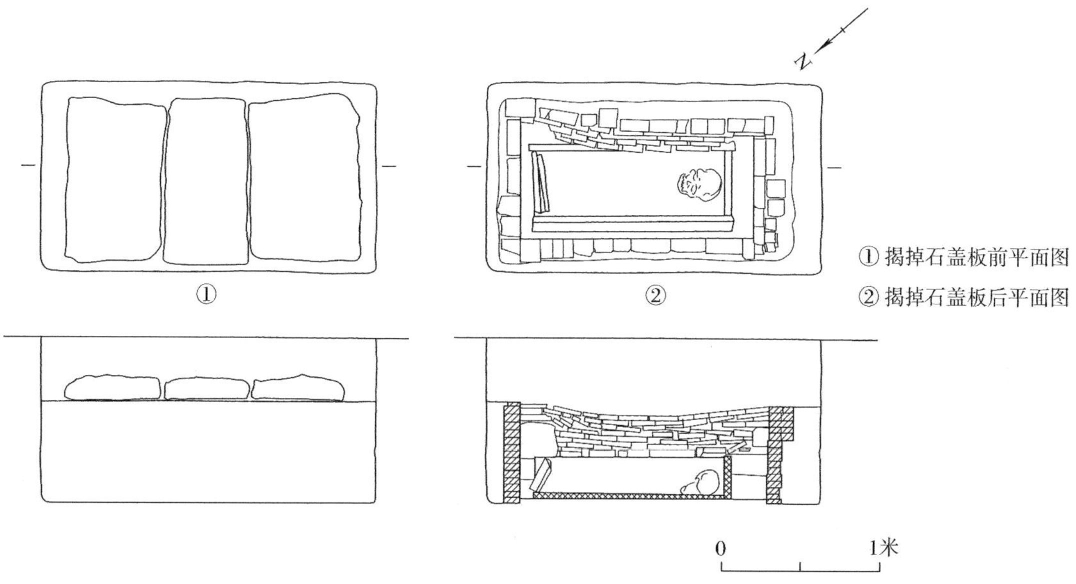

图十五　M7 平、剖面图

M8

（一）墓葬形制

M8 位于土墩北部，小型竖穴土坑砖石墓，墓向 60°，开口于①层下，打破⑥层，开口距地表 40 厘米，打破以下地层及生土。

墓圹平面为长方形，东西长 290、南北宽 120 厘米。平底，直壁，局部有坍塌。

墓室为砖室，墓室与墓圹之间的缝隙用土填实，墓室顶偏北放置釉陶壶 1 件。墓室上盖大石板，共 3 块，长 90 ~ 106、宽 66 ~ 76、厚 10 ~ 12 厘米。砖室平面为长方形，东西长 256、南北宽 108、室内高 65 厘米，墓壁厚 20 厘米，共 4 层，由底向上单砖、单向，顺、横向侧立错缝叠压垒砌。用砖长 39、宽 20、高 10.5 厘米。

墓室东壁有一壁龛，距墓底 30 厘米，面宽 20、通高 20、进深 20 厘米，墓室底东部出釉陶罐 1 件，应为壁龛中滑落至墓底。

木棺已朽，仅见棺底板，棺长 204、宽 50、厚 5、残高 11 厘米。棺底用 3 块木板拼合而成。

人骨已朽，头向东，面向不详，肢骨无存，其他情况不详（图十六）。

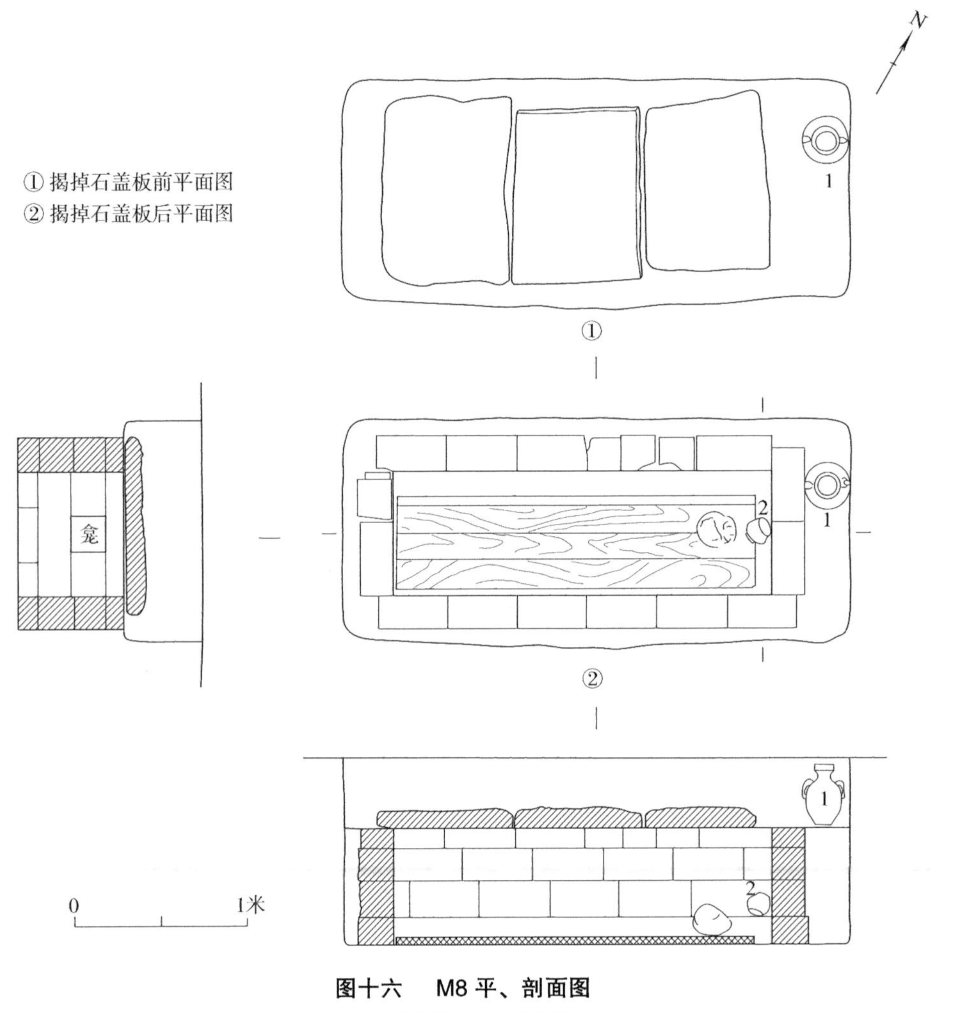

图十六　M8 平、剖面图

1. 釉陶壶　2. 釉陶罐

（二）随葬器物

出土随葬品 2 件，均为釉陶罐。分述如下：

釉陶罐 2 件。M8：1，残，出土于墓室顶部偏北。敞口，圆弧沿，圆唇，矮束颈，溜肩，弧腹，平底。器身施黑釉，釉不及底，通高 12.3、口径 6.4、底径 6 厘米（图版五六：6）。M8：2，已残，出土于墓室底部偏东。侈口，卷弧沿，圆唇，矮束颈，溜肩，弧腹，平底。体施黑釉，釉不及底。口径 7.2、底径 8.9、通高 13.8 厘米（图十七）。

根据墓葬开口层位、形制结构、出土遗物判断，M8 年代为明代。

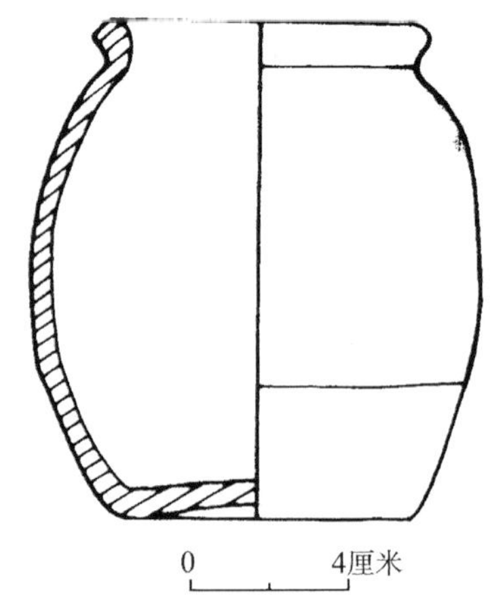

图十七　M8 出土随葬品

釉陶罐（M8：2）

M9

（一）墓葬形制

M9位于土墩西北处，北邻M4，双人合葬竖穴土坑砖石墓，墓向65°。M2和M12同时打破M9。

北室底部高出南室32厘米，北室紧贴南室北墙，开口于③层下，开口距地表180厘米。墓圹东西长200、宽96厘米，平底，直壁，壁面粗糙，未见工具痕迹。填土为黄褐土。

墓室顶部覆盖石板，石板北高南低斜向放置，北室石板压于南室石板之上，北室上部用石板3块，南室4块，长76～92、宽50～76、厚17～20厘米，个别石板上可见人为刻凿痕迹。

北室长220、宽86～96、高68厘米。墓壁厚9厘米，北墙顶部平铺大小不一的青砖，用作放置石盖板的垫砖。墓壁由底而上，顺、横错缝平置，单砖、单向垒砌。南室外长230、宽106、高60厘米，墓壁厚18厘米，由底而上逐层垒砌，用大砖单砖、单向，顺、横错缝平置叠压而上，四角处相互套合加以稳固。

北室木棺已朽，坍塌于墓室，从残迹判断棺长190、宽55、残高18厘米，西部宽度不详，棺厚4厘米。南室木棺已朽，坍塌于墓室，仅见底部形状，棺长186、宽50～55、厚7～9、残高30厘米，棺内东部南侧出铜镜1件。

北室人骨已朽，仅东部棺底可见头骨碎片，头向东，面向不详，年龄、性别、葬式均不详。南室人骨已朽，仅见棺东北角头骨，肢骨无存，男性，其他情况不详（图十八）。

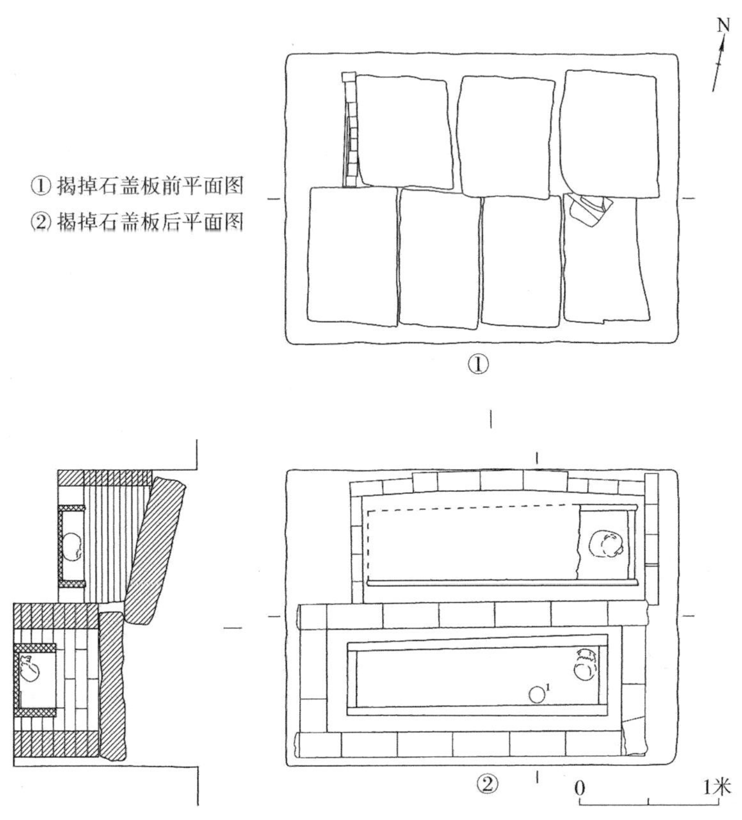

图十八　M9平、剖面图

1. 铜镜

（二）随葬器物

出土铜镜 1 件。M9∶1，出土于南棺底部南侧。仿汉代四乳四虺铜镜。圆形，圆钮，圆钮座，座外两周短斜线纹，之间有仿汉代铜镜上的四乳及四虺相间环绕，素宽平缘。直径 9.5 厘米（图十九）。

根据墓葬开口层位、墓葬形制、出土遗物判断，M9 年代为明代。

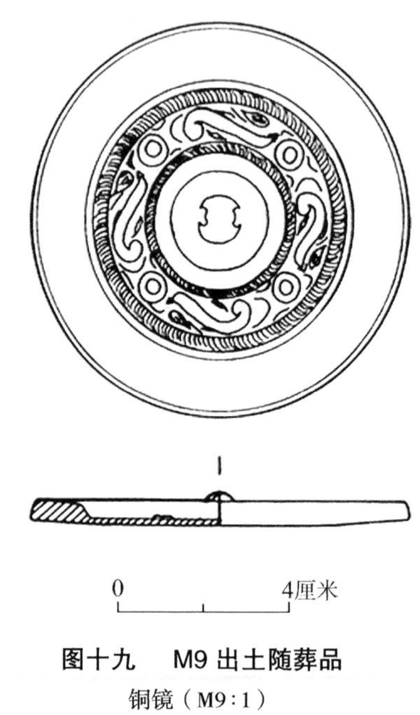

图十九　M9 出土随葬品

铜镜（M9∶1）

M10

（一）墓葬形制

M10 位于土墩东部，小型竖穴土坑砖券墓，墓向 50°，开口于④层下，开口距地表 55 厘米。

墓圹平面为梯形，东西长 240、南北宽 80 ~ 86 厘米，底部距开口处 70 厘米，平底，直壁，壁面粗糙，未见工具痕迹。填土为黄褐土。

墓室为梯形砖券，东高西低，顶部距开口处 30 ~ 44 厘米，砖室与墓圹之间的缝隙用土填实。砖券墓室东西长 236、南北宽 82 ~ 86、高 60 ~ 72 厘米，券顶高 14 ~ 16、券厚 11 厘米。券顶南部西侧放置釉陶盆 1 件，为祭祀盆。墙体一周由底而上单砖、单向，顺、横错缝叠压垒砌，四角处相互套合加以稳固。墓壁第 13 层开始起券，共 12 券，每券用砖 14 ~ 19 块，大砖长 25、宽 12、高 5 厘米，小砖长 18、宽 10、高 2 厘米或长 18、宽 10、高 4 厘米。墓室底部偏东出釉陶壶 1 件，已残。

东壁中部有壁龛，距墓室底部 26 厘米。壁龛面宽 22、通高 22、进深 12 厘米，壁龛内淤泥较厚。

木棺已朽，坍塌于墓室，棺盖板用 4 块长宽不一的木板拼合而成，长 184、宽

40 ~ 50、厚 4 厘米。底部保存较好，厚 4 厘米。棺的两侧板两端向内 4 厘米处有凹槽，用于两头挡板拼合。

人骨已朽，仅见一段腿骨，其他情况不详（图二十）。

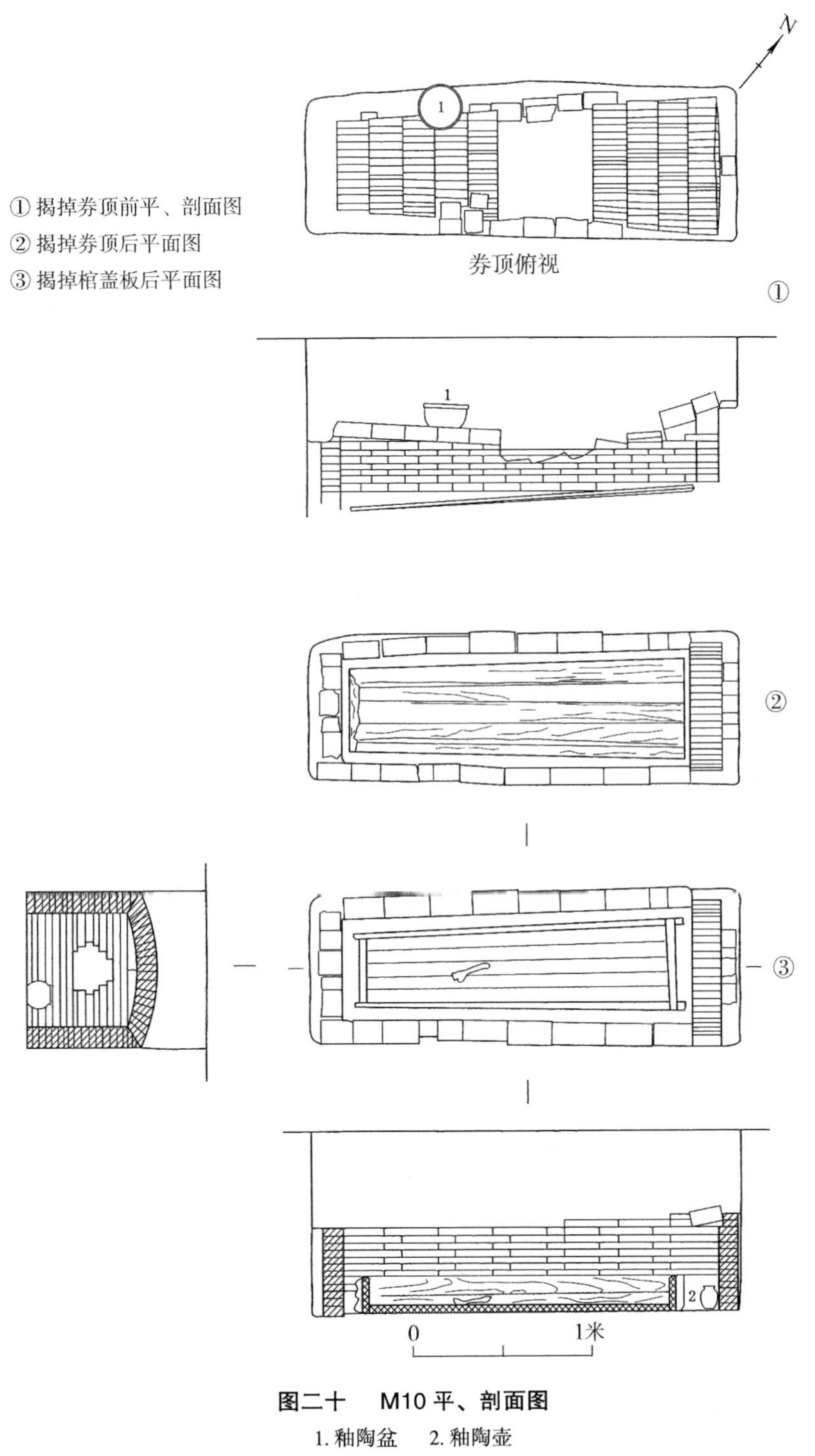

图二十　M10 平、剖面图

1. 釉陶盆　2. 釉陶壶

（二）随葬器物

出土随葬品 2 件。釉陶盆、釉陶壶各 1 件。分述如下：

釉陶盆 1 件。M10：1，已残，出土于墓室顶部西侧，敛口，方折沿，方唇，斜直腹，平底。器内施酱釉。口径 26.4、底径 17、高 13.2 厘米（图二十一：1）。

釉陶壶 1 件。M10：2，已残，出土于墓室东部，直口，方唇，矮束颈，折肩，筒形腹，平底内凹。两侧分置鋬手和流，流残。通体施黑釉不及底。口径 8.8、底径 9.6、高 14 厘米（图二十一：2）。

根据墓葬开口层位、形制结构、出土遗物判断，M10 年代为明代。

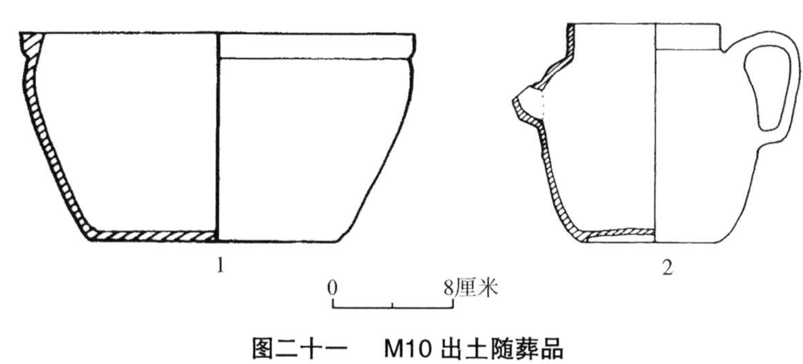

图二十一　M10 出土随葬品

1. 釉陶盆（M10：1）　2. 釉陶壶（M10：2）

M11

（一）墓葬形制

M11 位于土墩外东南农田处，西邻 M27，东邻 M13，小型竖穴土坑砖石墓，墓向 60°，开口于①层下，开口距地表 40 厘米。

墓圹平面为梯形，东西长 250、南北宽 230 ~ 260 厘米。平底，直壁，壁面粗糙，未见工具痕迹。填土为黄褐土。

墓室为砖室，上部有石盖板。较小的石板长 85 ~ 103、宽 30 ~ 45、厚 13 ~ 20 厘米，大条石长 240、宽 50、厚 20 厘米。砖室平面为梯形，东西长 242、南北宽 168 ~ 204、高 70 厘米，中部隔墙将墓室一分为二，南室长 220、宽 58 ~ 76 厘米，北室长 220、宽 62 ~ 74 厘米。北墙厚 20 厘米，西、东、南、中部隔墙厚 8 ~ 12 厘米。西、东、南三墙体由底而上单砖、单向，顺、横错缝平置叠压垒砌，在第五层之上用板砖垒砌。北墙由底向上加宽，均将板砖南北横向侧立错缝叠压垒砌，在第五层上又南北向和东西向相互错位、错缝平置两层。中部隔墙由底向上用大砖东西向单砖、单向，顺向错缝平置叠压至第三层，又用板砖单砖、单向顺向错缝平置叠压 4 层，之上用一整块条砖东西顺向平置同墓室口平。所用大砖长 30 ~ 36、宽 14、厚 8 厘米，板砖长 20、宽 8 ~ 12、厚 4 厘米，条砖长 12 ~ 22、宽 8、厚 4 厘米，长条石长 238、宽 18、厚 12 厘米。墓室底东部出陶罐 1 件。

南室和北室东壁各有一壁龛，位于东壁中部。南室壁龛距墓室底部 28、面宽 28、通高 26、进深 8 厘米，壁龛内放置釉陶罐 1 件。北室壁龛距墓室底部 28、面宽 34、通高

26、进深8厘米。壁龛顶部为人为刻出的造型装饰。

过洞位于隔墙东部，长条石下方，连通两室。过洞距东壁40、面宽20、高38厘米。

南室木棺已腐朽坍塌，仅见底部形状，棺残长210、宽48 ~ 58、棺板厚6、残高18厘米；北室木棺已朽，仅见底部形状，棺长202、宽44 ~ 56、棺厚6、残高11厘米。棺底板均用4块木板拼合，每块板之间用铁铆钉连接。

南室人骨已朽，仅见头骨碎块，头向东，其他情况不详。北室人骨已朽，头向东，其他情况不详。头骨东侧出铜簪2件，判断主人为女性（图二十二）。

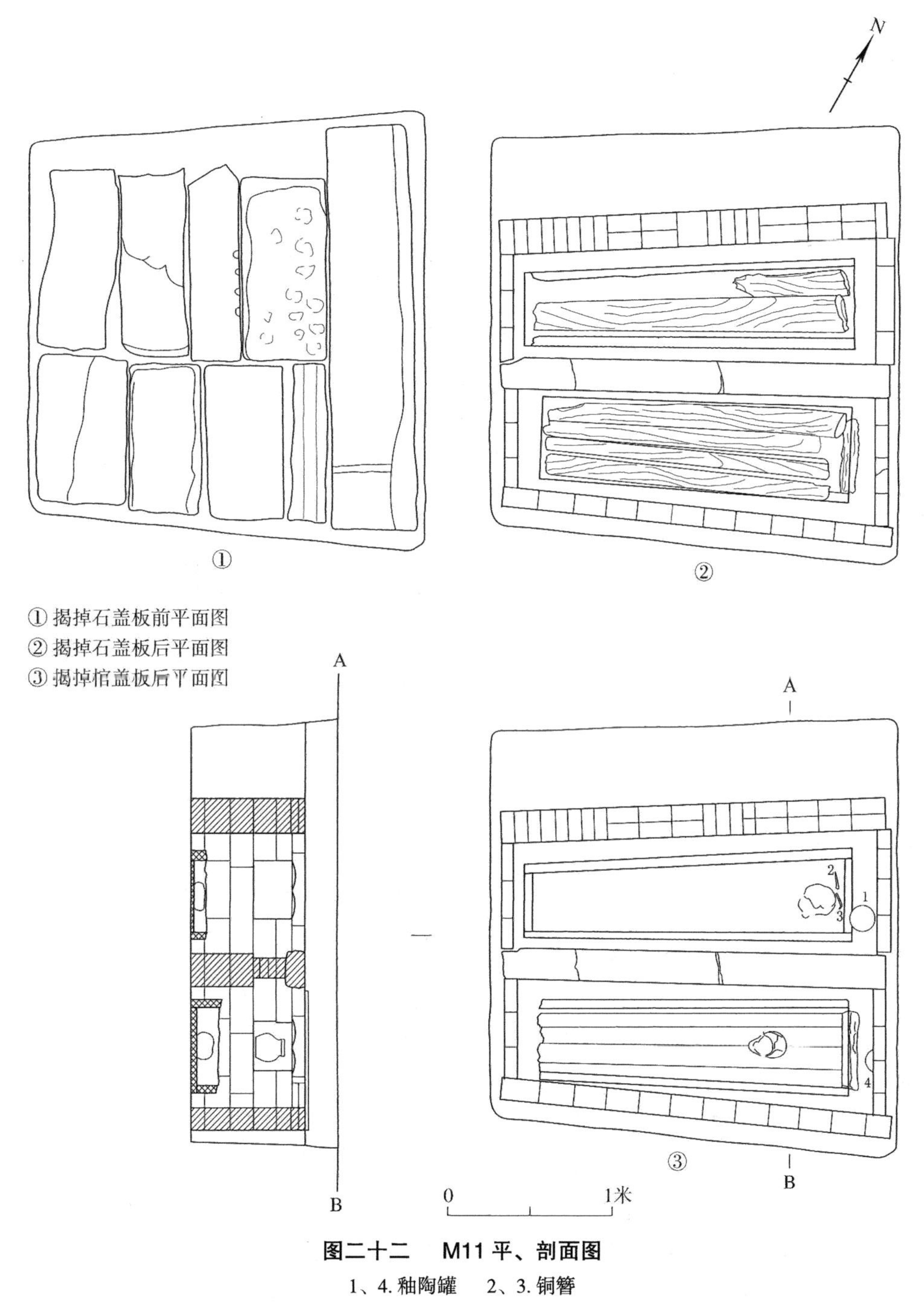

图二十二　M11平、剖面图

1、4. 釉陶罐　2、3. 铜簪

（二）随葬器物

出土随葬品4件。北室出土釉陶罐1件、铜簪2件，南室出土釉陶罐1件。分述如下：

釉陶罐2件。M11：1，出土于北室底东部。直口，折沿，矮直领，弧肩，弧腹，矮圈足，底部内凹。施青釉，釉不及底。口径7.7、底径8.5、高12.4厘米（图二十三：1）。M11：4，出土于南室东壁龛内。侈口，卷沿，高领，垂腹，平底。施黑釉，釉不及底。口径8.1、底径8.4、高15厘米（图二十三：2）。

铜簪2件。M11：2，出土于头骨东侧。细长圆锥状，簪顶至簪尾逐渐内收，簪顶较钝，簪尾呈尖状，长9.9厘米（图版六三：2）。M11：3，出土于头骨东侧。细长圆锥状，簪尾略有弯曲，簪顶至簪尾逐渐内收，簪顶较钝，簪尾呈尖状。长11.1厘米（图二十三：3）。

根据墓葬形制结构和出土遗物判断，M11年代为明清时期。

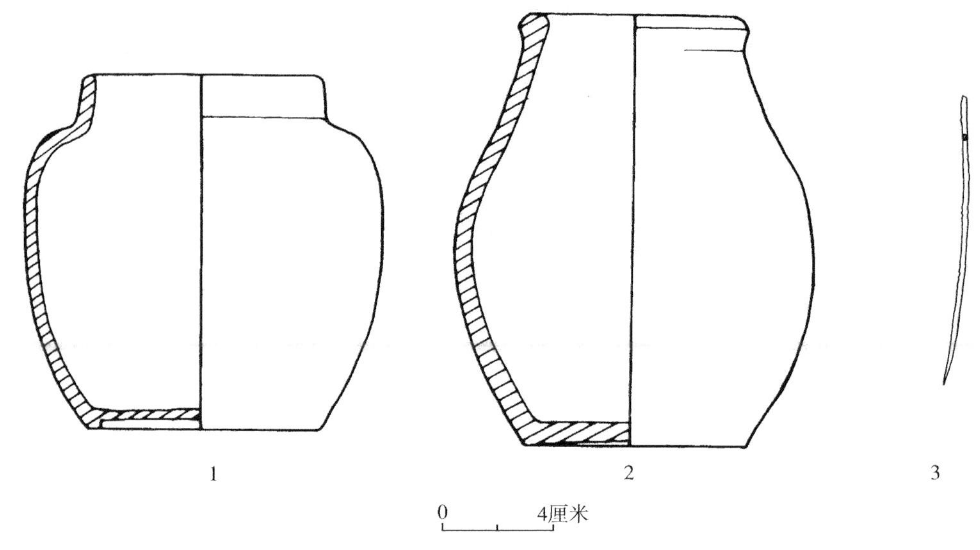

图二十三　M11出土随葬品

1、2.釉陶罐（M11：1、M11：4）　3.铜簪（M11：3）

M12

（一）墓葬形制

M12位于土墩西北处，西邻M2，竖穴土坑砖石墓，开口于②层下并打破M9，开口距地表50厘米，方向5°。

墓圹平面为梯形，北宽南窄，南北长262～272、东西宽200～208厘米。平底，直壁，壁面粗糙，未见工具痕迹。内填灰土，填土中包含少量青花瓷残片、砖瓦。

墓室为平顶，上盖方形大石块，墓顶距开口处34厘米。分两室，每室用盖板4块，每块石板尺寸不一，长85～95、宽50～65、厚9～15厘米。个别石板上可见人为留下的凿痕和凹槽，槽宽2.6、深2厘米。

砖室为南北向梯形，南北长258、宽186～202、高76厘米，砖墙厚11厘米，四角相互套合加以稳固，每层单砖，顺、横向平筑错缝叠压而上，每块砖长 24、宽 11、高 3 厘米，或长 24、宽 11、高 4 厘米。墓室中部有南北向的隔墙，厚 24、高 76 厘米。

东西室北壁上各有一个壁龛，形制一致，距墓室底部 43、面宽 14、通高 16、进深 11 厘米。壁龛外用板砖封堵，壁龛顶部有人为刻出的造型装饰。

中部隔墙北部有一过洞，距墓室底部 43、距北壁 32 厘米，贯穿两室，面宽 14、高 16、通穿 24 厘米。

两木棺，均已朽， 仅见底部痕迹，具体形制不详。根据残痕判断，东棺长 186、宽 53 厘米，厚度不详；西棺长 180、宽 50 厘米，厚度不详。

东棺人骨 1 具，已腐朽，头向北，面向不详，从残存肢骨位置判断为仰身直肢葬。头骨西侧发现银步摇 1 件，棺底有铜钱 3 枚。判断墓主为女性，年龄不详。

西棺人骨 1 具，已腐朽，头向北，面向不详，下肢骨移位，上肢骨保持原状，可以看出为仰身直肢葬，根据骨骼情况判断为男性（图二十四）。

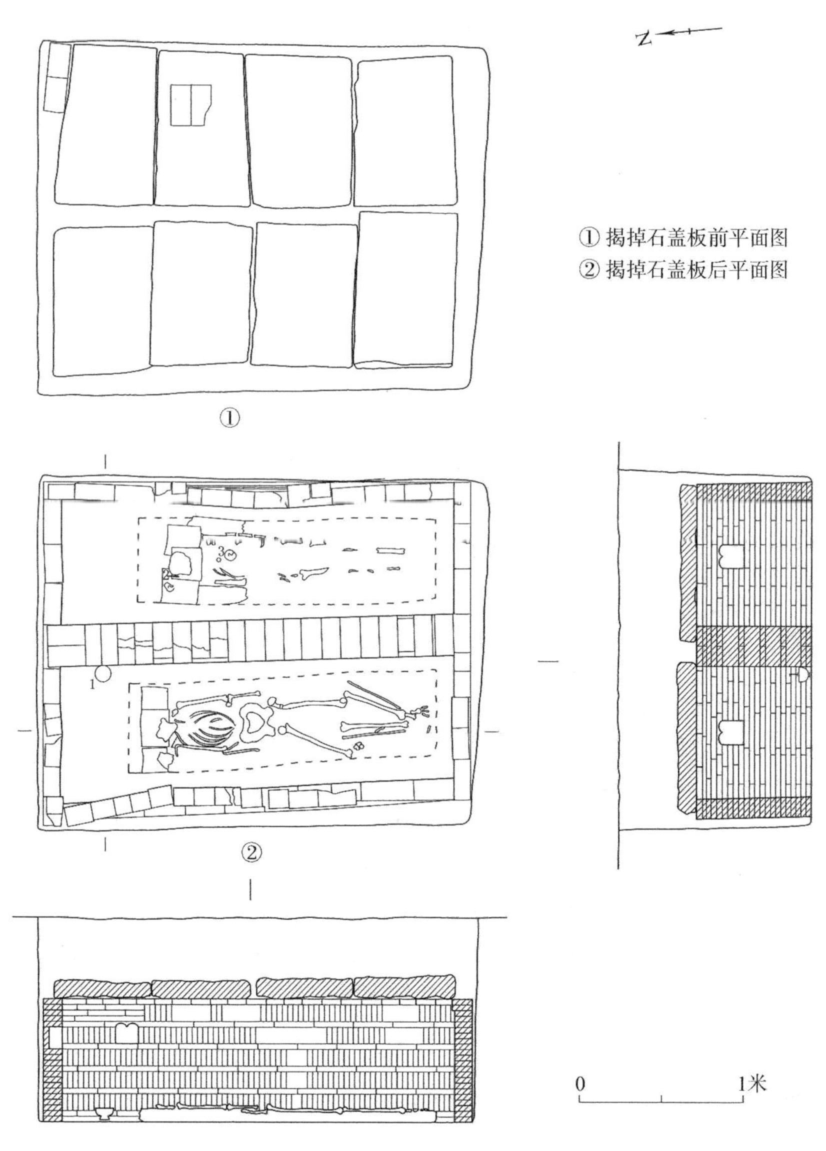

图二十四　M12 平、剖面图

1. 瓷碗　2. 银步摇　3. 铜钱

（二）随葬器物

出土随葬品 5 件。西室出土瓷碗 1 件，东室出土银步摇 1 件、铜钱 3 枚。分述如下：

瓷碗 1 件。M12∶1，完整，出土于西室北部。敞口，方唇，弧腹，圈足。通体施青釉，足内挂蓝彩一周。口径 11.4、底径 5.4、高 5.8 厘米（图二十五：1）。

银步摇 1 件。M12∶2，残，出土于东棺头骨西侧。银鎏金步摇，仅残剩细长形簪身，摆件缺失，残长 9.6 厘米（图二十五：2）。

铜钱 3 枚。M12∶3，出土于东棺底部。因锈蚀严重，无法提取，钱文也难以辨识。

根据墓葬开口层位、形制结构、出土遗物判断，M12 年代为明代。

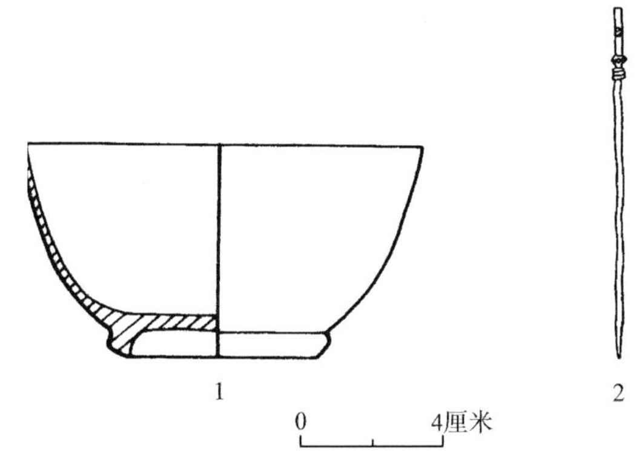

图二十五　M11 出土随葬品

1. 瓷碗（M12∶1）　2. 银步摇（M12∶2）

M13

（一）墓葬形制

M13 位于土墩外东南农田处，南邻 M14，小型竖穴土坑砖石墓，墓向 50°，开口于①层下，开口距地表 40 厘米。

墓圹平面为梯形，东西长 250、宽 207 ~ 212 厘米。平底，直壁，壁面粗糙，未见工具痕迹。填土为黄褐土。

墓室为砖室，上盖石板，东西向 2 行，每行用石板 3 块，长 93 ~ 103、宽 70 ~ 81、厚 14 ~ 18 厘米。石板缝隙较大处用青砖填充。砖室分南北二室，整体平面为梯形，南室长 222、宽 70 ~ 80、高 68 厘米。北室长 222、宽 68 ~ 70、高 68 厘米，四周墙体厚 14 ~ 16 厘米，共 6 层，在第四层上用长条砖平置 2 层。中部东西向隔墙将墓室一分为二，隔墙厚 16 厘米，大砖长 32、宽 14 ~ 20、厚 14 厘米，小砖长 20、宽 14 ~ 16、厚 6 ~ 8 厘米。两室墙体由底向上单砖、单向，顺、横错缝平置叠压垒砌，四角处相互套合加以稳固，墓室底部无铺地砖。

南室和北室东壁各有一个壁龛，尺寸一致，面宽 20、通高 22、进深 14 厘米，壁龛顶部为人为刻出的造型装饰，壁龛内放置釉陶罐 1 件。

过洞位于隔墙东部偏下位置，面宽 16、通高 30 厘米，连通两室。

南室木棺腐朽坍塌，仅见棺底形状，棺长 210、宽 48 ~ 58、厚 6、残高 16 厘米。北室木棺已朽，仅底部可见其形，残长 192、宽 46 ~ 52、厚 4 ~ 6、残高 12 厘米。棺底板均用 4 块木板拼合，每块木板之间用铁铆钉连接。

南室人骨已朽，头向东，面向不详，仅存肱骨和大腿骨，从肢骨位置判断为仰身直肢葬，性别、年龄不详。北室人骨已朽，具体情况不详（图二十六）。

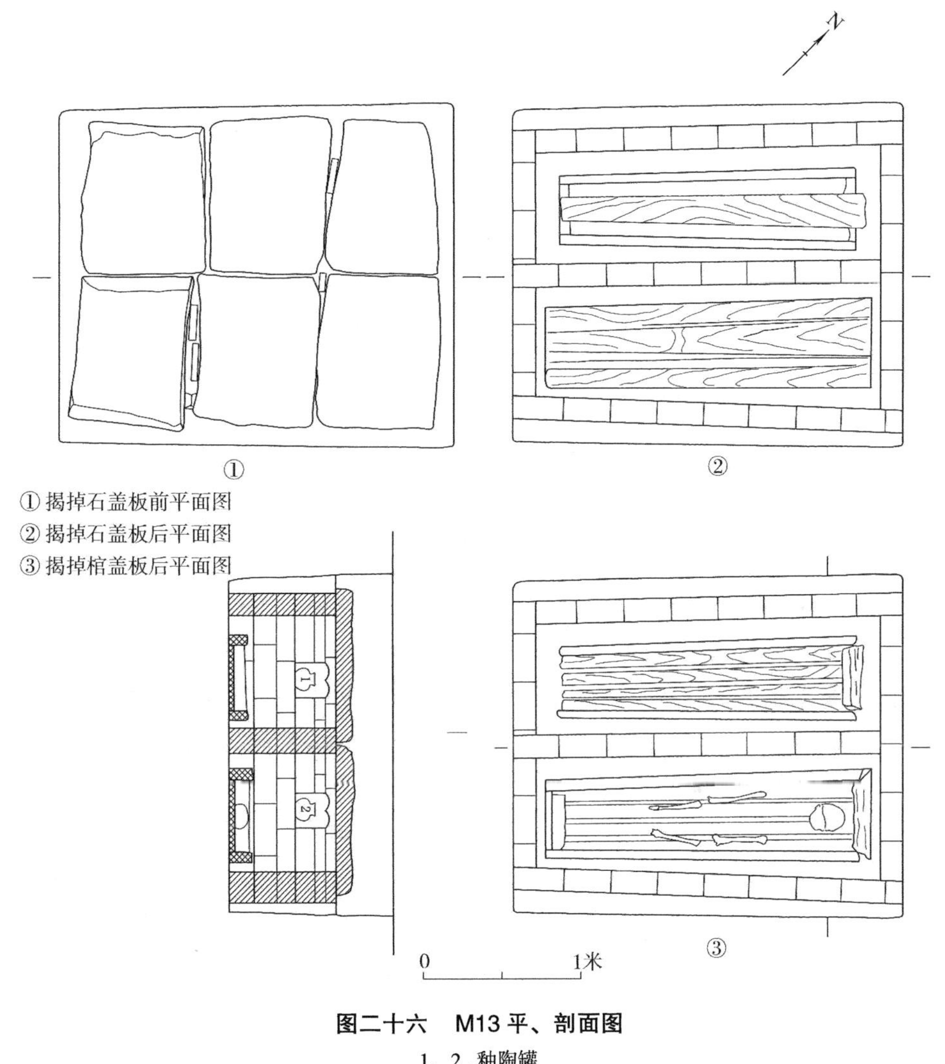

图二十六　M13 平、剖面图

1、2. 釉陶罐

（二）随葬器物

出土随葬品 2 件。北室和南室各出土釉陶罐 1 件。分述如下：

釉陶罐 2 件。M13∶1，出土于北室壁龛内。侈口，卷沿，矮领，溜肩，直筒腹，平底。通体施黑釉，釉色明亮。口径 8.4、底径 9.1、高 13.2 厘米（图二十七：1）。M13∶2，出土于南室壁龛内。敞口，卷弧沿，尖唇，矮束颈，溜肩，弧腹，平底中凹。体施黑釉，釉不及底。口径 8.7、底径 8.6、通高 14 厘米（图二十七：2）。

根据墓葬形制结构和出土遗物判断，M13 年代为明代。

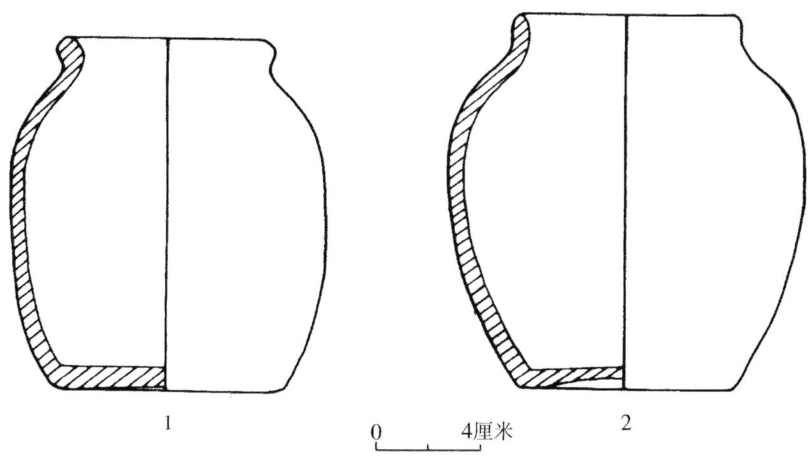

图二十七　M13 出土随葬品

1、2. 釉陶罐（M13∶1、M13∶2）

M14

（一）墓葬形制

M14 位于土墩外东南农田处，北邻 M13，小型竖穴土坑砖石墓，墓向 55°，开口于①层下，开口距地表 40 厘米。

墓圹平面为梯形，东西长 250、宽 190 ~ 198 厘米。平底，直壁，壁面粗糙，未见工具痕迹。填土为黄褐土。

墓室为砖室，平面为梯形，上盖长方形石板，东西向 2 行，每行 4 块石板，石板长 70 ~ 83、宽 50 ~ 57、厚 8 ~ 13 厘米，均平置于墓室口部。石板之间的缝隙用青砖填充。南室东西长 220、南北宽 60 ~ 70、高 60 厘米。北室东西长 220、南北宽 74 ~ 78、高 60 厘米。四周墙体厚 14 ~ 16 厘米，共用 10 层砖，中部东西向隔墙将墓室一分为二，隔墙厚 14 厘米。单砖长 24 ~ 26、宽 14 ~ 16、厚 6 厘米。四周墙体由底向上单砖、单向，顺、横平置错缝叠压而上垒砌，四角处相互套合加以稳固，墓室底部无铺地砖。

南室和北室东壁各有一壁龛，形制、尺寸一致，面宽 20、通高 26、进深 14 厘米。壁龛顶部有人为刻出的造型装饰，壁龛内各放置釉陶罐 1 件。

隔墙东部偏下位置有一过洞，面宽 14、通高 16 厘米，连通两室。

南室木棺腐朽坍塌，仅见棺底板，棺长 206、宽 30 ~ 60、棺板厚 6 厘米。棺底用板 4 块，每块木板之间用铁铆钉连接。北室木棺腐朽坍塌，仅底部可见其形状，长 202、宽 50 ~ 60、棺板厚 6、残高 12 厘米。棺底用 3 块木板拼合而成，每块板之间用铁铆钉连接。

南室人骨已朽，具体情况不详。北室人骨已朽，头向东，面向不明，仅存左上肢骨和下肢骨，根据肢骨位置判断为仰身直肢葬，性别、年龄不详，人骨中部有铜镜 1 件（图二十八）。

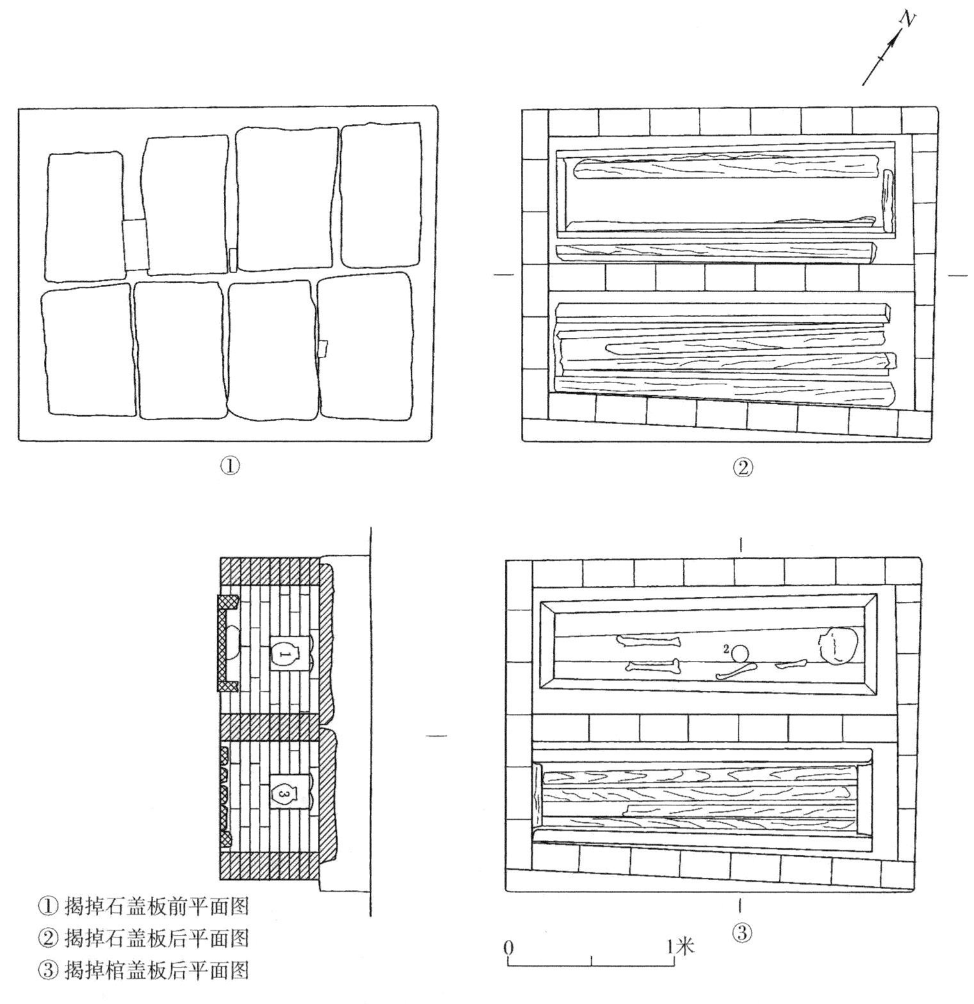

图二十八 M14 平、剖面图

1、3. 釉陶罐 2. 铜镜

（二）随葬器物

出土随葬品 3 件。北室出土釉陶罐、铜镜各 1 件，南室出土釉陶罐 1 件。分述如下：

釉陶罐 2 件。M14∶1，出土于北室壁龛内。敞口，卷沿，圆唇，矮弧颈，溜肩，弧腹，平底中凹。体施黑釉，釉不及底。口径 6.5、底径 7.6、通高 12 厘米（图二十九：1）。M14∶3，出土于南室壁龛内。直口，平弧沿，圆唇，矮束颈，折弧肩，弧腹，平底中凹。体施酱釉，釉不及底。口径 9.8、底径 9.7、通高 14.2 厘米（图二十九：2）。

铜镜 1 件。M14∶2，出土于棺内中部。圆形，圆钮，主纹为一凤鸟压在钮下，昂头屈颈，屈肢翘尾，其外有两周短斜线纹，镜缘截面三角形。直径 7.4 厘米（图二十九：3）。

根据墓葬形制结构和出土遗物判断，M4 年代为明代。

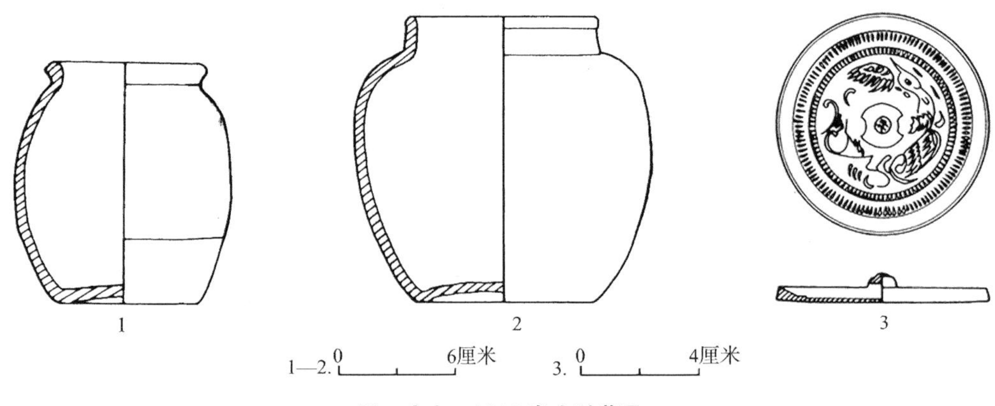

图二十九　M14 出土随葬品

1、2. 釉陶罐（M14：1、M14：3）　3. 铜镜（M14：2）

M15

（一）墓葬形制

M15 位于土墩外东南农田处，北邻 M14，小型竖穴土坑砖石墓，墓向 67°，开口于①层下，开口距地表 40 厘米。

墓圹平面为梯形，东西长 260、南北宽 203 ~ 208 厘米。平底，直壁，壁面粗糙，未见工具痕迹。填土为黄褐土。

墓室为砖室，上盖长方形大石板，东西 2 行，每行用石板 4 块，石板长 80 ~ 90、宽 50 ~ 64、厚 10 ~ 16 厘米。石板之间的缝隙用青砖填充。砖室平面为梯形，南室东西长 218、南北宽 58 ~ 64、室高 66 厘米。北室东西长 218、南北宽 67 ~ 75、高 66 厘米。四周墙体厚 12 ~ 13 厘米，共 16 层砖。中部东西向隔墙，厚 22 厘米。砖长 20 ~ 22、宽 12 ~ 13、厚 2 ~ 5 厘米。四周墙体由底向上单砖、单向，顺、横平置错缝叠压垒砌，四角处相互套合加以稳固，墓室底部无铺地砖。

隔墙东部偏上有一过洞，距墓室底部 44、距东壁 72 厘米，面宽 18、通高 10、深 20 厘米，连通两室。过洞内放置铜镜 1 件。

南室木棺腐朽坍塌，仅底部可见其形状，棺长 190、宽 48 ~ 60、棺板厚 5 ~ 6 厘米。北室木棺腐朽坍塌，仅底部可见其形状，从残存情况来看，棺长 190、宽 50 ~ 64、棺板厚 6 厘米。棺底均用 4 块木板，每块木板之间用铁铆钉连接。

南室人骨已朽，头向东。北室人骨已朽，头向东，其他情况不详（图三十）。

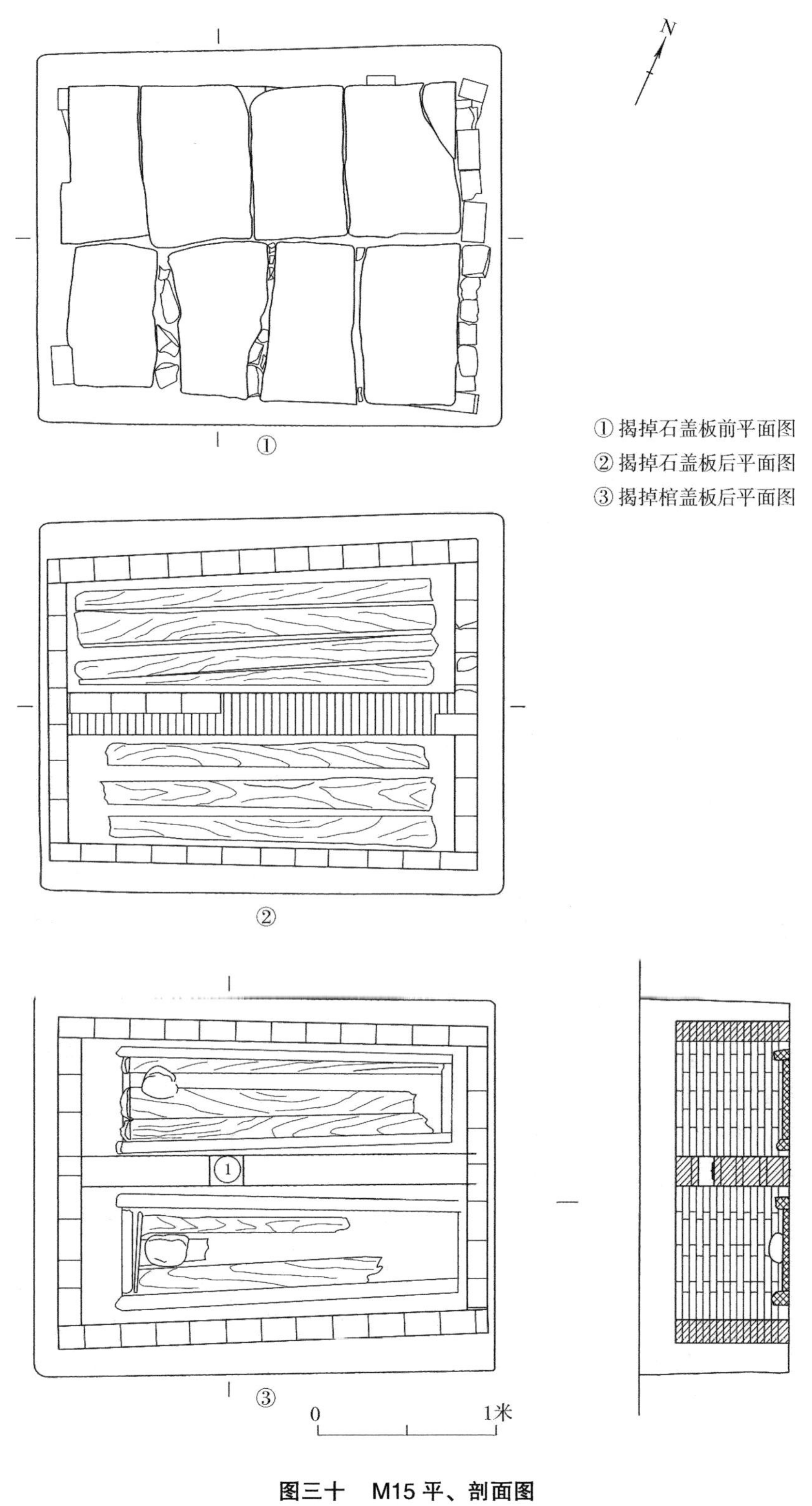

图三十　M15 平、剖面图

1. 铜镜

（二）随葬器物

出土铜镜1件。M15：1，出土于隔墙过洞内。仿汉代日光镜。圆形，圆钮，钮外有两周凸弦纹，两周弦纹外各有一周铭文，内圈铭文“见日之光，天下大[明]”，外圈铭文“内清质以昭明，□□象夫日月，心忽扬而愿忠，雍塞不□”，铭文形态仿汉代铜镜铭文，镜缘截面梯形。直径9厘米（图三十一）。

根据墓葬形制结构、出土遗物判断，M15年代为明代。

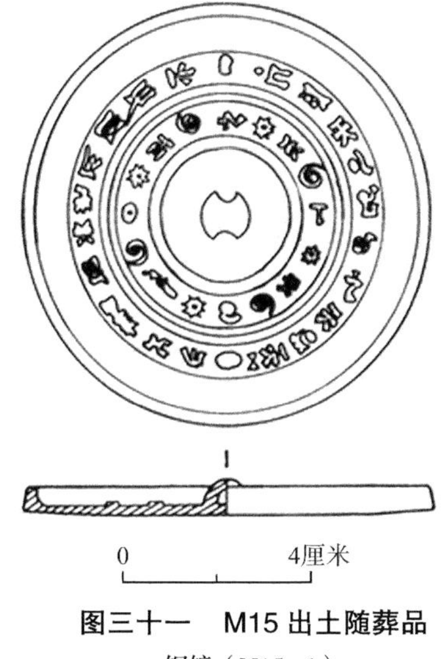

图三十一　M15出土随葬品
铜镜（M15：1）

M16

（一）墓葬形制

M16位于土墩大坟茔南部，东北邻M19，西南邻M18，双人合葬竖穴土坑砖石墓，开口于④层下，打破⑥层，墓向55°。

现存封土平面为椭圆形，平顶，顶部距地表105厘米，平底，底部距地表150厘米，中部最厚处45厘米，边缘处较薄。封土东西最大径320厘米，南北最大径266厘米。黄褐土。

墓圹平面为梯形，东西长260、南北宽200～220厘米，平底，直壁，壁面粗糙，未见工具痕迹。填土为黄褐土。

墓室为砖室，上盖大石板，东西向排列2行，每行3块。石盖板长92～101、宽68～85、厚13～16厘米。砖室平面为梯形，墙体用砖长20～40、宽18～20、厚10厘米。中部用隔墙一分为二，共用砖9层，由底向上，单砖、单向，顺、横错缝叠压垒砌，四角处相互套合加以稳固。中部隔墙，单砖、单向错缝叠压垒砌。南室长226、宽62～70、高90厘米，底部无铺地砖。墓室底东北处出釉陶罐1件。北室长226、宽82～90、高90厘米，底部无铺地砖。隔墙东部有一过洞，连通南北两室。过洞高30、宽30、深18厘米，内放置釉陶罐1件。

两室东壁各有一壁龛，尺寸一致，距墓室底部50、面宽20、通高22、进深18厘米。壁龛顶部有人为刻出的造型装饰。

南室木棺腐朽坍塌，仅底部可见，长196、宽46～50、棺厚5～6、残高20厘米。棺底出铜钱2枚。北室木棺已腐朽坍塌，仅见底部形状，长190、宽50～60、棺厚6、残高16厘米。棺底均为4块板拼合，每块板之间用铁铆钉连接。

南室人骨腐朽无存。北室人骨已朽，头向东，面向不详，根据残存肢骨判断为仰身直肢葬，年龄、性别不详（图三十二）。

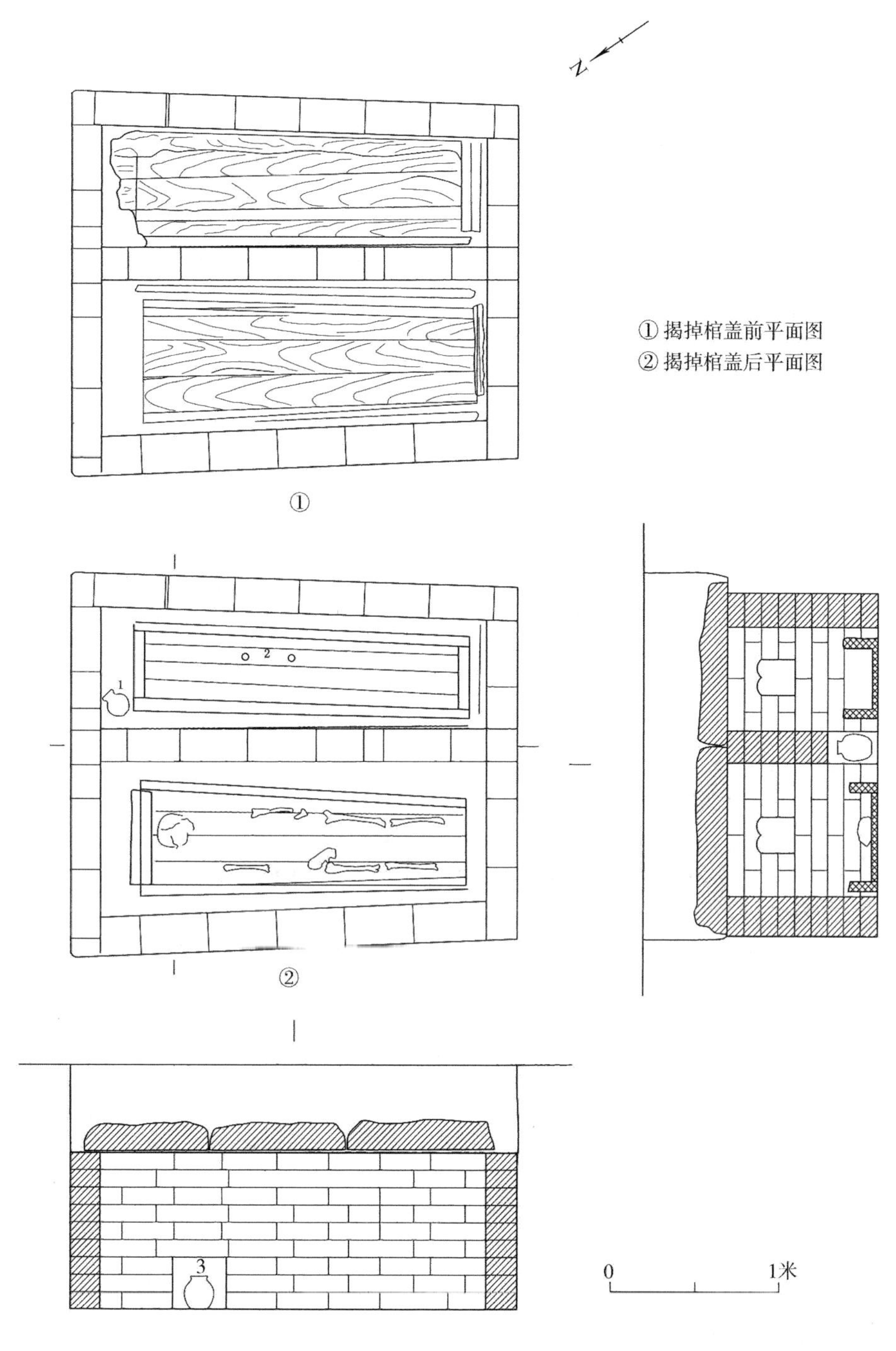

图三十二　M16 平、剖面图

1、3. 釉陶罐　　2. 铜钱

（二）随葬器物

出土随葬品 4 件。南室出土釉陶罐 1 件、铜钱 2 枚，隔墙下过洞内出土釉陶罐 1 件。分述如下：

釉陶罐 2 件。M16：1，出土于南室。敞口，卷弧沿，圆唇，矮弧颈，溜肩，弧腹，平底中凹。体施黑釉，釉不及底。口径 7.2、底径 8.8、通高 14.4 厘米（图三十三：1）。M16：3，出土于过洞内。敞口，卷弧沿，尖圆唇，矮束颈，溜肩，弧腹，平底。体施黑釉。口径 8.8、底径 7.8、通高 18.6 厘米（图三十三：2）。

铜钱 2 枚。M16：2，出土于南棺底。嘉靖通宝，1 枚，直径 2.4、穿边长 0.5 厘米（图三十三：3 左）。万历通宝，1 枚，直径 2.3、穿边长 0.55 厘米（图三十三：3 右）。

根据墓葬开口层位、形制结构、出土遗物判断，M16 年代为明代。

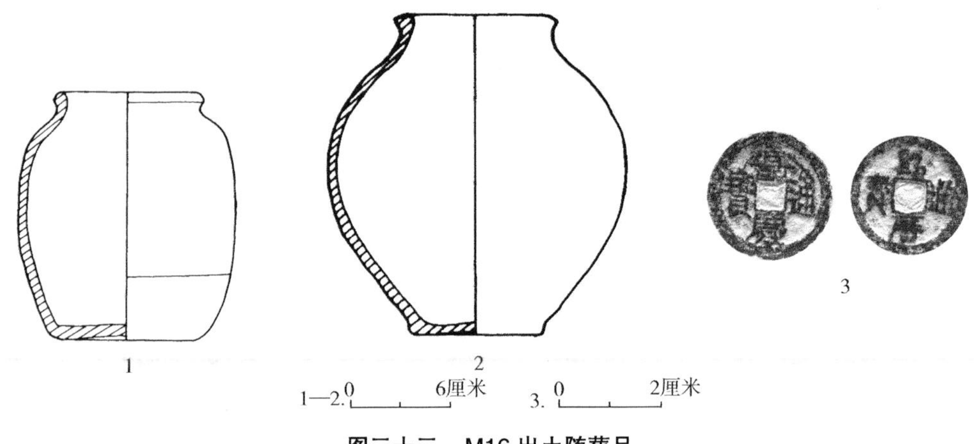

图三十三　M16 出土随葬品

1、2. 釉陶罐（M16：1、M16：3）　3. 铜钱（M16：2）

M17

（一）墓葬形制

M17 位于土墩大坟茔的西南处，东邻 M18，小型竖穴土坑砖石墓，开口于④层下，打破⑥层，墓向 75°。

残存封土平面为椭圆形，顶部距地表 60 厘米，底部距地表 90 厘米，中部最厚处 30 厘米，边缘较薄，南北最大径 290 厘米，东西最大径 350 厘米，黄褐土。墓口线位于封土下，距地表 90 厘米。

墓圹平面为梯形，东西长 270、南北宽 190 ~ 200 厘米。平底，直壁，壁面粗糙，未见工具痕迹。填土为黄褐土。

墓室为砖室，上盖长方形石板，东西向排列 2 行，每行 4 块。石板长 78 ~ 83、宽 50 ~ 56、厚 12 ~ 15 厘米。北室平面为梯形，东西长 254、宽 88 ~ 108、高 76 厘米，四周墙体坍塌。南室平面为梯形，东西长 254、南北宽 88 ~ 90、高 76 厘米，东、南、西三壁用大砖单砖、单向，顺、横平置错缝叠压而上垒砌，四角处相互套合加以稳固。

北室木棺腐朽坍塌，仅见棺底板，共用板5块，边板残存2块，棺长206、宽50～56、厚4厘米。南室木棺已腐朽坍塌，仅见棺底板，共用板4块，每块板之间用铁铆钉连接，边板已朽。棺长190、宽48～53、厚4厘米。

北室人骨已朽，头向东，面向不明，肢骨已朽，棺底板上仅见7枚铜钱，其他情况不详。南室人骨已朽，仅见上肢骨、盆骨和大腿骨，头向东，面向不详，根据肢骨位置判断为仰身直肢葬，男性，年龄不详（图三十四）。

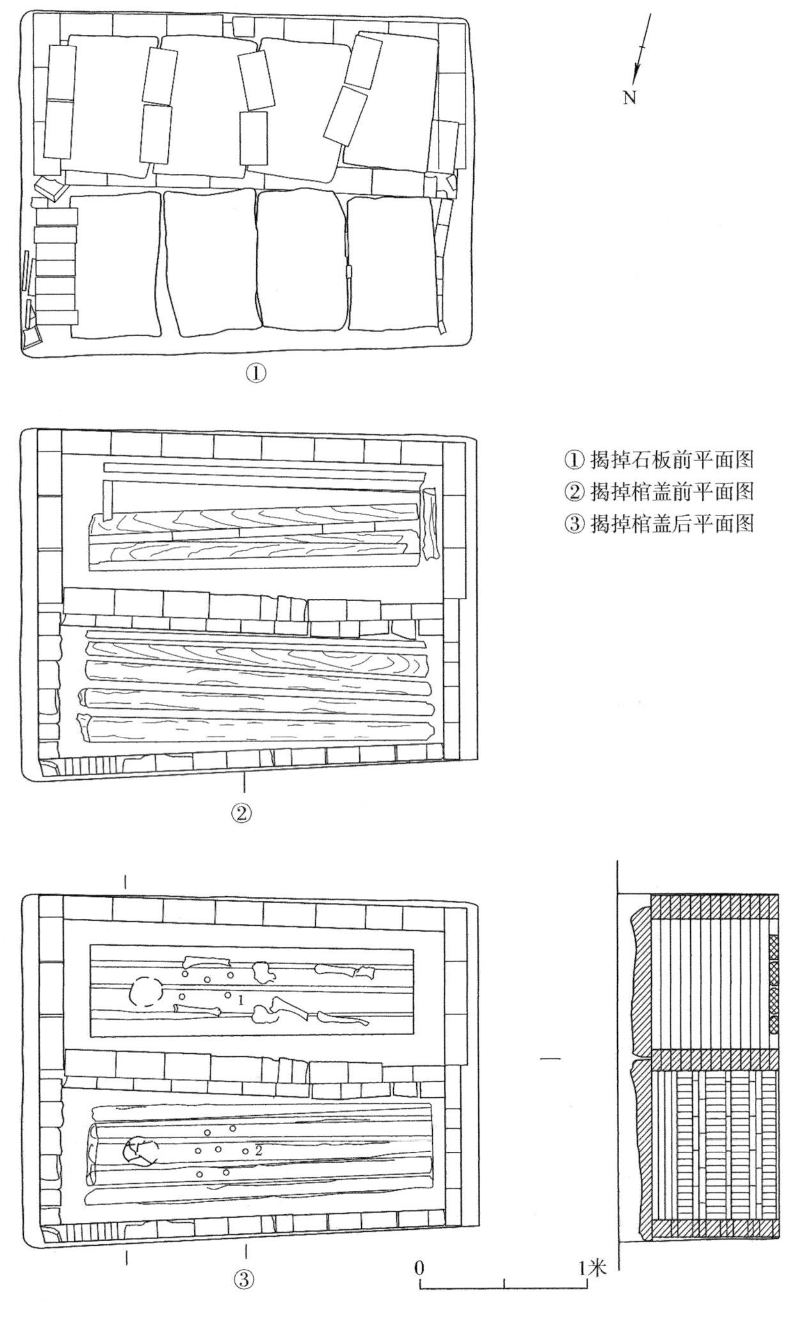

图三十四　M17平、剖面图

1、2. 铜钱

（二）随葬器物

出土随葬品 11 件。分述如下：

北室出土铜钱 6 枚，出土于北室棺底。顺治通宝 1 枚，M17：1，直径 2.7、穿边长 0.5 厘米（图三十五：1）；康熙通宝 5 枚，直径 2.75、穿边长 0.55 厘米。南室出土铜钱 5 枚，位于南室棺底。顺治通宝 2 枚，M17：2，直径 2.7、穿边长 0.5 厘米；康熙通宝 3 枚，直径 2.75、穿边长 0.55 厘米（图三十五：2）。

根据墓葬开口层位、形制结构和出土遗物判断，M17 年代为清代。

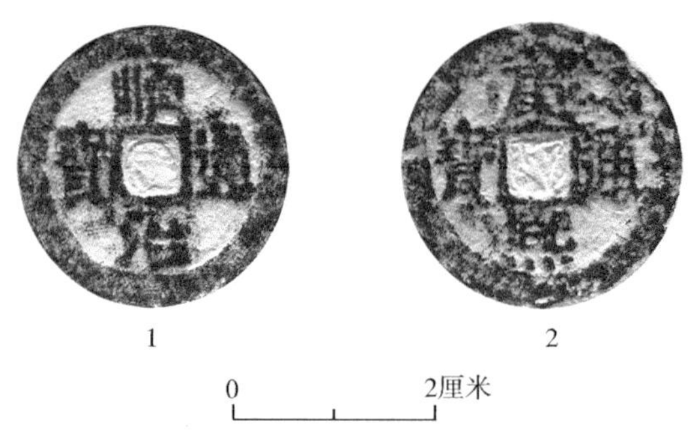

图三十五　M17 出土随葬品

1. 顺治通宝（M17：1）　2. 康熙通宝（M17：2）

M18

（一）墓葬形制

M18 位于土墩上大坟茔范围内的南部，西邻 M17，小型竖穴土坑砖石合葬墓，开口于④层下，打破生土，墓向 80°（图三十六）。

现存封土平面为椭圆形，平顶，顶部距地表 110 厘米，底部距地表 150 厘米，中部最厚处 40 厘米，边缘较薄。封土东西最大径 290 厘米，南北最大径 230 厘米，黄褐土。墓口线位于封土下，距地表 150 厘米。

墓圹东西长 266、南北宽 224、底部距开口处 160 厘米。平底，直壁，墓壁粗糙，未见工具痕迹。填土为黄褐土。

墓室为砖室，上盖大石板，东西向排列 2 行，每行 3 块。石盖板长 93 ~ 108、宽 70 ~ 88、厚 15 ~ 23 厘米。砖室平面为梯形，中部用隔墙一分为二，南室长 224、宽 72 ~ 80、高 90 厘米，墓室底东部出土釉陶罐 1 件。北室长 224、宽 70 ~ 74、高 90 厘米，底部均无铺地砖。两室东壁中部各有壁龛一个，尺寸一致，距墓底 60、面宽 20、通高 28、进深 14 厘米，壁龛顶部为人为刻出的造型装饰。北室壁龛内放置釉陶罐 1 件。墙体用砖 11 层，由底向上，单砖、单向，顺、横错缝叠压垒砌，四角处相互套合加以稳固。隔墙东部偏上位置有一贯穿墙体的过洞，连通南、北室，过洞距墓室底部 64、距东壁 40、面宽 30、通高 30、深 20 厘米。

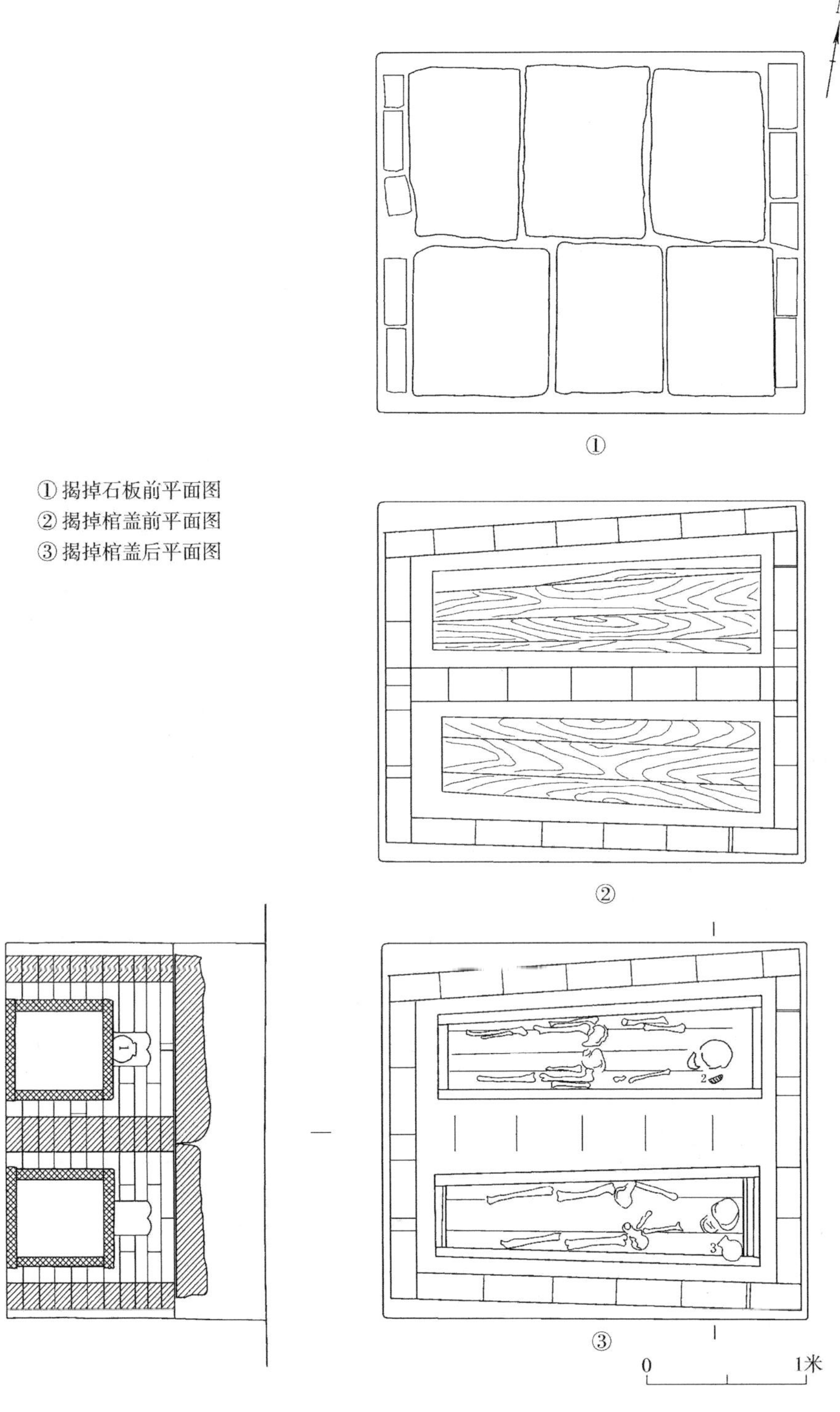

图三十六　M18 平、剖面图

1、3. 釉陶罐　2. 木梳

南室木棺保存较好，棺上漆皮脱落。由棺盖板、两侧板、前后挡板及棺底板拼合而成。棺盖板长于棺箱，盖板长204、宽46 ~ 56厘米，由3块板拼合，板与板之间用铆钉连接。棺箱长200、宽48 ~ 60、高60 ~ 65、厚6厘米。两侧板和底板共12块，梯形条板，前后挡板共8块。北室木棺保存也较好，形制与南室木棺相似，棺上漆皮脱落。棺盖长于棺箱，棺盖长210、宽50 ~ 60厘米，由4块板拼合而成。棺箱长200、宽50 ~ 60、高60 ~ 65、棺厚6厘米。两侧板和底板共12块，梯形板，前后挡板共8块。

南室人骨已朽，存上肢骨和下肢骨，头骨移位，头向东，面向南，仰身直肢，男性，年龄不详。北室人骨已朽，存上肢骨和下肢骨，头骨移位，头向东，面向南，仰身直肢，女性，年龄不详。头骨处出土木梳1件。

（二）随葬器物

出土随葬品3件。北室出土釉陶罐1件、木梳1件，南室出土釉陶罐1件。分述如下：

釉陶罐2件。M18：1，残，出土于北室壁龛内。侈口，斜弧沿，尖唇，矮弧颈，溜肩，近筒形腹，平底中凹。体施黑釉，釉不及底。口径9.3、底径9.4、通高15.2厘米（图三十七：1）。M18：3，残，出土于南室东部。敞口，卷弧沿，圆唇，溜肩，弧腹，平底。体施酱黄釉，釉不及底。口径8.7、底径9.8、通高16厘米（图三十七：2）。

木梳1件。M18：2，残，出土于北室头骨南侧。新月形，宽齿，素面，腐朽严重，无法提取。

根据墓葬开口层位、形制结构和出土遗物判断，M18年代为明代。

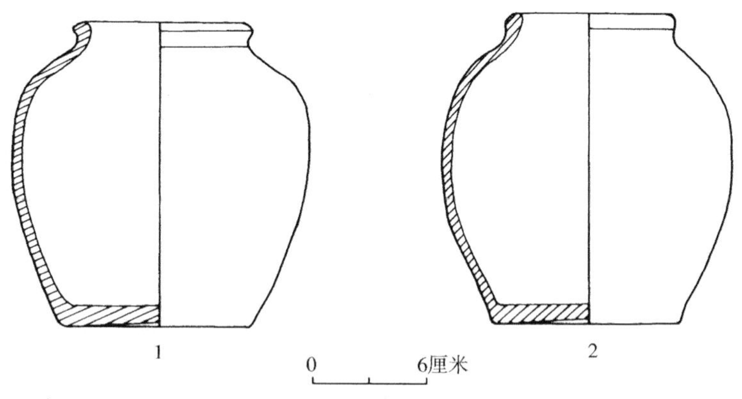

图三十七　M18出土随葬品

1、2. 釉陶罐（M18：1、M18：3）

M19

（一）墓葬形制

M19 位于土墩上的大坟茔范围内的中南部，东北邻 M24、西南邻 M16，小型竖穴土坑砖石合葬墓，开口于④层下，打破生土，墓向 62° 。

封土原高度和形状不详，现存形状为圆形，平顶，顶部距地表 135 厘米，平底，底部距地表 175 厘米，中部厚边缘薄，最深处 40 厘米，封土东西最大径 350 厘米，南北最大径 340 厘米。填土为黄褐土。墓葬开口线位于封土下，距地表 175 厘米。

墓圹平面为梯形，东西长 282、南北宽 256 ~ 266、底部距开口处 130 厘米，平底，直壁，壁面粗糙，未见工具痕迹，填土为黄褐土。

墓室为砖室，口部置石盖板，分南北二室。石盖板 3 块，每块长 105 ~ 110、宽 64 ~ 98、厚 14 ~ 18 厘米。墓室顶部西南角放置釉陶壶 1 件，已残。南室，东西长 256、南北宽 100 ~ 114、高 80 厘米，共用砖 4 层。东壁中部有壁龛，距底部 54、面宽 18、通高 16、进深 12 厘米，壁龛内置釉陶罐 1 件。北室墓室顶部偏东放置釉陶罐 1 件。北室东西长 256、南北宽 102 ~ 104、高 80 厘米。东壁中部有壁龛，距墓室底部 54、面宽 18、通高 16、进深 12 厘米。砖室由底向上单砖、单向，顺、横平置错缝叠压而上垒砌，四角处相互套合加以稳固。

南室木棺已腐朽坍塌，仅见棺底板，已变形，用 5 块板拼合。北室木棺已腐朽坍塌，仅见底部形状，长 192、宽 50 ~ 56、厚 6、残高 18 厘米，棺底用 4 块板拼合，每块板之间用铆钉连接，具体形制不详。

南室人骨已朽，仅见小腿骨残块，头向、面向、性别、年龄不详。北室人骨已朽，头向东，面向不详，仅见上肢骨和下肢骨，根据肢骨位置判断为仰身直肢葬，年龄、性别不详（图三十八）。

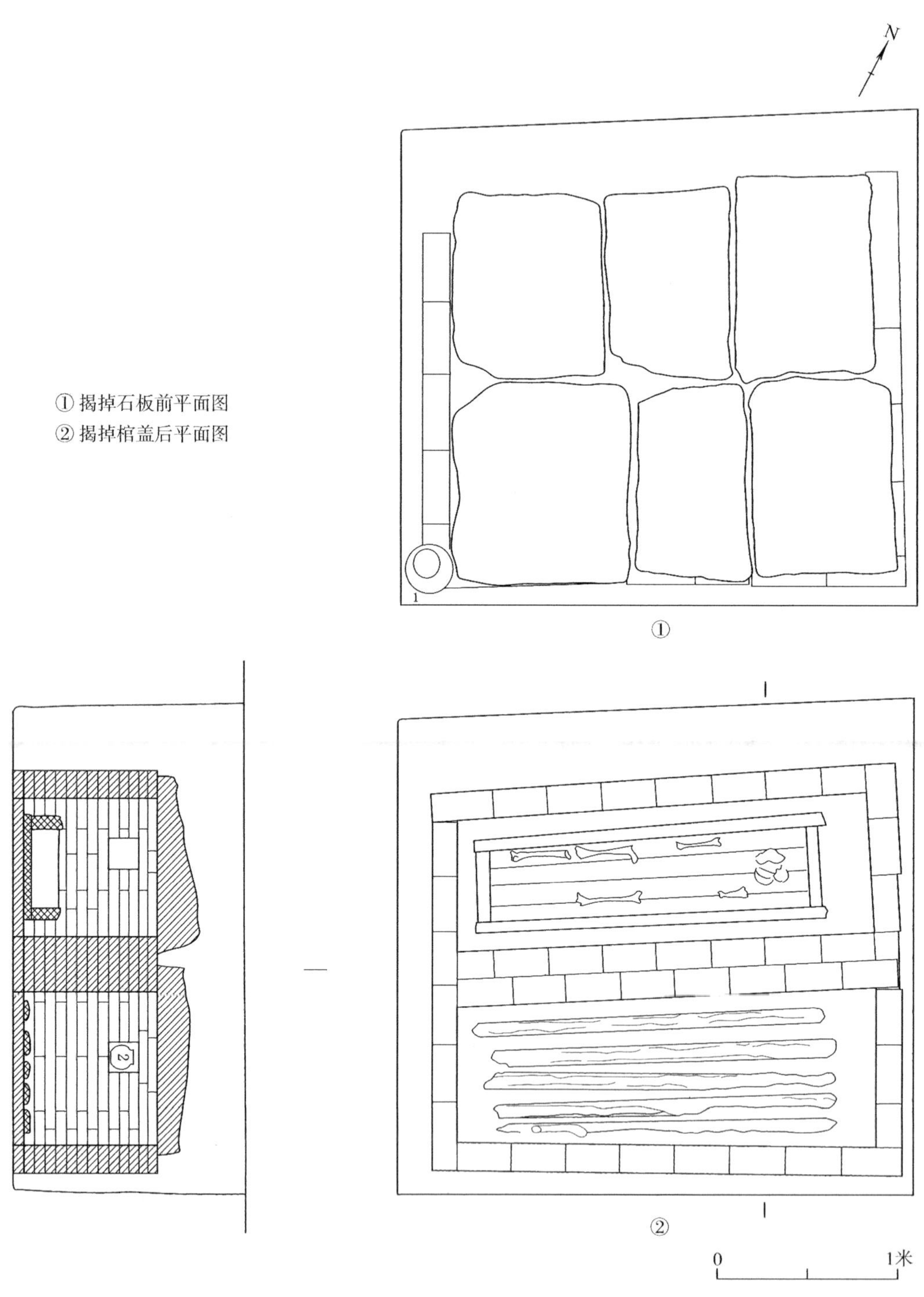

图三十八　M19 平、剖面图

1. 釉陶壶　2. 釉陶罐

（二）随葬器物

出土随葬品 2 件。南室出土釉陶壶 1 件，北室出土釉陶罐 1 件。分述如下：

釉陶壶 1 件。M19：1，残，出土于南室顶部西南。侈口，平弧沿，尖唇，矮束颈，溜肩，弧腹，平底中凹，肩部置流和系。体施酱釉。口径 13.7、底径 15、通高 31.4 厘米（图三十九：1）。

釉陶罐 1 件。M19：2，出土于南室东壁龛内。侈口，卷沿，高领，溜肩，圆鼓腹近底内收，最大腹径在器身上部，平底。体施黑釉，釉不及底，釉色明亮。口径 10.8、底径 14、高 18.4 厘米（图三十九：2）。

根据墓葬开口层位、形制结构及出土遗物判断，M19 年代为明代。

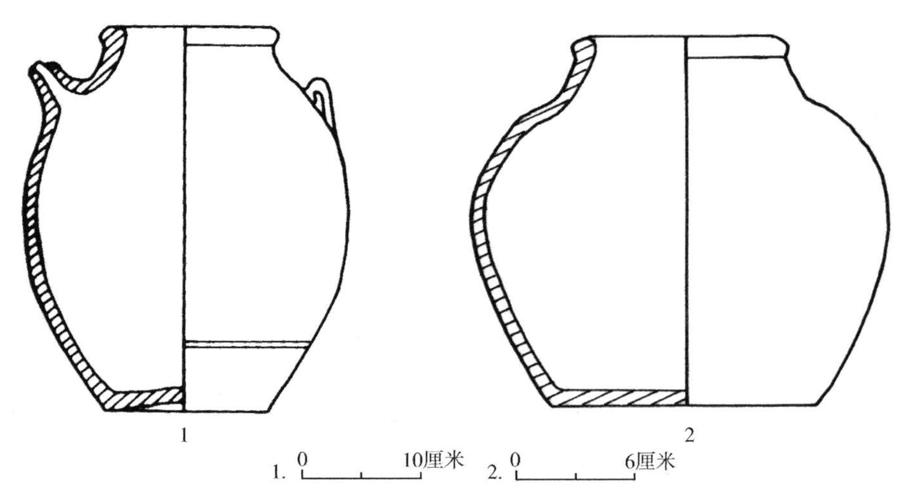

图三十九　M19 出土随葬品

1. 釉陶壶（M19：1）　2. 釉陶罐（M19：2）

M20

（一）墓葬形制

M20 位于土墩小坟茔内，南邻 M21，小型竖穴土坑砖石墓，开口于④层下，打破生土，墓向 60°。

封土为椭圆形，近似馒头状，顶部距地表 105 厘米，平底，底部距地表 143 厘米，中部厚边缘薄，最厚处 38 厘米，封土南北径 280、东西径 350 厘米。墓口线位于封土下，打破以下地层及生土。

墓圹为长方形，东西长 260、南北宽 260 ~ 265 厘米，平底，直壁，墓壁粗糙，未见工具痕迹，填土为黄褐土。

墓室为砖室，口部盖大石板，石盖板东西 2 行，每行各 3 块石板，共 6 块。石板长 95 ~ 100、宽 57 ~ 76、厚 10 ~ 19 厘米，石板之间的缝隙用青砖填充。

南室东西长 202、宽 70 ~ 74、高 60 厘米。北室东西长 202、宽 66 ~ 76、高 60 厘米。中部隔墙东西向，将墓室一分为二，隔墙厚 20 厘米。四周墙体由底而上单砖、单向，顺、横侧立叠压错缝向上垒砌，四角处相互套合加以稳固，墓室底部未见铺地砖。砖长 36 ~ 38、宽 16 ~ 20、厚 10 厘米。

南室和北室东壁各有一壁龛，尺寸一致，面宽 20、高 20、进深 16 厘米。南室壁龛内放置釉陶罐 1 件，北室壁龛内放置釉陶壶 1 件。

南室木棺已腐朽坍塌，仅见底部形状，棺长 200、宽 50 ~ 60、棺板厚 6 厘米，棺底共 3 块板，每块板之间用铁铆钉连接。北室木棺已腐朽坍塌，仅见底部形状，棺长 196、宽 50 ~ 60、厚 6 厘米，棺底用 3 块木板拼合。

两室人骨均已朽，头向、面向、年龄、性别、葬式不详（图四十）。

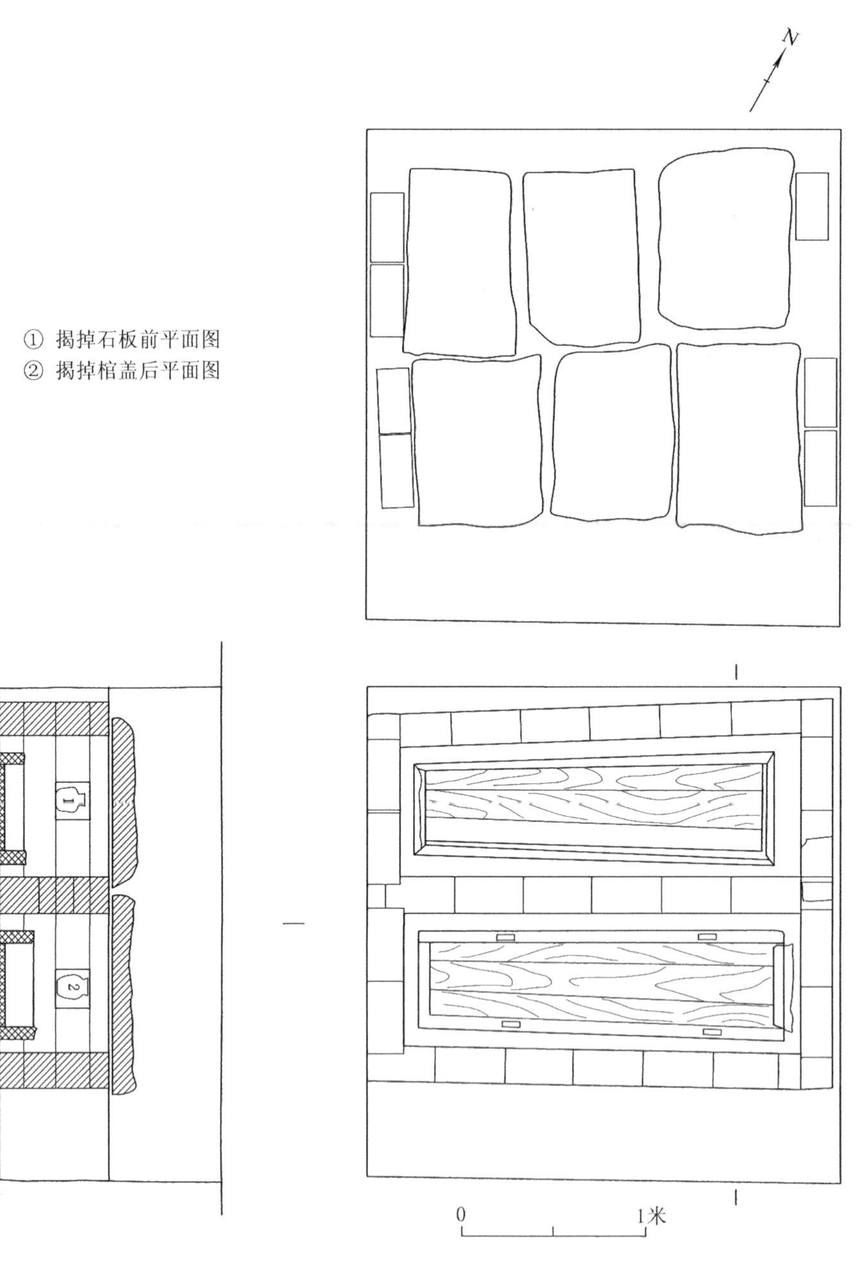

图四十　M20 平、剖面图

1. 釉陶壶　2. 釉陶罐

（二）随葬器物

出土随葬品 2 件。北室出土釉陶壶 1 件，南室出土釉陶罐 1 件。分述如下：

釉陶壶 1 件。M20∶1，出土于北室东壁龛内。侈口，卷沿，尖圆唇，溜肩，垂弧腹，平底内凹。肩部一侧置流，一侧置鋬手，均残。通体施黑釉，釉不及底，口径 7.8、底径 8.7、通高 15.9 厘米（图四十一：1）。

釉陶罐 1 件。M20∶2，出土于南室东壁龛内。敞口，卷弧沿，尖圆唇，矮弧颈，溜肩，斜弧腹，平底中凹。体施黑釉，釉不及底。口径 8.8、底径 8.5、通高 14.8 厘米（图四十一：2）。

根据墓葬形制结构、出土遗物判断，M20 年代为明代。

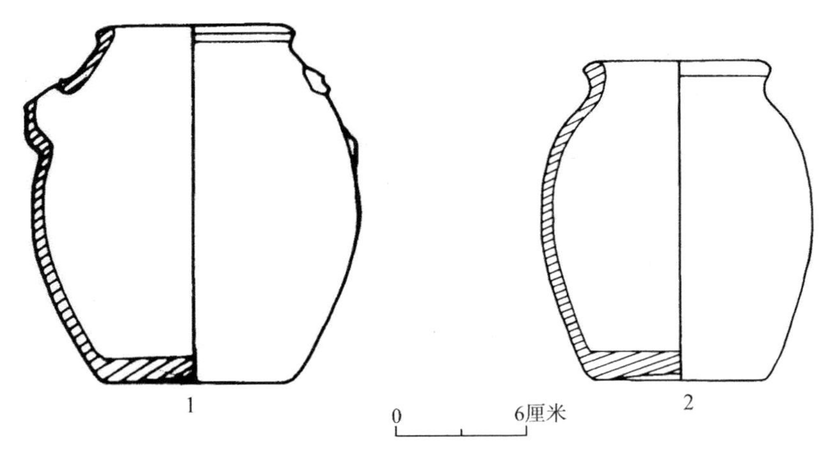

图四十一 M20 出土随葬品

1. 釉陶壶（M20∶1） 2. 釉陶罐（M20∶2）

M21

（一）墓葬形制

M21 位于土墩东部的小坟茔内，北邻 M20，西邻 M26。M21 为一座小型竖穴土坑砖券墓，开口于④层下，打破生土，墓向 60°。

现存封土平面为不规则椭圆形，南北径 150、东西径 236 厘米。封土顶部距地表 105 厘米，底部距地表 130 厘米，残存厚度 25 厘米，中部厚边缘薄，墓口线位于封土下。

墓圹平面为长方形，开口距地表 130、东西长 230、宽 114 厘米，平底，直壁，墓壁粗糙，未见工具痕迹，填土为黄褐土。

砖券墓室，墓室和墓圹之间用土填实，墓室平面为长方形，墓室东西长 230、南北宽 84 厘米，直壁，高 50 厘米处开始起券，券高 38、券厚 8 厘米，共用券 8 排，每排用砖 26 ~ 28 块。砖块长 24、宽 8、高 3 ~ 6 厘米，墙体用砖长 40、宽 16、高 10 厘米。北壁中部有一处壁龛，距墓室底部 10 厘米，壁龛面宽 23、通高 38、进深 10 厘米。

木棺已腐朽坍塌，仅见底部形状，棺长 190、宽 52 ~ 58、残高 20、棺厚 7 厘米，底板共 5 块，在四角处用榫卯套合。

人骨已腐朽无存，具体情况不详（图四十二）。

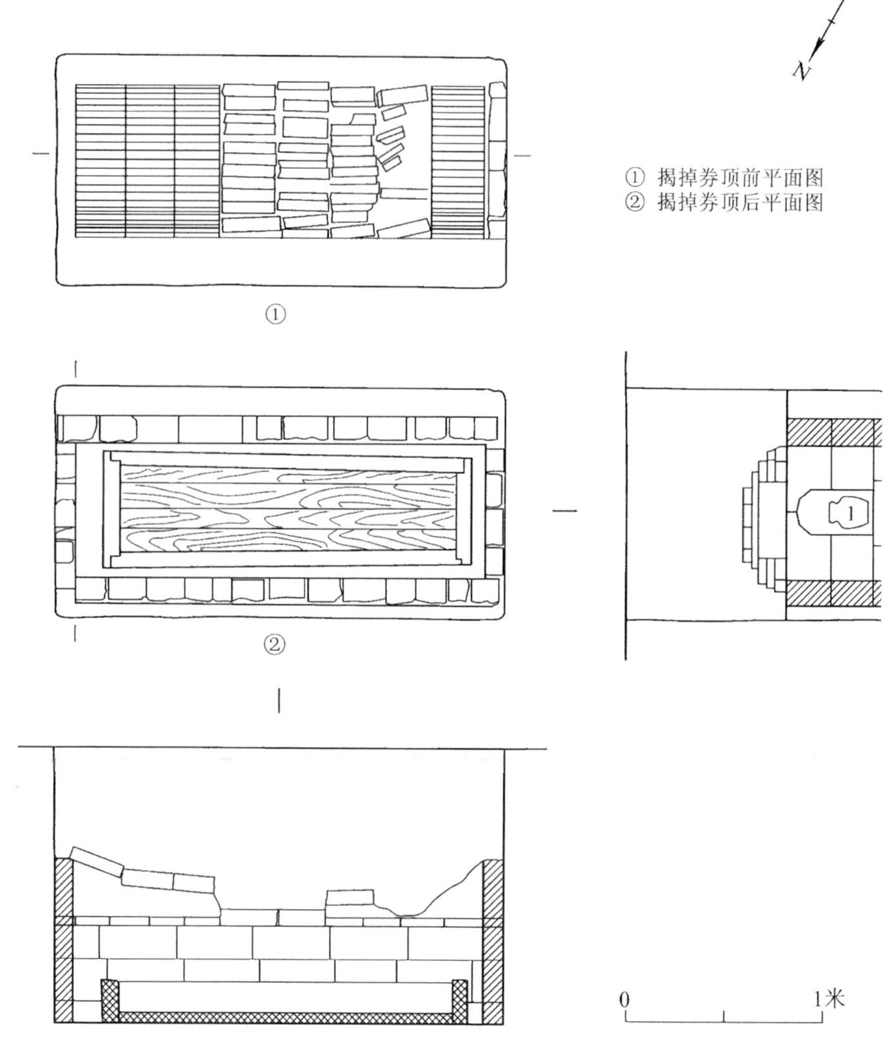

图四十二　M21 平、剖面图

1. 釉陶罐

（二）随葬器物

出土釉陶罐 1 件。

釉陶罐 1 件。M21∶1，出土于东壁龛内。敞口，卷弧沿，尖圆唇，矮束颈，溜肩，折弧腹，平底。体施黑釉，釉不及底。口径 8、底径 8、通高 13 厘米（图四十三）。

根据墓葬开口层位、形制结构、出土遗物判断，M21 年代为明代。

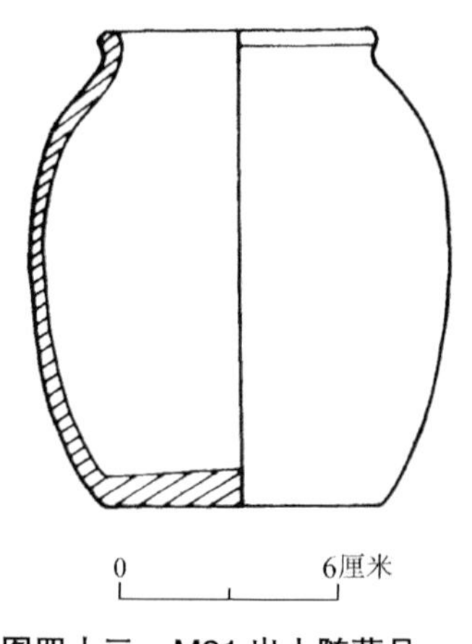

图四十三　M21 出土随葬品

釉陶罐（M21∶1）

M22

（一）墓葬形制

M22位于土墩大坟茔东部偏中位置，北邻M23，南邻M24。M22为一座小型竖穴土坑石室墓，开口于④层下，打破生土，多人分次合葬，墓向60°。

现存封土平面为椭圆形，顶部距地表130厘米，平底，距地表176厘米。封土现存厚度46厘米，边缘较薄，南北最大径400厘米，东西最大径310厘米，黄褐土。

墓圹平面为梯形，东西长290、南北宽348～376厘米，平底，直壁，未见工具痕迹。填土为黄褐土，夹杂少量青灰土。

墓室口部铺石盖板，东西向3行，均平置于墓口上部。中室和南室石盖板长113～163、宽106～118、厚30～32厘米。墓志位于中室和南室石盖板之上偏中位置。墓室均为石墙体，平面为长方形，东西长274、南北宽243～254、四周墙体厚18～20厘米，中部隔墙东西向将墓室一分为二，隔墙厚20厘米。南室东西长242、宽100～114、墓室高90厘米。中室长242、宽98～100、高90厘米。隔墙东部偏中位置有一过洞，在两块条石边缘同等位置处人为刻出半圆形，贯穿墙体，连通两室，过洞距墓室底部40、距东壁70、直径12、穿孔深20厘米。两室底部均用青砖铺地，东西向平置且错缝共16排，砖长30～35、宽14、厚5厘米。棺位于墓室底部铺地砖上。中室东部墓室底有釉陶罐1件，倒置。北室上部为石盖板，下部为石室。石盖板，共4块，长110～130、宽40～86、厚33厘米，石板较平整。棺位于墓室底部铺地砖上。墓室底部东南角出残釉陶罐1件。

中室木棺已坍塌，原形状不详，坍塌后棺盖移位于北壁之下，棺盖为一整块木板，残存长194、宽50～56、厚6厘米，两侧边板和前、后挡板已朽，仅见南侧残边板。棺底铺厚约3厘米的白灰，白灰上铺一层厚1厘米的草木灰。南棺木棺保存较好，棺上漆皮脱落。棺长198、宽50～62、高65～66、厚6厘米。棺钉位于棺盖两侧边缘，用铁钉将盖和棺箱钉在一起，棺箱在四角处榫卯套合加固连接，共用6块整板。北室木棺已腐朽坍塌，仅见棺底板和北侧边板。棺底板长200、宽52～60、厚5厘米，棺底共用4块木板拼合。

中室人骨已朽，头向东，面向不详，仅见上肢骨和大腿骨，根据头向和肢骨位置推断为仰身直肢葬，年龄不详。头骨处发现银簪1件，金簪花3件，盆骨处有铜镜1件。墓主应为女性。南室人骨已朽，头骨移位，整体上可见头向东，面向不详，上肢骨保持原状，下肢骨移位，根据人骨位置判断为仰身直肢葬，男性，年龄不详。北室人骨已朽，头骨移位，头向东，面向不详，仅见腿骨，根据肢骨位置判断为仰身直肢葬，年龄不详，头骨西侧有铜镜1件，左侧中部有石线板1件，由此判断该棺内为女性（图四十四）。

根据墓志上的年号“嘉靖”判断，M22年代为明代。

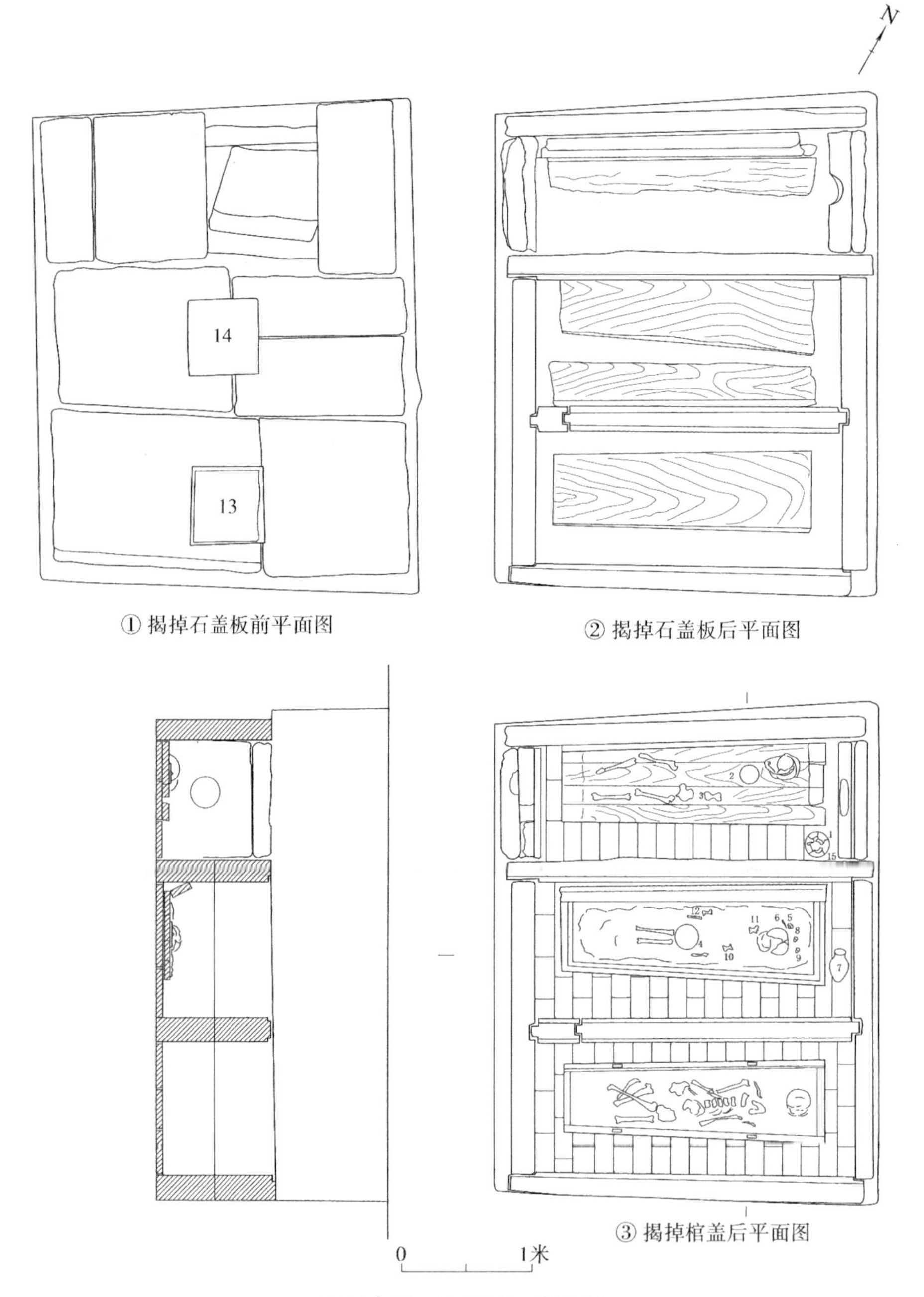

图四十四　M22 平、剖面图

1、7. 釉陶罐　2、4. 铜镜　3、10—12. 石线板　5、8、9. 金簪花　6. 银簪　13、14. 墓志　15. 瓷碗

（二）随葬器物

出土随葬品 14 件。北室出土釉陶罐、铜镜、石线板各 1 件；中室出土银簪、釉陶罐、铜镜各 1 件，石线板、金簪花各 3 件，墓志 1 套；南室出土墓志 1 套。分述如下：

釉陶罐 2 件。M22∶1，出土于北棺。敞口，斜弧沿，尖唇，矮弧颈，溜肩，弧腹，平底。体施黑釉，釉不及底。口径 8.5、底径 8.8、通高 15.2 厘米（图四十五：1）。M22∶7，出土于中棺。直口，平折沿，尖唇，鼓腹，底微内凹，通高 14、口径 8.4、底径 7 厘米（图版五八：4）。

铜镜 2 件。M22∶2，出土于北棺。圆形，圆钮，圆钮座，素宽平缘。直径 9.3 厘米(图四十五：2)。M22∶4，出土于中室，仿汉六朝人物、动物纹铜镜。圆形，圆钮，方钮座，座外饰四乳，于四乳间有四组图案。其中对称的两组为人物，各有一位人物；另两组为虎纹，其外有一周短直线纹，短直线纹外有锯齿纹。镜缘截面三角形。直径 16.4 厘米(图四十五：6)。

金簪花 3 件。出土于中棺内头部南侧。M22∶5，花瓣形，中空直径 0.8 厘米（图四十五：3）。M22∶9，花瓣形，中空直径 0.8 厘米（图四十五：4）。M22∶8，圆形，顶面雕花卉纹，中空直径 1.5 厘米（图四十五：5）。

石线板 4 件。北棺 1 件，M22∶3，长 11.5、宽 7、厚 2.8 厘米(图四十五：7)。中棺 3 件，M22∶10，长 10.5、宽 6.2、厚 3.1 厘米（图四十五：8）；M22∶11，青石，呈“工”形。长 10.8、宽 6.4、厚 2.7 厘米(图四十五：9)；M22∶12，青石，呈“工”形。长 11.5、宽 6.9、厚 2.8 厘米（图四十五：10）。

银簪 1 件。M22∶6，残损成碎块，无法修复，出土于中棺。顶部可见太阳花形簪花，簪身残长 4.5 厘米。

墓志 2 套。M22∶13，位于南室石盖板之上偏中位置。石质，上盖小，底座大，方形。上盖长 54、宽 54、厚 14 厘米，底座长 58、宽 58、厚 10 厘米，两块方石对贴面平整、光滑，刻有字迹。由于石质较差，且常年受水浸，表面可见凹凸不平的剥落痕迹，中部字迹较清楚，边缘字迹脱落严重。M22∶14，位于中室石盖板之上偏中位置。上盖石质，底座木质方板。石盖板石质较差，常年受侵蚀，表面因脱落而凹凸不平，较平整的一面也因侵蚀字迹脱落，无法辨识墓主记事。上盖长 56、宽 58、厚 14 厘米，底方板因腐朽无法提取，长 58、宽 56、残存厚度 1 厘米。

瓷碗 1 件。M22∶15，出土于北室东南角。敞口，唇加厚，腹部往下逐渐内收，圈足。灰胎青釉，釉不及底。通高 6.7、口径 13.6、圈足径 5.5 厘米（图版五五：1）。

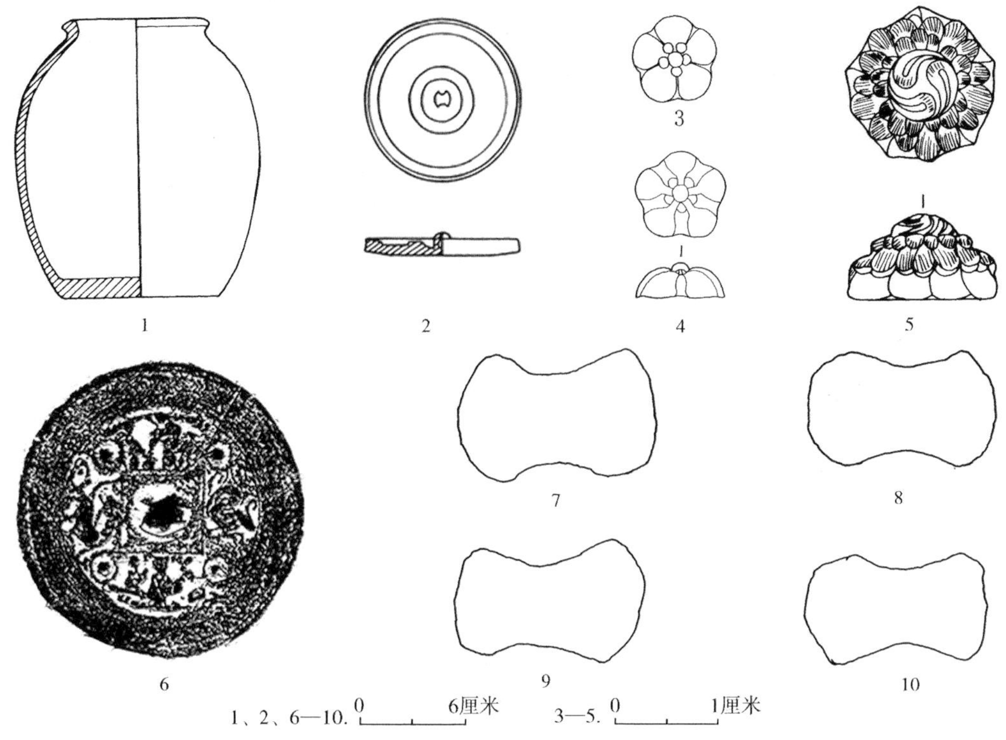

图四十五　M22 出土随葬品

1. 釉陶罐（M22：1）　2、6. 铜镜（M22：2、M22：4）　3—5. 金簪花（M22：5、M22：9、M22：8）　7—10. 石线板（M22：3、M22：10、M22：11、M22：12）

M23

（一）墓葬形制

M23 位于土墩中部的大坟茔北部，西邻 M25，南邻 M22，小型竖穴土坑砖石墓，开口于④层下，打破生土，多人分次合葬，墓向 60°。

现存封土平面为圆形，顶部距地表 120 厘米，平底，底部距地表 166 厘米，厚度 46 厘米，边缘较薄，封土南北直径 400 厘米，东西直径 360 厘米，墓口线位于封土下，打破以下地层及生土，距地表 166 厘米，内填黄褐土，土中夹杂少量青灰土。

北室墓圹打破中室的北壁，平面呈梯形，土圹长 270、宽 130 ~ 150 厘米，平底，直壁，未见工具痕迹。填土为黄褐土，夹杂少量青灰土。

北室高于中室底部 56 厘米。2 块东西向排列的石盖板平置于墓室口部，石盖板长 120 ~ 125、宽 110、厚 21 ~ 23 厘米，石板边缘可见人为凿痕。墓室为砖室墓，平面形状梯形，东西长 258、宽 103 ~ 115、高 72 厘米，墓壁厚 18 厘米。在东北角青砖上放置釉陶壶和釉陶罐各 1 件。东壁上部正中有一处壁龛，壁龛距墓室底部 35、面宽 18、高 22、进深 18 厘米。壁龛内放置 1 件残破的紫砂壶。

中室打破南室北壁。墓圹平面为梯形，长 290 ~ 300、宽 120、深 180 厘米。平底，直壁，未见工具痕迹。填土为黄褐土，夹杂少量青灰土。中室低于北室 56 厘米，低于南室 30 厘米。一整块大青石石板平置于墓口部，西部断裂。石板长 258、宽 110、厚 15 厘米。墓室砖室，平面梯形，长 254、宽 104 ~ 120、高 86 厘米，墓壁厚 18 厘米。墓室东部出残瓷碗 1 件。东壁正中有一处壁龛，距墓室底部 40、面宽 22、通高 32、进深 18 厘米，壁龛内放置釉陶罐 1 件。

南室被中室打破北壁，平面为梯形，长 300 ~ 310、宽 130 厘米。平底，直壁，未见工具痕迹。填土为黄褐土，夹杂少量青灰土。南室高于中室底部 30 厘米。2 块石板东西向排列，平置于墓室口部，长 116 ~ 130、宽 110、厚 18 ~ 22 厘米。南室为石室，南北墙用大条石叠压垒砌，东西两端用大青砖垒砌，墓室平面为梯形，东西长 286、南北宽 98 ~ 124、高 80 厘米，墓壁厚 18 ~ 20 厘米，南北壁下半部分用砖错缝叠压垒砌，上部各侧立 1 块大条石板。东壁中部有一壁龛，距墓室底部 40、面宽 24、通高 24、进深 18 厘米，顶部为人为刻出的造型装饰。

北室木棺已腐朽坍塌，仅底部可见其形。棺长 200、宽 50 ~ 55、厚 5 厘米，残存 2 块棺底板。中室木棺已朽，仅见底部形状，底部仅见两侧边板和 1 块底板，棺长 200、板厚 5 厘米。棺宽度不详。南室木棺已腐朽坍塌，仅底部可见其形，长 200、宽 50 ~ 55、厚 7 厘米，四角处为榫卯套合。

北室人骨已朽，头向东，面向不详，仅见上肢骨和腿骨。根据位置分布判断为仰身直肢葬，年龄不详。头骨南侧有银步摇 1 件。判断人骨为女性。中室人骨已朽，头骨移位，头向东，面向不详，仅下肢骨保持原状，初步判断为仰身直肢葬，年龄不详。根据盆骨和下肢骨判断为女性。头骨东侧放置铜镜 1 件，木簪 5 件，绿松石 1 件，金簪花 1 件。南室人骨已朽，头向东，面向不详，仅见右肢骨和下肢骨，从肢骨位置分布来看，为仰身直肢葬，男性，年龄不详。头骨南侧放置铜镜 1 件（图四十六）。

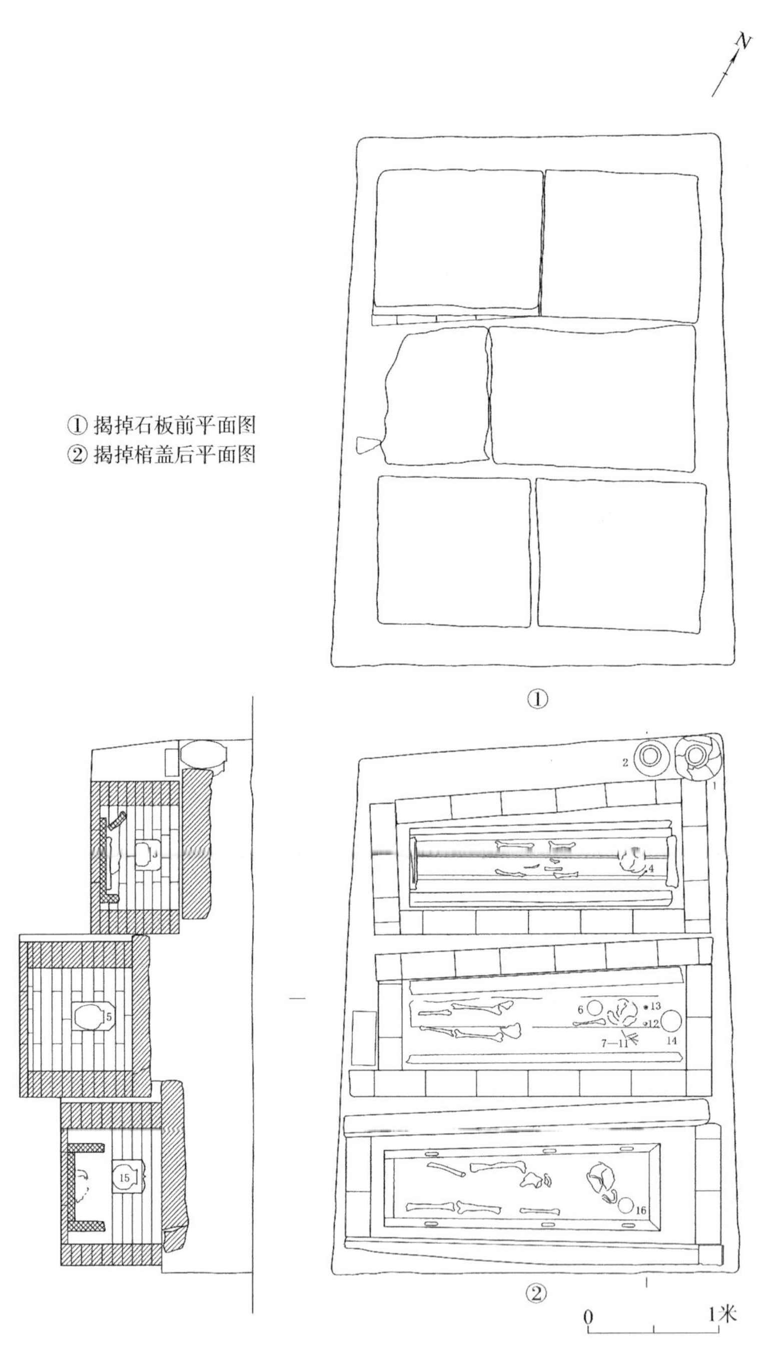

图四十六　M23 平、剖面图

1. 釉陶罐　2. 釉陶壶　3. 紫砂壶　4. 银步摇　5. 釉陶罐　6. 铜镜　7—11. 木簪　12. 绿松石　13. 金簪花　14. 瓷碗　15. 釉陶罐　16. 铜镜

（二）随葬器物

出土随葬品16件。北室出土釉陶罐、釉陶壶、紫砂壶、银步摇各1件；中室出土釉陶罐、铜镜、绿松石、金簪花、瓷碗各1件，木发簪5件；南室出土釉陶罐、铜镜1件。分述如下：

釉陶罐3件。M23：1，出土于北室。小口，外侈，卷沿，低领，耸肩，上腹圆鼓，下腹斜收，最大腹径位于上腹部，平底。通体施酱釉，釉不及底。口径11.4、底径15、高31.8厘米（图四十七：1）。M23：5，出土于中室，侈口，折弧沿，圆唇，矮弧颈，溜肩，弧腹，平底中凹。体施酱黄釉。口径8.4、底径7.5、通高16.5厘米（图四十七：3）。M23：15，出土于南室。侈口，折弧沿，圆唇，矮弧颈，溜肩，弧腹，平底。体施酱黄釉，大部剥落。口径8.8、底径8、通高21.6厘米（图四十七：4）。

釉陶壶1件。M23：2，出土于北室。侈口，卷沿，圆唇，矮领，溜肩，弧鼓腹，近底斜收，最大腹径在器中部，平底，肩下置流和系。通体施褐釉，器表勾绘草叶纹。口径14.4、底径15.5、高31厘米（图四十七：2）。

紫砂壶1件。M23：3，出土于北室。直口，方唇，平折沿，高领，肩部平折，近筒形器身，矮圈足，器腹两侧各制流和把手，皆残，流部为方孔钱形出水口。红褐色紫砂细胎，通体素面，器底戳印楷书“时大彬于昣柯阁制”。口径9.6、底径8.5、高12.7厘米（图四十七：6）。

银步摇1件。M23：4，出土于北室。首部为银丝编制空心“锡杖”形，摇摆的套环残缺不全，通体长9厘米（图四十七：7）。

铜镜2件。M23：6，出土于中室，仿汉六朝人物、动物纹铜镜。圆形，圆钮，方钮座，座外饰四乳，于四乳间有四组图案。其中对称的两组为人物，各有两位人物；另两组为动物纹饰，但由于锈蚀严重，图案不清晰，表达的细节不甚清楚。其外有一周短直线纹，宽缘。直径18.4厘米（图四十七：5）。M23：16，出土于南室。圆形，圆钮，外有一周凸棱，镜缘较厚，截面三角形。直径9.2厘米（图四十七：8）。

木簪5件，出土于中室。圆锥形，长度13厘米，腐朽难以提取。

绿松石1件。M23：12，出土于中室。半球形，器表光滑，保存多道自然纹路，底部有一破损的裂槽，推测为银簪的镶嵌物。直径1、高0.7厘米（图四十七：9）。

金簪花1件。M23：13，出土于中室。六角星形，中空，表面饰花瓣纹饰。长1.8、宽1.4、高0.9厘米（图四十七：10）。

瓷碗1件。M23：14，出土于中室。敞口，卷沿，尖圆唇，弧腹，圈足，足内蓝彩落款“宣德年造”。体施青白釉。沿内饰蓝彩圈带一周，器表绘菱形纹，内底两周蓝彩内绘祥云麒麟。口径12.7、底径4.8、高5.4厘米（图四十七：11）。

根据墓葬开口层位、形制结构、出土遗物判断，M23年代为明代。

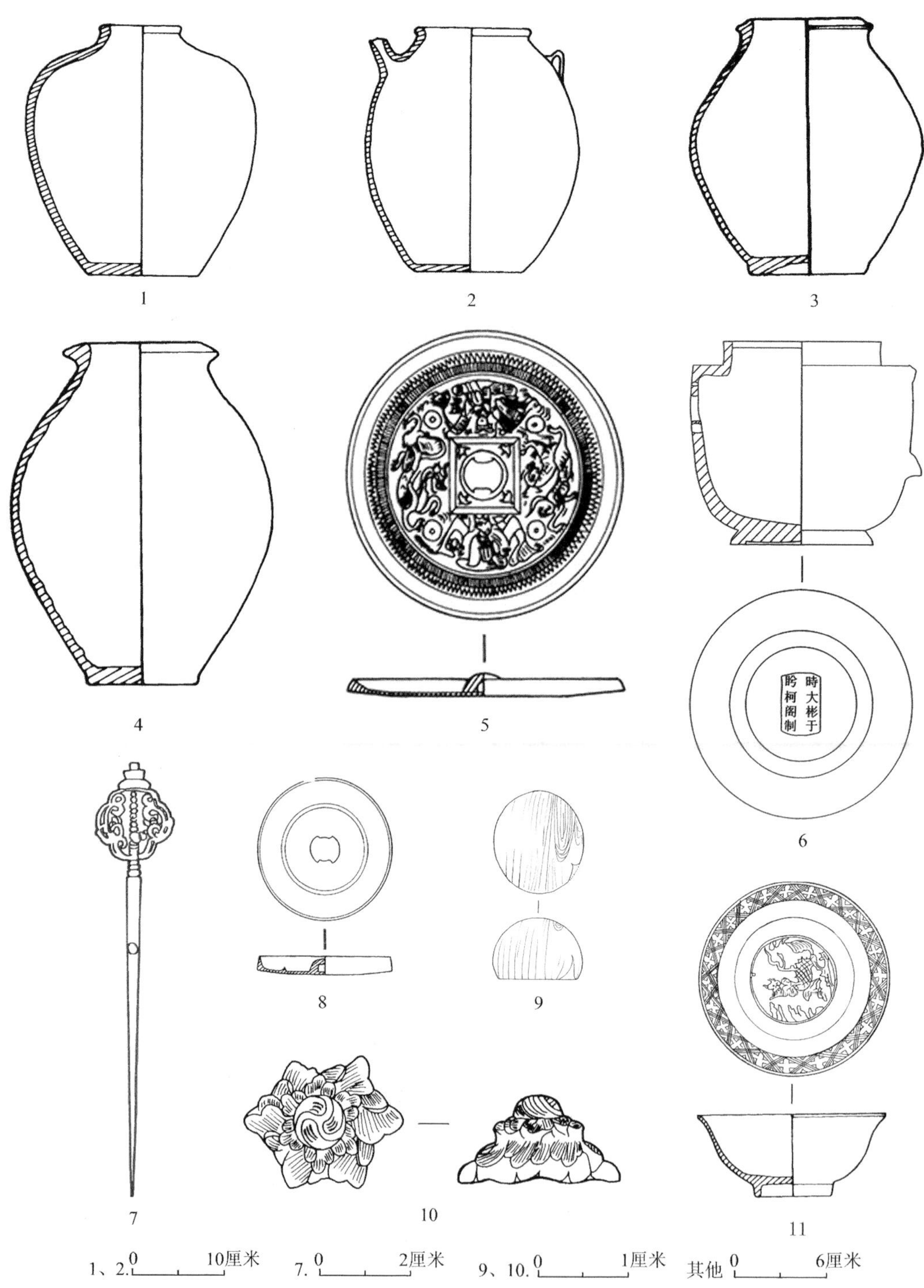

图四十七　M23出土随葬品

1、3、4. 釉陶罐（M23：1、M23：5、M23：15）　2. 釉陶壶（M23：2）　5、8. 铜镜（M23：6、M23：16）　6. 紫砂壶（M23：3）　7. 银步摇（M23：4）　9. 绿松石（M23：12）　10. 金簪花（M23：13）　11. 瓷碗（M23：14）

M24

（一）墓葬形制

M24位于土墩中部的大坟茔东部，北邻M22，南邻M19。M24为一座小型竖穴土坑砖石墓，开口于④层下，打破生土，多人分次合葬，墓向65°。

封土顶部距地表150厘米，平底，底部距地表176厘米，残存厚度26厘米，封土残存范围南北径480厘米，东西径310厘米，墓口线位于封土下。

南室土圹为长方形，长234、宽108、深160厘米，平底，直壁，壁面平整，未见工具痕迹。填土为黄褐土，夹杂少量青灰土。西部石板受上部压力和侵蚀而坍塌于墓室，东部石板下陷。石盖板长96、宽83、厚18厘米。墓室为砖室，平面长方形，长223、宽90、高69厘米。东、南、北三壁坍塌，西壁较完好。墓壁厚11厘米，顺、横错缝叠压垒砌，四角处相互套合加以稳固。用砖长20、宽10、厚4厘米。

中室土圹为长方形，长248、宽126、深180厘米，平底，直壁，壁面平整，未见工具痕迹。填土为黄褐土，夹杂少量青灰土。墓口平置石盖板。盖板长113～123、宽116～121、厚18～20厘米。墓室平面呈长方形，南、北壁向内弯曲塌陷。墓室长234、宽106～113、高80厘米，墓壁厚14～16厘米，共18层，顺、横错缝叠压垒砌，四角处相互套合加以稳固。墓砖尺寸长24、宽14、厚4厘米或长24、宽16、厚5厘米。东壁下方正中位置有一壁龛，距墓室底部10、面宽18、通高15、进深16厘米。壁龛内放置釉陶罐1件。

北室土圹为长方形，长254、宽134、深180厘米，平底，直壁，壁面平整，未见工具痕迹。填土为黄褐土。石盖板中部坍塌，东部裂缝，西部保存较好。石盖板长110～121、宽78～84、厚6～8厘米。墓室平面为长方形，长254、宽110、高80厘米，墓壁厚16厘米，顺、横错缝叠压而上垒砌，四角处相互套合加以稳固，底部有铺地砖。用砖长36、宽16、厚9厘米。东壁上部有一壁龛，距墓室底部40、面宽26、通高28、进深16厘米，壁龛顶部人为刻成侧弧形。壁龛内放置釉陶罐1件。墓室底部出残瓷碗1件。

南室木棺已腐朽，仅底部可见其形状，长184、宽50～55、厚4、残高13厘米。中室木棺已腐朽坍塌，仅底部可见其形，长190、宽50～55、厚5、残存高度11厘米。北室木棺已朽，仅残存边板，棺底有少量朽灰，木板长206、厚6厘米。

南室人骨已朽，头向东，面向不详，从下肢骨、盆骨、腿骨形态判断为女性，根据残骨位置判断为仰身直肢葬，年龄不详。中室人骨已朽，头向东，面向不详，从肢骨形态判断为女性，根据肢骨位置判断为仰身直肢葬，年龄不详。头骨东部发现铜簪3件，铜镜1件。北室人骨腐朽无存，具体情况不详（图四十八）。

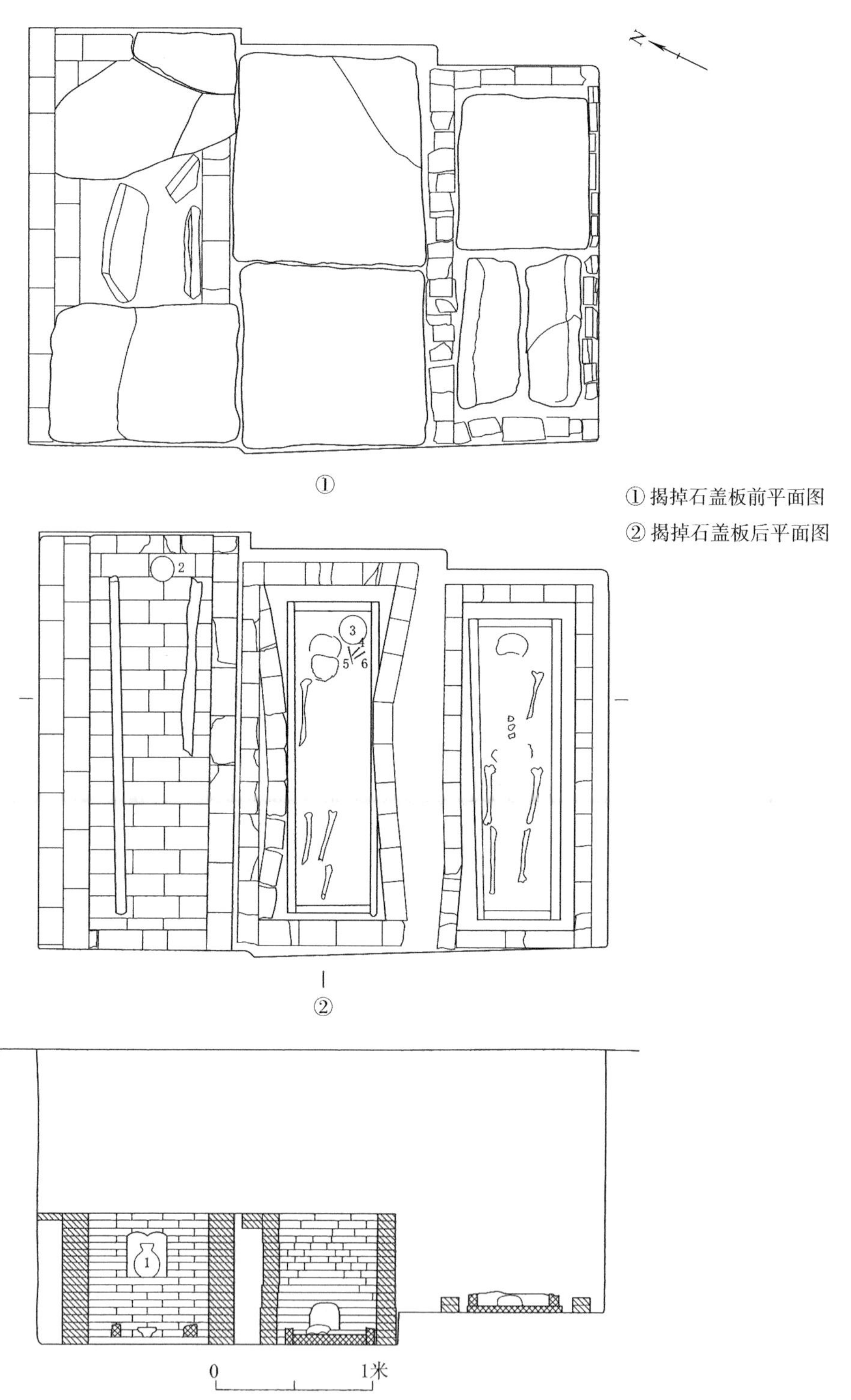

图四十八　M24 平、剖面图

1、3. 釉陶罐　2. 瓷碗　4. 铜镜　5—7. 铜簪

（二）随葬器物

出土随葬品 6 件。北室出土釉陶罐、瓷碗各 1 件，中室出土铜镜 1 件、铜簪 3 件。分述如下：

釉陶罐 1 件。M24：1，出土于北室壁龛内。侈口，卷沿，圆唇，矮束颈，广肩，斜弧腹，平底中凹。体施黑釉。口径 7、底径 8、通高 16.8 厘米（图四十九：4）。

瓷碗 1 件。M24：2，出土于北室。敞口，平弧沿，圆唇，弧腹，圈足。内外施青白釉，沿和内底挂蓝彩圈带一周，器表绘写意祥云纹。口径 14.2、底径 5、高 5.6 厘米（图四十九：6）。

铜镜 1 件。M24：3，出土于中室，仿汉代人物、动物纹铜镜。圆形，圆钮，圆钮座，座外饰四乳。于四乳间有四组图案，其中对称的两组为动物纹饰；另两组为人物，中间一人踞座，两侧各有一人向内俯首垂手侍立。其外有一周铭文“东王公，西王母，青龙居左，白虎居右，山人子乔赤诵子，□□万岁不知老，渴饮玉泉饥食枣，养□□□”。铭文外有一周短直线纹、两周锯齿纹，镜缘截面三角形。直径 18.7 厘米（图四十九：5）。

铜簪 3 件。均出土于中室。M24：4，细长锥状，尾部折，圆形六瓣形金质簪花，长 8.5 厘米（图四十九：2）。M24：5，长针状，圆形金质太阳花形簪花。通长 13.2 厘米，簪花直径 1.5 厘米（图四十九：1）。M24：6，窄条形，簪首瓜子形花托，底大顶小，背部有一个空槽，镶嵌物缺失。通长 9.4、宽 0.6、簪首宽 1.3 厘米（图四十九：3）。

根据墓葬开口层位、形制结构、出土遗物判断，M24 年代为明代。

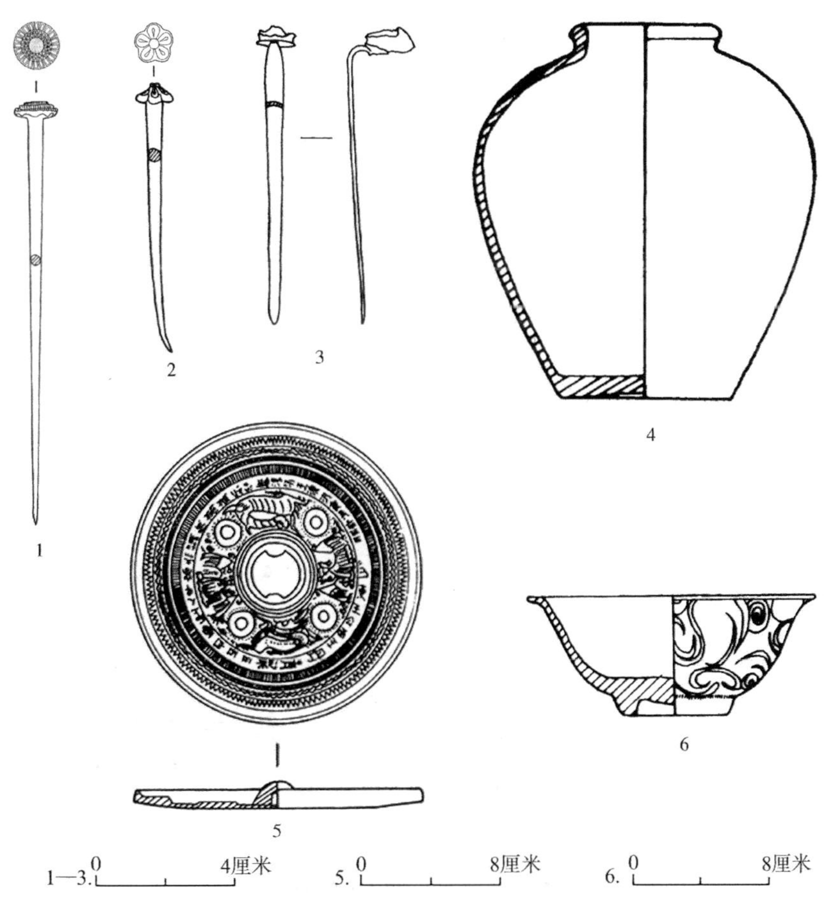

图四十九　M24 出土随葬品

1—3. 铜簪（M24：5、M24：4、M24：6）　4. 釉陶罐（M24：1）

5. 铜镜（M24：3）　6. 瓷碗（M24：2）

M25

M25 位于大坟茔北部，东南邻 M23。M25 为一座竖穴土坑砖石墓，开口于④层下打破生土，墓向 65°（图五十）。

南室土圹为长方形，东西长 480、南北宽 88 ~ 95、残高 74 ~ 110 厘米。平底。直壁，壁面粗糙，未见工具痕迹。该墓的北壁被北室打破。墓室部分上部用一整块长方形条石覆盖于墓室口部，下部为砖室。石盖板长 268、宽 52、厚 14 ~ 15 厘米。砖室平面为梯形，东西长 252、南北宽 80 ~ 94、高 52 ~ 56 厘米。墓壁厚 12 厘米，顺、横错缝叠压而上垒砌，四角处相互套合加以稳固。用砖长 16、宽 12、厚 3 ~ 4 厘米。

北室土圹东西长 480、南北宽 65 ~ 76、残高 74 ~ 110 厘米。平底，东高西低。直壁，壁面粗糙，未见工具痕迹。

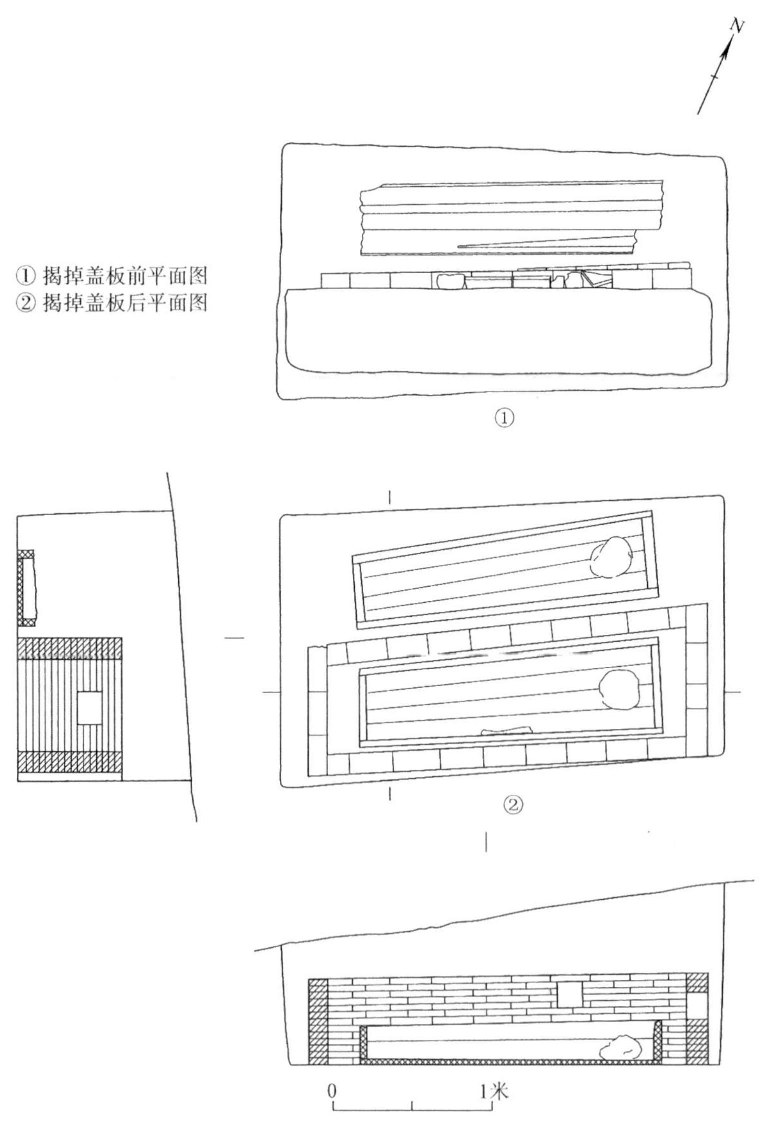

图五十　M25 平、剖面图

南室木棺已朽，仅底部可见其形，长 190、宽 48 ~ 58、厚 4、残高 20 ~ 26 厘米。北室木棺已朽，仅底部可见其形。木棺，梯形，长 190、宽 45 ~ 54、厚 4、残高 11 厘米。南室与北室棺底板均为 4 块板拼合，板与板之间用铆钉连接。

南室人骨已朽，头向东，面向不详，仅见一块上肢骨，其他情况不详。北室人骨已朽，仅见头骨碎块，头向东，面向不详，葬式、年龄、性别不详。无随葬品。

根据墓葬开口层位和形制结构判断，M25 年代应为明代。

M26

（一）墓葬形制

M26 位于小坟茔西南部，东邻 M21。M26 为一座小型竖穴土坑砖石墓，开口④层下，打破生土，双人合葬，墓向 65° 。

封土顶部距地表 105 厘米，平底，底部距地表 160 厘米，封土中部最厚处 45 厘米，边缘较薄，现存范围南北最大径 280 厘米，东西最大径 340 厘米，墓口线位于封土下，距地表 160 厘米，打破以下地层及生土。

墓圹平面为梯形，东西长 480 ~ 490、宽 220 ~ 230、深 170 厘米。平底，直壁，壁面粗糙，未见工具痕迹。墓室与墓圹之间的缝隙用土填实。填土为黄褐土。

北室底部高于南室底部 10 厘米，南室比北室长且宽。

南室墓口盖石板 4 块，每块长 80 ~ 100、宽 50 ~ 56、厚 10 ~ 14 厘米。墓室为砖室，长 270、宽 100、高 70 厘米。墓壁厚 15 ~ 18 厘米，共 9 层，顺、横平置错缝叠压垒砌，四角处相互套合加以稳固。东壁正中有一壁龛，距墓底 40、面宽 20、通高 16、进深 16 厘米，壁龛内放置釉陶罐 1 件。

北室石盖板为 3 块大石板、2 块建筑条石。大石板长 75 ~ 86、宽 53 ~ 70、厚 8 ~ 16 厘米，条石长 70 ~ 80、宽 12 ~ 23、厚 16 ~ 18 厘米，表面剥落形成多个凹坑。砖室墓室长 236、宽 85 ~ 96、高 70 厘米。墓壁厚 10 ~ 12 厘米，共 12 层，顺、横平置错缝叠压垒砌，四角处相互套合加以稳固。壁龛位于墓室东壁，面宽 25、通高 20、进深 30 厘米。壁龛内放置釉陶罐 1 件，罐口有瓷杯 1 件，壁龛底部出土陶灯盏 1 件。

南室木棺保存较好，漆皮脱落，黑色漆，棺长 200、宽 50 ~ 55、高 65 ~ 66 厘米，棺盖和棺箱厚 8 厘米。北室木棺棺盖已朽，坍塌于墓室内，棺上黑色漆皮脱落。棺长 190、宽 45 ~ 50、高 58、棺厚 6 厘米。两棺均在四角处榫卯套合，每块板拼合连接时用铆钉相接。

南室人骨已朽，且移位，头向东，面向不详，仅存下肢骨，依据残存骨骼特征判断为男性，葬式、年龄不详。北室人骨已朽，头骨移位至东北角，面向西，从肢骨位置判断为仰身直肢葬，根据头骨和盆骨形态判断为女性，年龄不详（图五十一）。

图五十一　M26平、剖面图

1. 瓷杯　2、4. 釉陶罐　3. 釉陶盏

（二）随葬器物

出土随葬品4件。北室出土瓷杯、釉陶罐、釉陶盏各1件，南室出土釉陶罐1件。分述如下：

瓷杯1件。M26∶1，出土于北室。敞口，尖圆唇，直弧腹，薄壁，圈足。内外施白釉。口径5.2、底径2、高2.6厘米（图五十二：3）。

釉陶罐2件。M26∶2，出土于北室壁龛内。侈口，卷沿，圆唇，矮束颈，溜肩，斜弧腹，平底。体施黑釉，釉不及底。口径7.2、底径8.4、通高16.2厘米（图五十二：1）。M26∶4，出土于南室壁龛内。敞口，卷弧沿，尖唇，矮束颈，折弧肩，弧腹，平底中凹。体施黑釉。口径8.2、底径8.7、通高14厘米（图五十二：2）。

釉陶盏1件。M26∶3，出土于北室。敞口，卷沿，斜弧腹，平底内凹。内外施酱釉。口径8、底径3.8、高1.8厘米（图五十二：4）。

根据墓葬开口层位、形制结构、出土遗物判断，M26年代为明代。

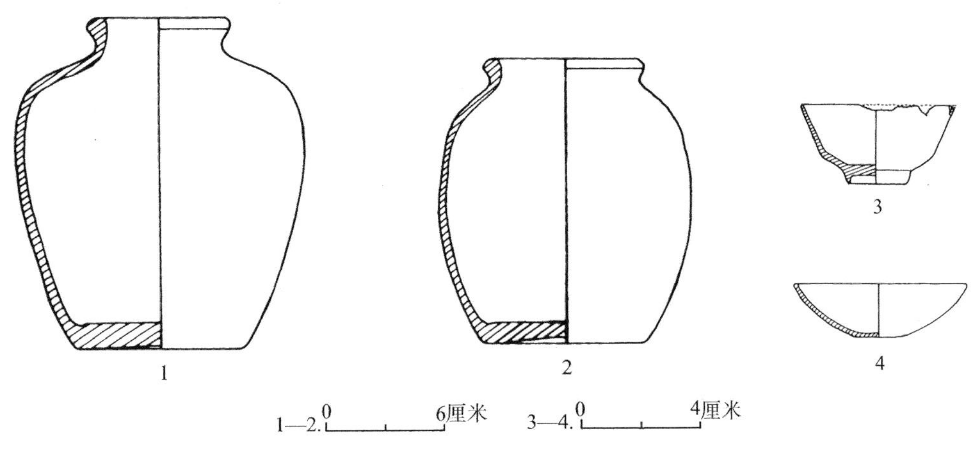

图五十二　M26 出土随葬品

1—2. 釉陶罐（M26：2、M26：4）　3. 瓷杯（M26：1）　4. 釉陶盏（M26：3）

M27

M27 位于土墩东部，北邻 M11。M27 为一座小型竖穴土坑砖券墓，墓向 57°　。开口于①层下，打破⑥层，开口距地表 40 厘米。

墓圹为长方形，长 250、宽 105、深 100 厘米。平底，直壁，壁面粗糙，未见工具痕迹。填土为黄褐土。

砖券墓室，墓室与墓圹之间的间隙用土填实。墓室平面为长方形，长 225、宽 76 厘米，砖墙直壁，高 55 厘米，券顶高 18、券厚 9 厘米，墙体错缝叠压而上垒砌，四角处相互套合加以稳固。墙体用砖长 30、宽 16、高 6 厘米。

木棺已朽，仅见棺底板。底板长 195、宽 50、厚 3 厘米，3 块板拼合。人骨已腐朽无存。无随葬品（图五十三）。

根据墓葬开口层位和形制结构判断，M27 年代为明代。

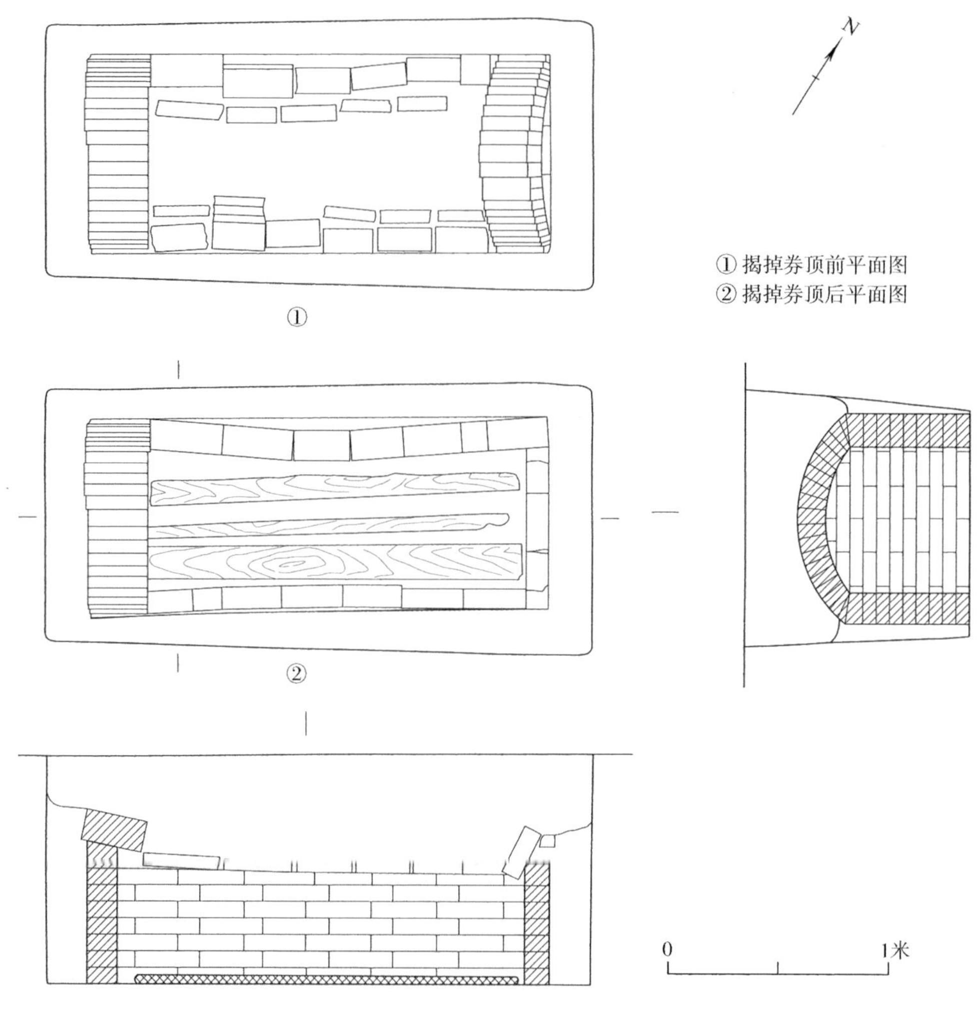

图五十三　M27 平、剖面图

M28

（一）墓葬形制

M28 位于土墩西北处，西邻 M12，东邻 M5。M28 为一座小型竖穴土坑石室墓，开口于③层下，打破④层，墓向 60°，开口距地表 180 厘米。

墓圹平面为梯形，东西长 280、南北宽 244 ~ 247、深 164 厘米。平底，直壁，壁面粗糙，未见工具痕迹。填土为黄褐土。

石室墓，口部盖大石板，东西排列 2 行，北室盖板 3 块，南室 2 块，石板长 95 ~ 130 厘米，宽 60 ~ 92 厘米，厚 10 ~ 28 厘米。墓室分南、北两室，平面为刀把形，北室较南室短 55 厘米。墓壁用石板和条石修砌。

南室平面为梯形，东西长 240、南北宽 122 ~ 128、高 76、墙体厚 20 ~ 22 厘米。

北室石室紧贴南室北墙，该墓室比南室短，平面呈梯形，东西长192、南北宽85 ~ 96、高76、墙体厚16 ~ 22厘米。

南室木棺保存较好，棺长184、宽55 ~ 62、高55 ~ 60、棺盖棺箱均厚7厘米，棺箱四角榫卯套合加固。北室木棺保存较好，棺长134、宽42 ~ 48、高55 ~ 60、棺盖厚6、棺箱厚4厘米。

南室人骨已朽，头向东，面向下，下肢骨仅存腿骨，移位至棺后部，葬式不详，年龄不详，随葬品铜镜1件，位于棺底中部，木梳和木簪位于头部东侧。北室人骨已朽，头向东，面向下，头骨移位，下肢骨移位至棺西部，葬式不详，年龄不详，头骨南侧出木梳1件（图五十四）。

图五十四　M28平、剖面图

1、3. 木梳　2. 铜镜　4. 木簪

（二）随葬器物

出土随葬品 4 件。北室出土木梳 1 件，南室出土铜镜、木梳、木簪各 1 件。分述如下：

木梳 2 件。新月形，宽齿，素面，腐朽严重，无法提取。M28∶1，出土于北室。M28∶3，出土于南室。

铜镜 1 件。M28∶2，出土于南室。仿汉代连弧纹铜镜。圆形，圆钮，圆钮座，座外有内向八连弧纹带，其外两周短斜线纹，之间有铭文“内清以昭明，光象夫日月□”，素宽平缘。直径 10.4 厘米（图五十五）。

木簪 1 件。M28∶4，出土于南室。圆锥形，腐朽难以提取。

根据墓葬开口层位、形制结构、出土遗物判断，M28 年代为明代。

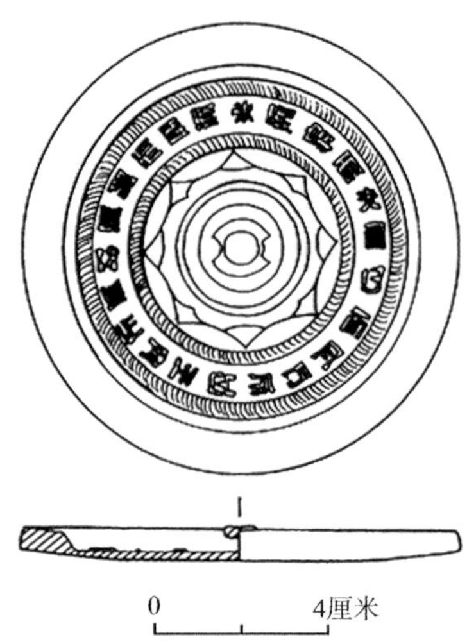

图五十五　M28 出土随葬品
铜镜（M28∶2）

M29

（一）墓葬形制

M29 位于东部墓区内，东邻 M30。M29 开口于②层下，打破③层，开口距地表 90 厘米。

竖穴土坑合葬墓，平面呈梯形，北宽南窄，方向 19°。墓圹长 230、宽 168 ~ 176、深 40 厘米。

葬具仅存 2 具木棺朽痕。西棺朽木痕迹平面形状为梯形，北宽南窄，朽木上发现铁棺钉。木棺朽迹长 180、宽 40 厘米。东棺朽木痕迹形状尺寸不详。

2 具人骨均保存较差，肢骨零散，头北脚南。东棺人骨为仰身直肢，性别、年龄不详。西棺葬式不详。人骨下均有白灰铺面（图五十六）。

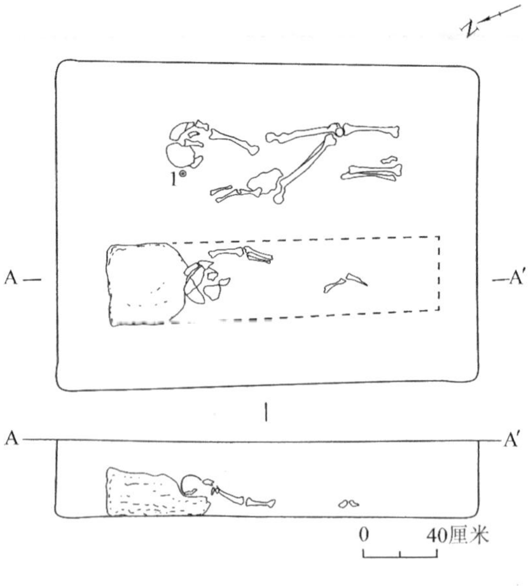

图五十六　M29 平、剖面图
1. 铜钱

（二）随葬器物

出土铜钱 1 枚。M29∶1，残，出土于墓底中部东侧，乾隆通宝。直径 2.4、穿边长 0.6

厘米（图五十七）。

根据墓葬形制结构判断，M29 为清代墓葬。

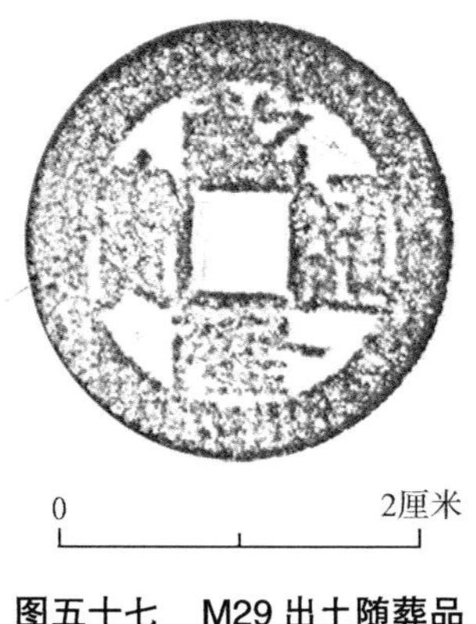

图五十七　M29 出土随葬品

乾隆通宝（M29：1）

M30

（一）墓葬形制

M30 位于东部墓区内，西邻 M29，北邻 M31。开口于②层下，打破③层，墓口距地表 60 ~ 76 厘米。

竖穴土坑合葬墓，平面呈梯形，北宽南窄，方向 15°。墓圹长 260、宽 200 ~ 220、深 46 厘米。

现存 2 具木棺朽迹，平面形状均为梯形，北宽南窄，发现铁棺钉。木棺朽迹长 194、宽 28 ~ 44 厘米。

2 具人骨均保存较差，头北脚南，仰身直肢，性别、年龄不详。人骨下有白灰。东西棺人骨的颅骨均枕在小板瓦上（图五十八）。

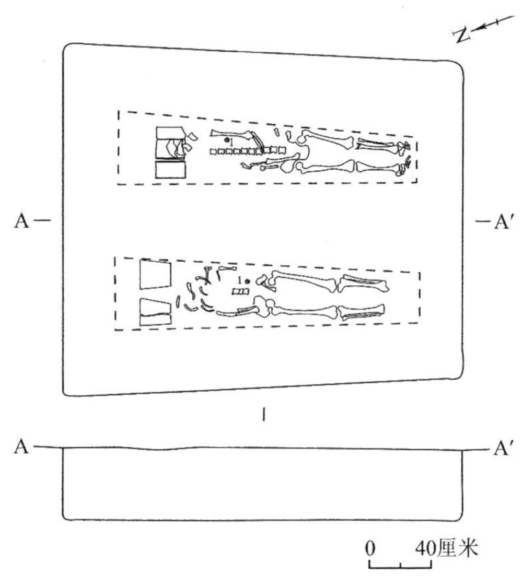

图五十八　M30 平、剖面图

1. 铜钱

（二）随葬器物

出土铜钱 3 枚。M30：1，保存完整，一枚出土于西侧墓室中部。其余两枚出土于东侧墓室中部，乾隆通宝。直径 2.4、穿边长 0.6 厘米（图五十九）。

根据墓葬形制结构和出土随葬品判断，M30 为清代墓葬。

0　2厘米

图五十九　M30 出土随葬品

乾隆通宝

M31

（一）墓葬形制

M31 位于东部墓区内，南邻 M30，东邻 M32。开口于②层下，打破③层，墓口距地表约 80 厘米。

竖穴土坑砖石合葬墓，砖石结构，东、中、西三室并列。由封顶石和砖室两部分组成。土圹平面呈四边形，南宽北窄。方向 20°。墓圹东西最长 394、南北宽 296 ～ 344、深 174 厘米。三室顶部均用石板封盖墓室，东室石盖板叠压于中室石盖板之上。西室和中室石盖板均为长方形，各 3 块，长 100 ～ 108、宽 60 ～ 100、厚约 20 厘米。东室方形两块，长 150、宽 130、厚约 20 厘米。

三室均为单砖错缝平砌，之间隔墙为纵向单砖错缝横砌和侧立相间修砌。上层均铺设长条石。西室平面形状为长方形，长 223、宽 74、深 74 厘米；中室和东室平面形状均为梯形，中室长 234、宽 70 ～ 82、深 74 厘米；东室长 214、宽 80 ～ 88、深 88 厘米。三室之间隔墙北部，各有一小过洞，宽 28、高 30、深 34 厘米。三室北墙中上部均有一葫芦形壁龛，宽 24 ～ 32、高 36 ～ 38、进深 22 厘米。所用墓砖为长方形青灰砖，长 34、宽 16、厚 8 厘米。

西室木棺散架，棺板长度为 175、厚 5 厘米，形状不详。中室木棺保存较差，平面为梯形，北宽南窄，已变形，长 172、宽 65、高 50 厘米。东室为一棺一椁，均为梯形，北宽南窄，保存较好。椁长约 220、宽 68 ～ 84、高约 80 厘米。棺长约 190、宽 46 ～ 53、高 40 ～ 56、厚约 7 厘米。

西室和中室骨架保存极差，仅存零散肢骨残渣，葬式不详。东室骨架保存状况一般，头北脚南，面向西，仰身直肢，男性，成年（图六十）。

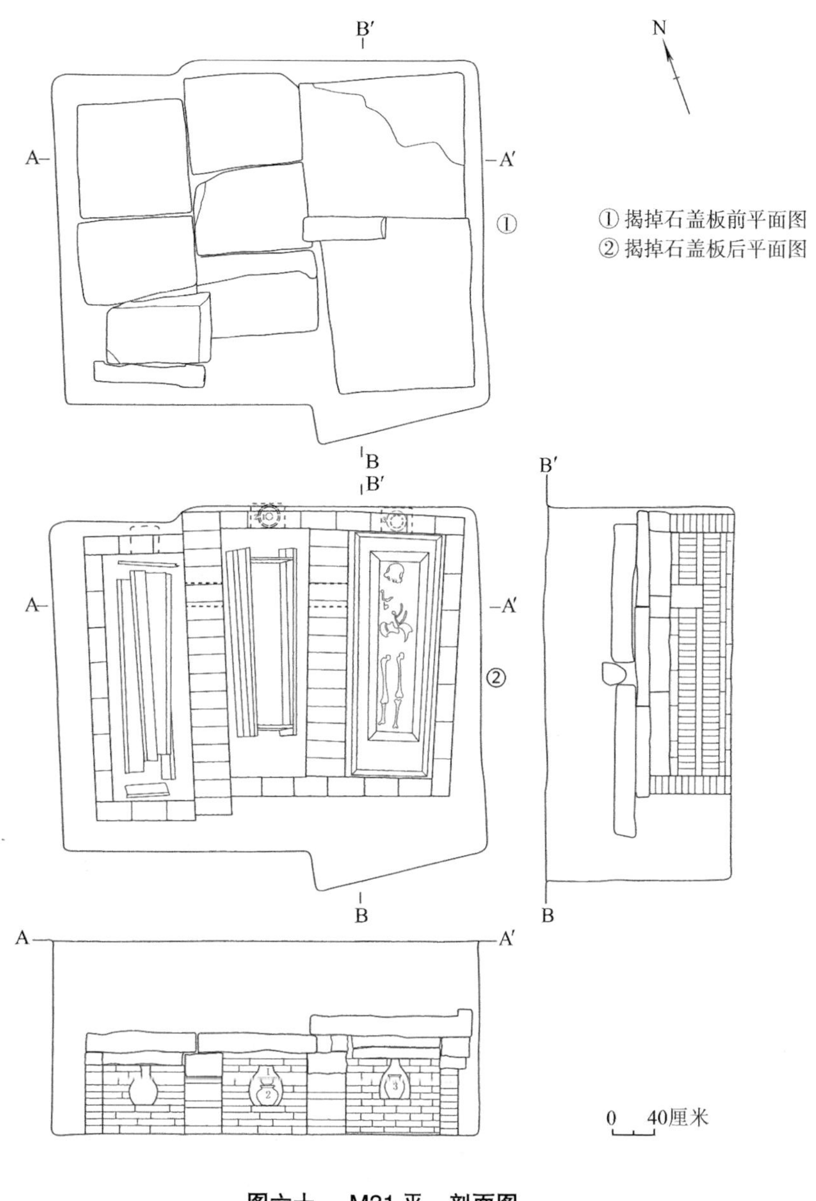

图六十　M31 平、剖面图

1. 瓷碗　2、3. 釉陶罐

（二）随葬器物

出土随葬品 3 件。中室出土瓷碗、釉陶罐各 1 件，东室出土釉陶罐 1 件。分述如下：

瓷碗 1 件。M31：1，出土于中室壁龛。敞口，斜平沿，尖唇，弧腹，圈足。体施青釉，釉不及底，腹外饰有纹饰。口径 14.2、底径 5.9、高 5.8 厘米（图六十一：1）。

釉陶罐 2 件。M31：2，出土于中室壁龛。侈口，折弧沿，尖唇，矮束颈，折弧肩，弧腹，平底。体施酱釉，釉不及底。口径 8.2、底径 9.2、通高 14.7 厘米（图六十一：2）。

M31∶3，出土于东室壁龛。侈口，圆弧沿，圆唇，束颈，溜肩，弧腹，平底中凹。体施酱釉，釉不及底。口径 9、底径 9.7、通高 16.5 厘米（图六十一：3）。

根据墓葬形制结构判断，M31 为清代墓葬。

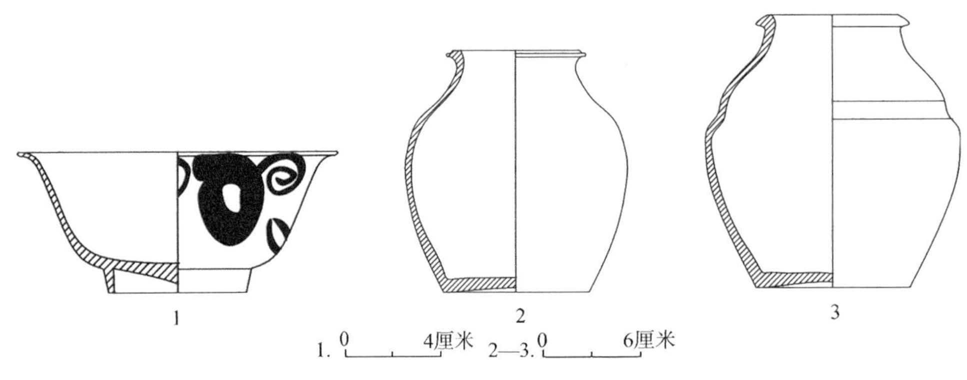

图六十一　M31 出土随葬

1. 瓷碗（M31∶1）　2—3. 釉陶罐（M31∶2、M31∶3）

M32

（一）墓葬形制

M32 位于东部墓区内，西邻 M31，东邻 M33。方向 30°，开口于②层下，打破生土，东南角被 M33 打破，墓口距地表 80 厘米。

竖穴土坑砖石墓，砖石结构，三室，由封顶石和砖室两部分组成。西室墓底比中室墓底高 20 厘米。土圹平面呈四边形，南宽北窄。

墓圹东西长 360 ~ 378、南北宽 276 ~ 280、深 140 米。三室顶部均用石板封盖墓室，西室石盖板叠压于中室石盖板之上。西室和中室盖板石各有三块，长 90 ~ 100、宽 60 ~ 72、厚约 20 厘米。东室盖板石五块，长 100 ~ 120、宽 20 ~ 52、厚约 20 厘米。东西二室均为单砖错缝平砌，中室南北墙和东西室隔墙为单砖错缝侧立砌筑。三室平面形状均为梯形，北宽南窄。西室长 216、宽 64 ~ 70、深 76 厘米；中室长 208、宽 72 ~ 84、深 80 厘米；东室长 214、宽 80 ~ 100、深 80 厘米。隔墙中间各有一小过洞，宽 20、高 21、深 12 厘米。西室和中室北墙中上部均有一方形壁龛，宽 11 ~ 22、高 16 ~ 21、进深 17 ~ 22 厘米。所用墓砖为长方形青灰砖，长 34 ~ 46、宽 15 ~ 21、厚 4 ~ 16 厘米。

西棺保存较差，腐朽较为严重，木棺已散架，长约 186、厚约 6 厘米；中棺保存一般，梯形，北宽南窄，棺长 186、宽 48 ~ 56、高 66 ~ 76 米。东棺腐朽较为严重，形状为梯形，北宽南窄，长 190、宽 46 ~ 52、高 57 厘米。

西室和东室清理发现有极少腐朽骨节，保存极差，葬式不详。中室人骨架保存较差，头北脚南，面向北，仰身直肢，男性，成年（图六十二）。

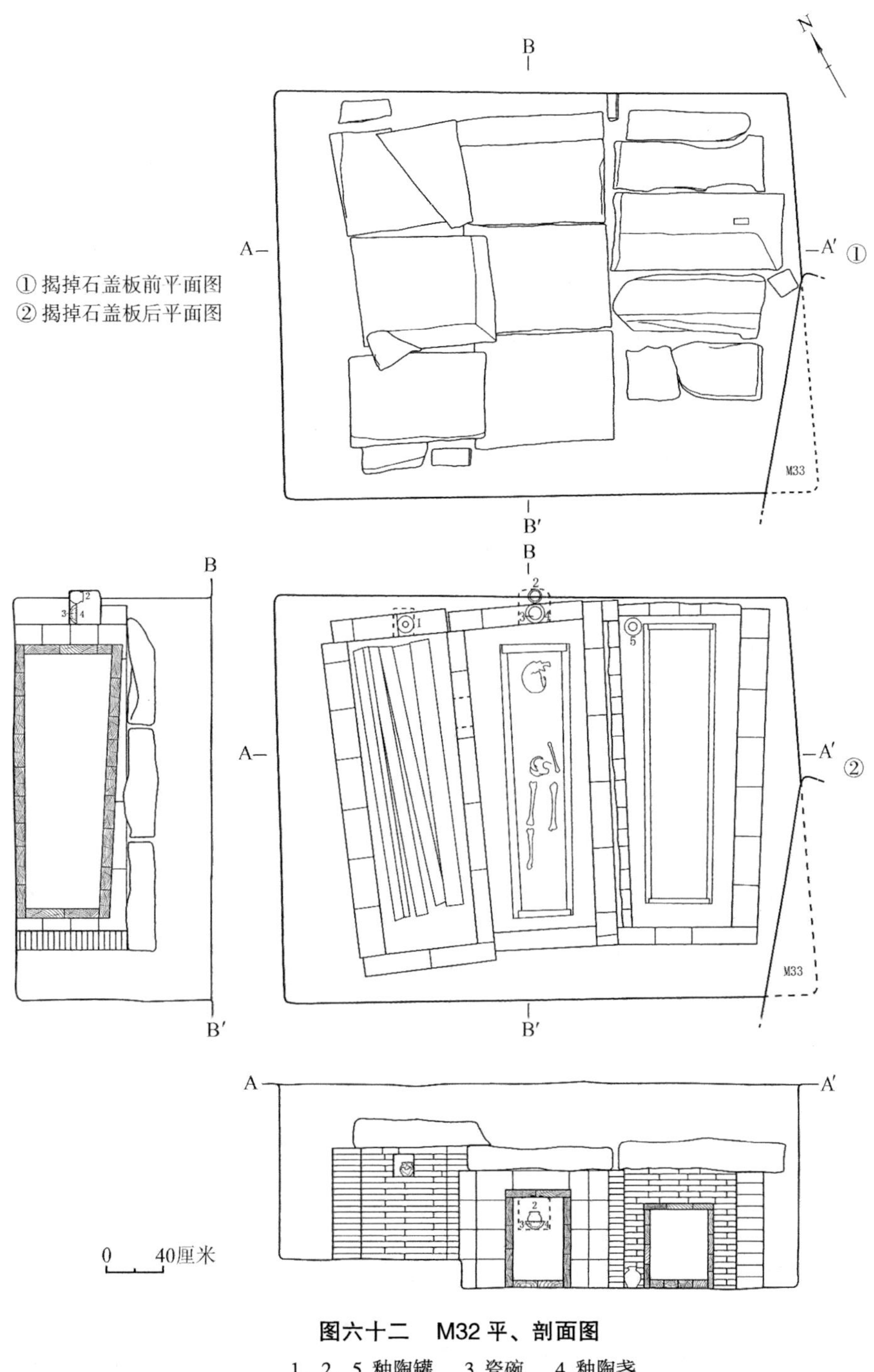

图六十二　M32 平、剖面图

1、2、5. 釉陶罐　3. 瓷碗　4. 釉陶盏

（二）随葬器物

出土随葬品 5 件。西室出土釉陶罐 1 件，中室出土釉陶罐、釉陶盏、瓷碗各 1 件，东室出土釉陶罐 1 件。分述如下：

釉陶罐 3 件。M32∶1，出土于西室壁龛。侈口，圆弧沿，圆唇，矮束颈，折弧肩，弧腹，平底中凹。体施酱釉，釉不及底。口径 8、底径 8.6、通高 14 厘米（图六十三：1）。M32∶2，出土于中室壁龛。侈口，折弧沿，尖唇，矮束颈，折弧肩，弧腹，平底。体施酱釉，釉不及底。口径 5.8、底径 7.2、通高 14.5 厘米（图六十三：2）。M32∶5，出土于东室。侈口，圆弧沿，圆唇，矮束颈，溜肩，弧腹，平底中凹。体施酱釉，釉不及底。口径 8.2、底径 8.7、通高 13.1 厘米（图六十三：3）。

瓷碗 1 件。M32∶3，出土于中室壁龛。敞口，斜平沿，尖唇，弧腹，圈足。体施青釉，釉不及底，腹外饰有纹饰。口径 13.5、底径 4.9、高 5.3 厘米（图六十三：4）。

釉陶盏 1 件。M32∶4，出土于中室壁龛。敞口，圆弧唇，弧腹，近平底。器施青釉。口径 8.5、底径 3.8、高 3.4 厘米（图六十三：5）。

根据墓葬形制结构判断，M32 为清代墓葬。

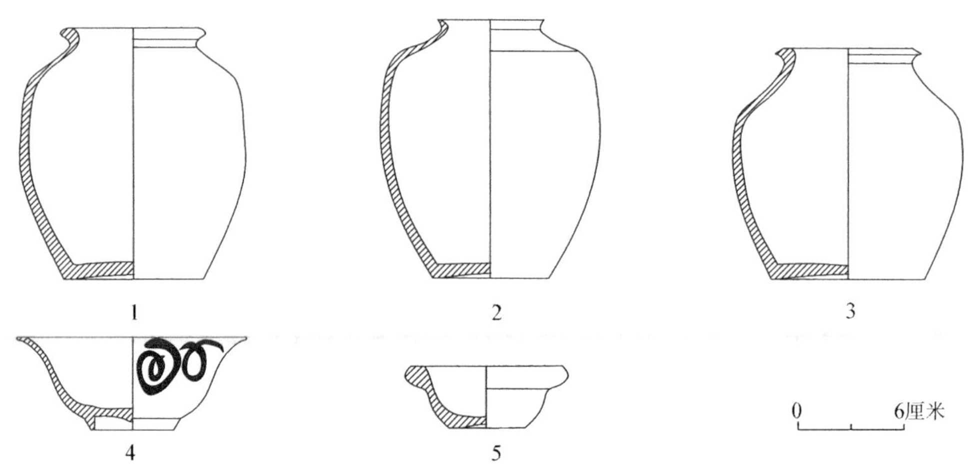

图六十三　M32 出土随葬品

1—3. 釉陶罐（M32∶1、M32∶2、M32∶5）　4. 瓷碗（M32∶3）　5. 釉陶盏（M32∶4）

M33

（一）墓葬形制

M33 位于东部墓区内，西邻 M32，东邻 M34。开口于②层下，打破 M32 东南角，东南角被 M34 打破，墓口距地表约 60 厘米。

竖穴土坑砖石合葬墓。东室有石盖板。土圹平面近呈长方形。方向 40°。西室平面形状为梯形，北宽南窄。单砖错缝平砌砖室，长 232、宽 70 ~ 78、深 70 厘米。拱形砖券顶坍塌于墓室内。东室平面形状为梯形，北宽南窄。墓口置石盖板三块，长 104、宽 80、厚 20 厘米。砖室长 236、宽 70 ~ 80、深 70 厘米。东西二室北壁中上部各有一方形壁龛，尺寸一致，宽 20、高 19、进深 18 厘米。隔墙北部有一小过洞，过洞宽 28、高 34 厘米。所用墓砖为长方形青灰砖，砖长 40、宽 19、厚 12 厘米。

东、西二室仅剩部分腐朽木棺残片，形状尺寸不详。

东、西室人骨架腐朽严重，仅存骨渣，保存极差，葬式不详（图六十四）。

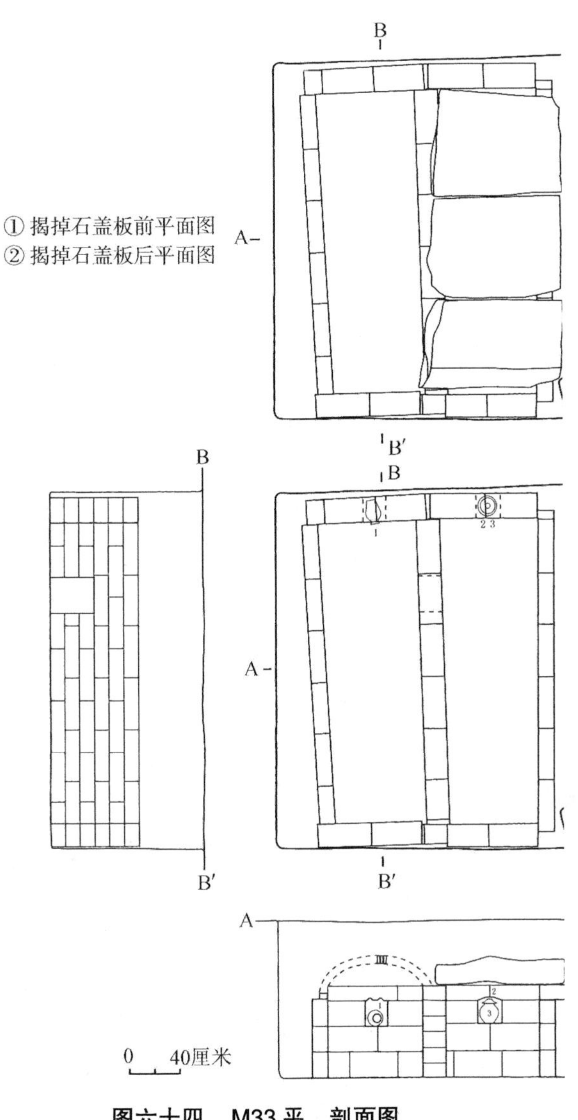

图六十四　M33 平、剖面图

1. 陶瓶　2. 釉陶盏　3. 釉陶罐

（二）随葬器物

出土随葬品 3 件。西室出土陶瓶 1 件，东室出土釉陶盏 1 件、釉陶罐 1 件。分述如下：

陶瓶 1 件。M33∶1，完整，出土于西室壁龛。侈口，平沿，尖唇，矮束颈，溜肩，弧腹，平底。未施釉。口径 3.6、底径 5.2、通高 19.9 厘米（图六十五：1）。

釉陶盏 1 件。M33∶2，残，出土于东室壁龛。敞口，圆弧唇，弧腹，近平底。体施青釉。口径 9.5、底径 4、高 3 厘米（图六十五：3）。

釉陶罐 1 件。M33∶3，保存完整，出土于东室壁龛。侈口，圆弧沿，圆唇，矮束颈，折弧肩，弧腹，平底。体施酱釉，釉不及底。口径 8.4、底径 9.2、通高 15.5 厘米（图六十五：2）。

根据墓葬形制结构判断，M33 为清代墓葬。

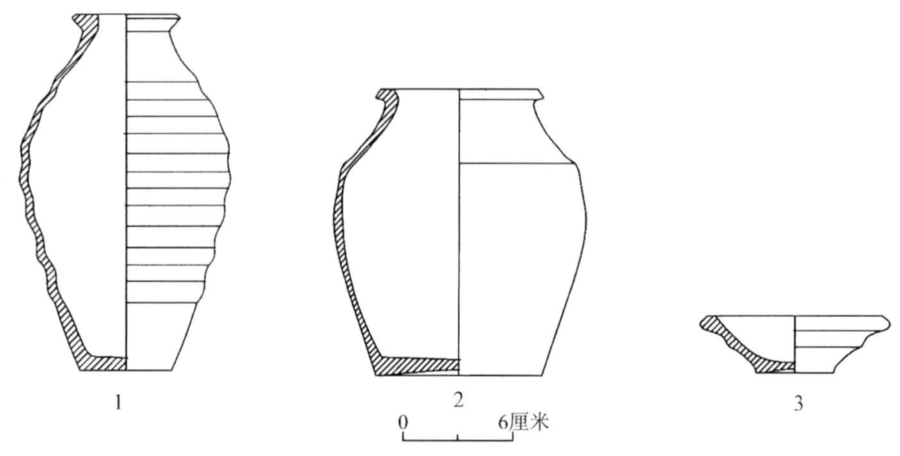

图六十五　M33 出土随葬品

1. 陶瓶（M33∶1）　2. 釉陶罐（M33∶3）　3. 釉陶盏（M33∶2）

M34

（一）墓葬形制

M34 位于东部墓区，西邻 M33，南邻 M35。开口于②层下，打破 M33 西北角，打破 M35 东南角。墓口距地表 110 厘米。

竖穴土坑砖石合葬墓，三室并列，由封顶石和砖室两部分组成。三室顶部均用石板封盖墓室。西室石盖板坍塌破碎，中室有 5 块石盖板，东室石盖板被破坏。三室均为单砖错缝平砌。西室平面形状为梯形，北宽南窄。长 218、宽 50 ~ 62、深 70 厘米；中室平面形状为梯形，北宽南窄。长 216、宽 58 ~ 80、深 70 厘米；东室平面形状为长方形，长 202、宽 74、深 70 厘米。三室之间的隔墙有小过洞，过洞宽 18、高 22 厘米。三室北墙中上部均有一方形壁龛，宽 16 ~ 20、高 22、进深 15 ~ 18 厘米。墓室砖为青灰色，砖长 38、宽 19、厚 11 厘米。

三室均残存有腐朽木棺残片，形状尺寸不详。

三室均发现有零散骨渣，葬式不详（图六十六）。

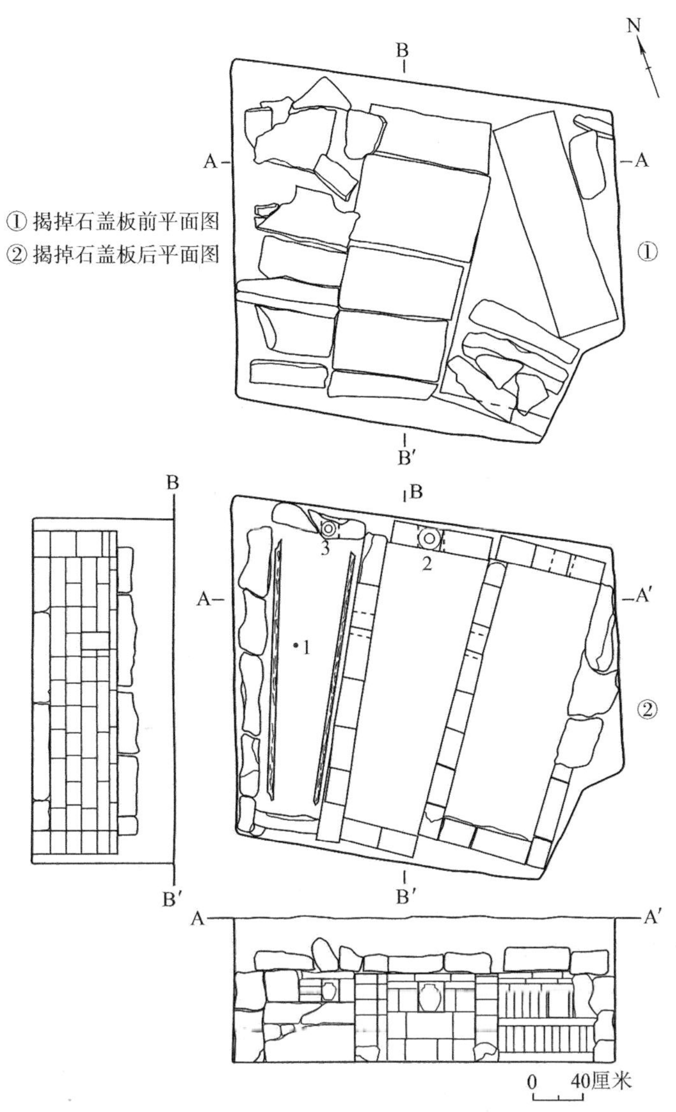

图六十六 M34 平、剖面图

1. 铜钱 2. 陶壶 3. 釉陶罐

（二）随葬器物

出土随葬品5件。西室出土铜钱3枚、釉陶罐1件，中室出土陶壶1件。分述如下：

铜钱3枚。M34：1，残，出土于西室中部棺底。万历通宝，直径2.4、穿边长0.55厘米（图六十七：3）。

陶壶1件。M34：2，残，出土于中室壁龛内。直口，方唇，矮束颈，溜肩，弧腹，平底。一侧置流，一侧置鋬手，均残。未施釉。口径11.2、底径10.9、通高17.9厘米（图六十七：1）。

釉陶罐 1 件。M34：3，完整，出土于西室壁龛内。圆弧沿，圆唇，矮束颈，折弧肩，弧腹，平底。体施酱釉，釉不及底。口径 7.5 ~ 8.5、底径 8、通高 12.6 厘米（图六十七：2）。

根据墓葬形制结构、出土遗物判断，M34 为清代墓葬。

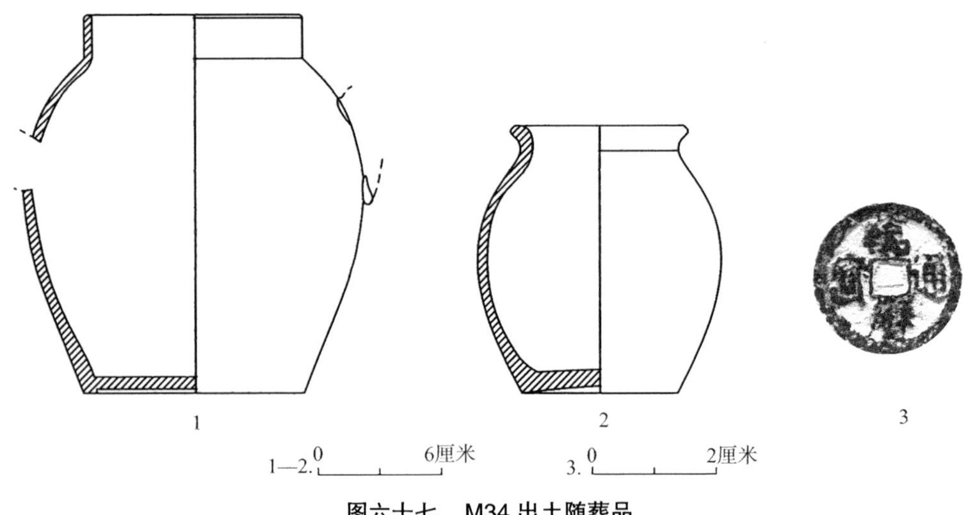

图六十七　M34 出土随葬品

1. 陶壶（M34：2）　2. 釉陶罐（M34：3）　3. 万历通宝（M34：1）

M35

（一）墓葬形制

M35 位于东部墓区，北邻 M34，南邻 M36。开口于②层下，打破生土，墓口距地表约 80 厘米，东北角被 M34 打破。

竖穴土坑合葬墓。平面呈梯形，北宽南窄，方向 20°。墓圹长 220、宽 112 ~ 124、深 60 厘米。

两具木棺严重腐朽，形状尺寸不详。

尸骨保存极差，仅存极少部分残骨渣，棺底铺有白灰，葬式不详（图六十八）。

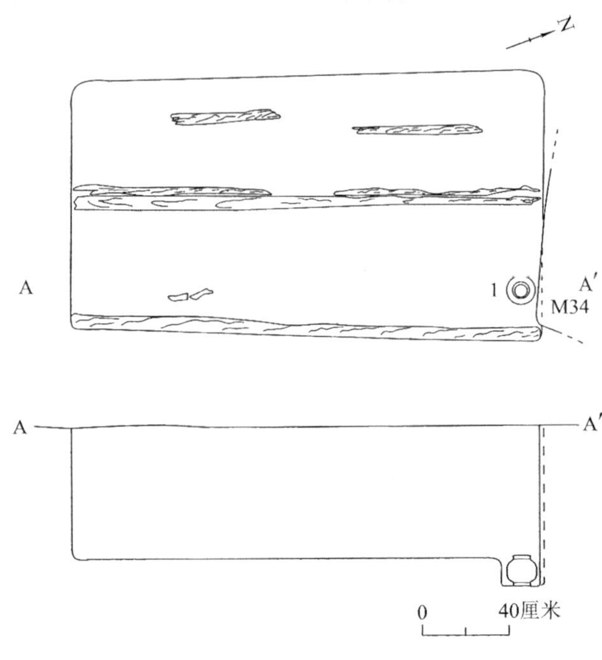

图六十八　M35 平、剖面图

1. 釉陶壶

（二）随葬器物

出土釉陶壶 1 件。M35：1，残，出土于墓底东北部。直口，方唇，矮束颈，溜肩，弧腹，圈足。一侧置流，一侧置鋬手，均残。体施黑釉，釉不及底。口径 8.5、底径 8.5、通高 12.5 厘米（图六十九）。

根据墓葬形制结构、出土遗物判断，M35 为清代墓葬。

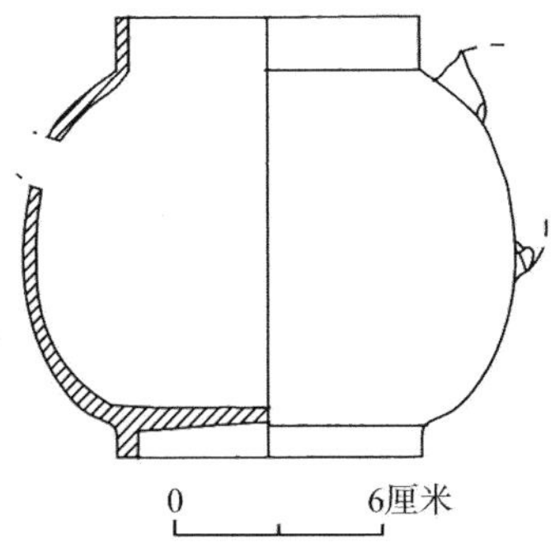

图六十九　M35 出土随葬品

釉陶壶（M35：1）

M36

（一）墓葬形制

M36 位于东部墓区，北邻 M35。开口于②层下，打破生土，墓口距地表 80 厘米。

竖穴土坑砖石墓。由封顶石和砖室两部分组成。平面呈梯形，西南宽，东北窄。方向 50°。砖室顶部用 4 块石板横向封盖，石板长 76 ~ 90、宽 44 ~ 58、厚 11 ~ 15 厘米。墓圹长 246、宽 112 ~ 124、深 98 厘米。砖室平面呈梯形，东北宽，西南窄，长 216、宽 64 ~ 78、深 56 厘米。北墙中上部有一方形壁龛，宽约 14、高 17、进深 14 厘米。墓室东西两壁为单砖错缝平砌，南北两壁为单砖侧立错缝立砌。砖长 29、宽 12、厚 7 厘米。

墓棺保存极差，仅存部分腐朽棺木残片，形状尺寸不详。

墓室残存极少腐朽肢骨节和骨渣，葬式不详（图七十）。

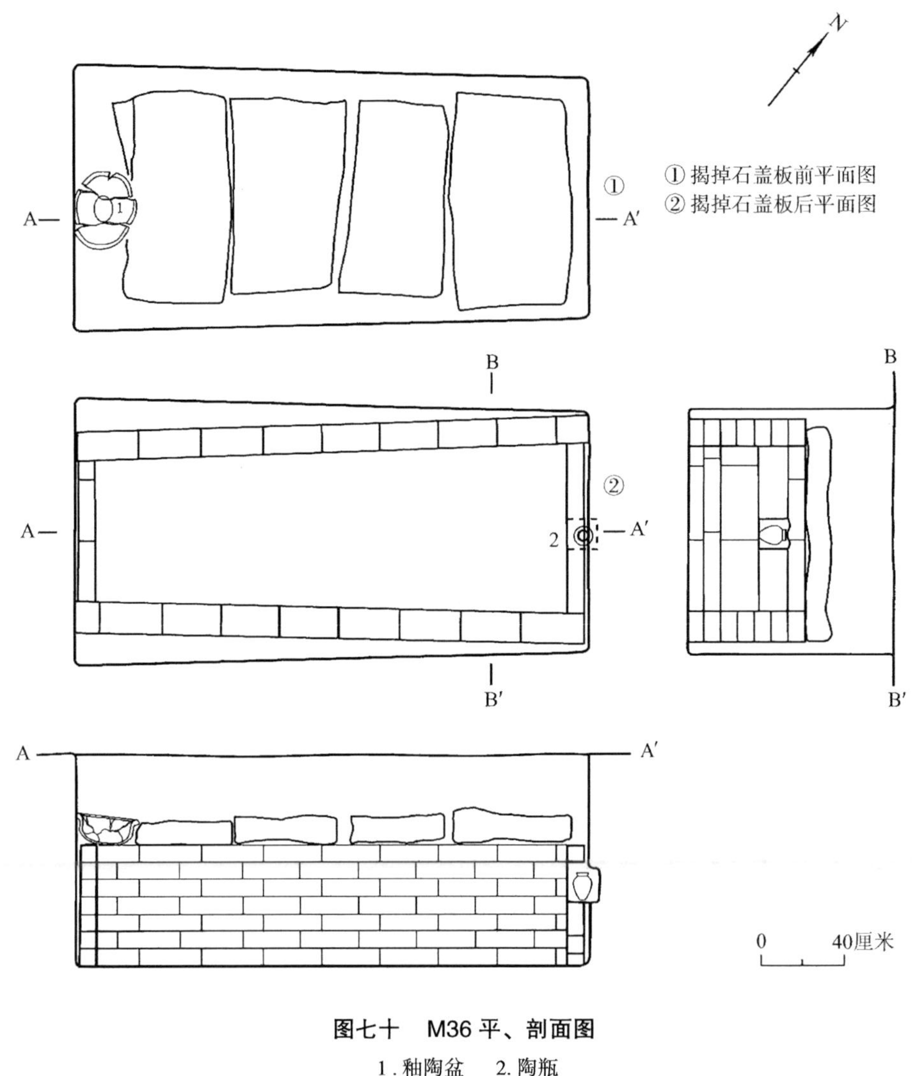

图七十　M36 平、剖面图

1. 釉陶盆　2. 陶瓶

（二）随葬器物

出土随葬品 2 件。釉陶盆 1 件、陶瓶 1 件。分述如下：

釉陶盆 1 件。M36∶1，残，出土于盖板西南角。敞口，平沿，方唇，弧腹，近平底。器施酱釉。口径 30.4、底径 19.5、高 15.2 厘米（图七十一）。

陶瓶 1 件。M36∶2，出土于壁龛内，残损严重，无法修复。

根据墓葬形制结构、出土遗物判断，M36 年代为清代。

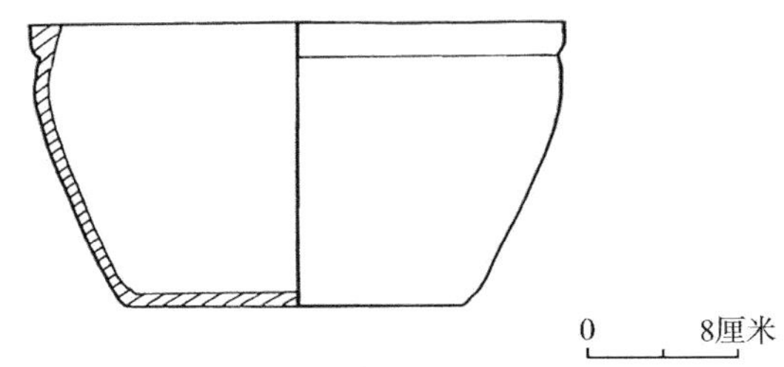

图七十一　M36 出土随葬品

釉陶盆（M36∶1）

三、西坟墩地层堆积及遗物

西坟墩原是一个长方形覆斗状土墩，由于取土等原因，土墩现在呈不规则形，东西长 50 余米，南北宽近 40 米，高出地表 2.5 米。土墩顶部平整，上面种植香樟、玉兰、桃树等绿化树种，大量的现代墓基本迁移。西坟墩堆积可分为 6 层，以东西向剖面为例，概述如下：

第①层：表土层，厚 20 ~ 33 厘米，黄褐土，土质疏松，分布于整个土墩，包含大量植物根茎及少量近现代遗物。土墩边缘本层下开口的墓葬有 4 组，分别为 M3、M4；M5、M6；M7、M8；M11、M13、M14、M15、M27。同组墓葬呈“人”字形分布，墓向均为东北向。

第②层：灰褐土，土质结构粗糙，部分区域有片状黄褐土，分布于整个土墩。包含物有砖瓦、瓷片、陶片、铜钱等。瓷片可分为清代青花瓷、白瓷，明代青花瓷、青瓷，元代青白瓷、青灰瓷。可辨器型有碗、碟、盘、杯、盖、罐、瓶等。该层堆积土墩西部厚 40 ~ 50 厘米，东部厚 25 ~ 50 厘米，为清代晚期人工堆积，本层下开口的墓葬有 M1、M2、M12 和 M17。

第②层修复标本 5 件，有青花瓷、青釉瓷和青白瓷，器型有碗、钵、杯。

青花瓷碗 1 件。标本②：1，敞口，圆唇，斜弧腹，浅足内收，足根旋削一周，外底微弧。满釉，外底无釉，灰白胎。外腹饰写意花卉纹。口径 18.7、底径 7、高 6.5 厘米。清代晚期（图七十二：1）。

青白瓷碗1件。标本②：2，敞口，方唇，斜弧腹，浅足。外底微弧。满釉，外底无釉。白胎。口径10.8、底径4、高2.6厘米。清代中晚期（图七十二：2）。

元代青釉瓷钵1件。标本②：3，花边口外敞，方唇，斜弧腹，卧足，外底微弧。满釉，外底涩圈。青灰胎。外腹饰竹节纹。口径11、底径7.6、高4.2厘米（图七十二：3）。

清代青花瓷杯2件。标本②：4，敞口，圆唇，斜弧腹，浅足内收，外底微弧。满釉，外底无釉。灰白胎。器表绘写意叶片纹。口径7、底径3.8、高3.7厘米（图七十二：4）。标本②：5，敞口，圆唇，斜腹弧收，浅足，足根旋削一周。满釉，足根无釉。灰白胎。外腹饰触点纹。口径6.8、底径3、高4.6厘米（图七十二：5）。

第③层：黄灰色土，分布于整个土墩，中西部堆积厚，最厚处1.25米，东部堆积较薄。包含物以瓷片为主，少量砖瓦块。瓷片有清代青花瓷、豆青瓷、白瓷、焦黄瓷、霁蓝瓷、红彩瓷，明代青花瓷、青瓷、白瓷、粉彩、霁蓝瓷、釉陶、紫砂；元代青瓷、青白瓷、青灰瓷。器型有碗、杯、钵、盘、盆等，另出土一件带“五星汇聚”镂孔图案的圆形玉佩。该层为清代堆积，开口有明代晚期墓葬M9和M28。

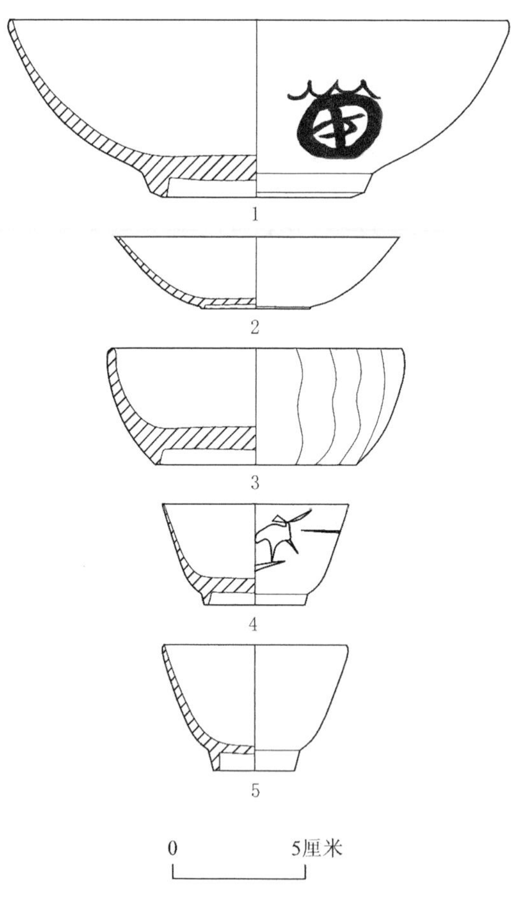

图七十二　西坟墩第②层出土器物

1.青花瓷碗（②:1）　2.青白瓷碗（②:2）　3.青釉瓷钵（②:3）　4、5.青花瓷杯（②:4、②:5）

第③层修复标本 6 件，其中青花瓷碗 4 件，釉陶盆和玉佩各 1 件。

明代青花瓷碗 2 件。标本③：2，侈口，圆唇，斜腹弧收，浅足，外底近平，留有放射状跳刀痕。满釉，外底无釉。白胎。外腹饰花卉凤鸟纹，内底饰云朵纹。口径 14.5、底径 5、高 6.6 厘米（图七十三：6）。标本③：5，侈口，尖圆唇，弧腹浅圈足。通身施釉，圈足内不挂釉。灰白胎，外沿处有条带纹一周，器内沿及内腹中部各饰条带纹一周，内底绘写意图案。口径 12、底径 5.1、高 5.5 厘米（图七十三：7）。

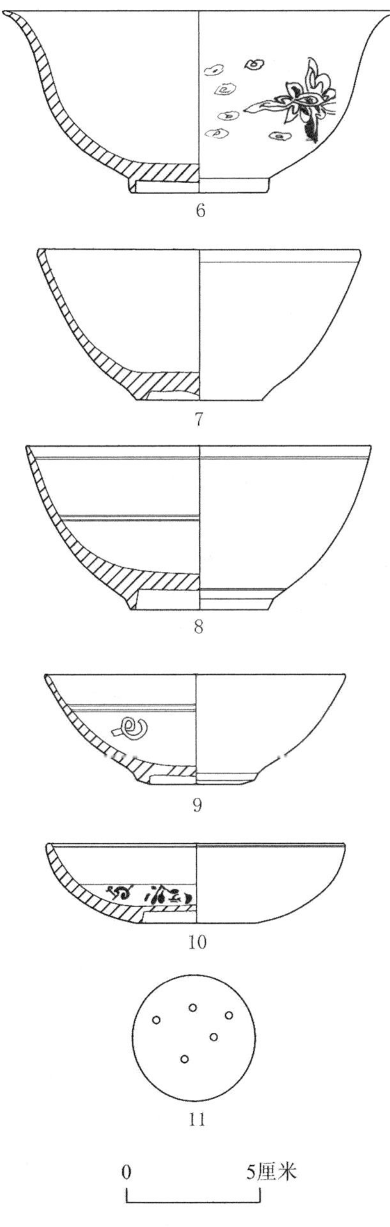

图七十三　西坟墩第③层出土器物

6—9. 青花瓷碗（③：2、③：5、③：3、③：6）　10. 釉陶盆（③：1）　11. 青玉佩（③：4）

清代青花瓷碗2件。标本③：3，敞口，圆唇，斜弧腹，卧足，外底微弧。通身施满釉，釉不及底。灰白胎。外沿饰弦纹，内腹饰弦纹和草叶纹。口径12.8、底径5、高6厘米（图七十三：8）。标本③：6，敞口，圆唇，斜弧腹，浅足内收，足根旋削一周，外底微弧。满釉，外底无釉。灰白胎。内底饰弦纹和游鱼纹。口径11.2、底径3.4、高4厘米（图七十三：9）。

釉陶盆1件。标本③：1，敛口，平沿，斜腹，外底微凹。内外施红褐釉。紫红胎夹砂。口径10、底径4.4、高3厘米（图七十三：10）。

青玉佩1件。标本③：4，圆形，截面为梯形，青玉夹有黑褐色杂质，圆牌上镂刻“五星汇聚”形孔。直径一面4.6、一面4.2、厚0.8厘米（图七十三：11）。

第④层：灰色土，分布在土墩中部区域，厚约40厘米，中间厚，边缘薄，呈坡状分布。该层包含物较少。瓷片有明代青花瓷、青瓷，元代青白瓷、青灰瓷，宋代青瓷。器型有碗、杯、盘、罐等。该层为明代晚期堆积，下面开口有大小2处带坟圈的家庭墓。大坟圈位于中部偏东位置，为半环形结构，外围直径25米，坟圈黄土堆筑，宽1.8米，残高30 ~ 60厘米，内有墓葬8座，以M22位中心向西北、西南两侧“人”字形排列，西北侧依次为M23、M25，西南依次为M24、M19、M16、M18、M17。小坟圈位于大坟圈东南侧，直径13米，宽70厘米，残高35厘米，内有墓葬3座，分别为M20、M21和M26。

第④层修复标本7件，时代为明代晚期，除1件白瓷杯外其余均为青花瓷碗。

青花瓷碗6件。标本④：1，敞口，平折沿，圆唇，斜腹弧收，浅圈足内收，外底微弧。满釉，足根无釉。灰白胎。外腹及内底饰花卉纹。口径7.8、底径3.2、高3.2厘米（图七十四：12）。标本④：2，敞口，方唇，斜弧腹，浅足内收，足根旋削一周，外底微弧，留有放射状跳刀痕。满釉，外底无釉。灰白胎，内底涩圈。外腹饰写意花卉纹。口径10.7、底径3.9、高3.8厘米（图七十四：13）。标本④：3，敞口，圆唇，浅腹弧收，浅圈足内收，外底微弧。满釉，外底无釉。灰白胎。器表饰缠枝花纹，内底饰草叶纹。口径14.5、底径8.8、高4厘米（图七十四：14）。标本④：4，敞口外折，圆唇，深腹弧收，浅足内收，外底微弧。满釉，外底无釉。灰白胎。外腹饰螺旋纹。口径11.2、底径4、高4.9厘米（图七十四：15）。标本④：5，敛口，圆唇，深弧腹，浅足内收，外底微弧。满釉，足根无釉。灰白胎。外腹饰弦纹。口径12.4、底径6.8、高6厘米（图七十四：16）。标本④：6，敞口，圆唇，斜弧腹，卧足，外底微弧。满釉，足根无釉。灰白胎。内底饰花卉纹。口径12、底径7、高3.2厘米（图七十四：17）。

白瓷杯1件。标本④：7，敞口，尖唇，斜腹弧收，浅足，外底近平。满釉，足根无釉。白胎。口径9、底径4.8、高5厘米（图七十四：18）。

第⑤层：黄灰土，夹杂少量灰土，主要分布在大坟圈内和以东的局部区域，厚30厘米，纯净基本不见瓷片等包含物。该层为雨水冲刷墓葬封土淤积和封土滑落形成。

第⑥层：青灰色粉土，厚25 ~ 40厘米。包含物主要为陶瓷片，有明代青花瓷、白瓷，元代青白瓷、青灰瓷、蓝釉瓷。器型有碗、盘、杯、座足、罐等，无可修复标本。该层为原始地面，呈东北高、西南低的坡状，其下为黄色生土，土墩边缘①层下和土墩上④层下的墓葬墓坑都开口在该层面上，并向下打破生土。

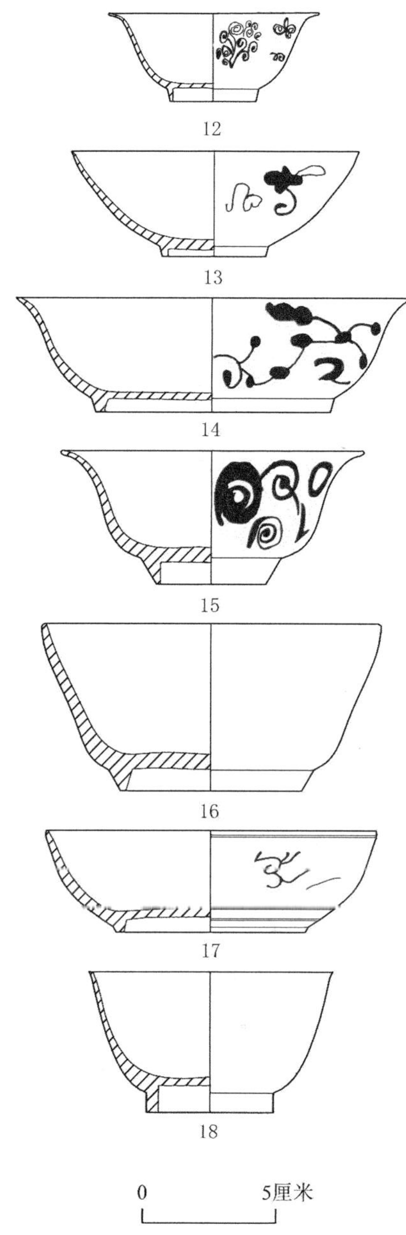

图七十四　西坟墩第④层出土器物

12—17. 青花瓷碗（④：1、④：2、④：3、④：④、④：5、④：6）　18. 白瓷酒杯（④：7）

四、结语

无锡长乔海洋公园主题公园项目工地的明清墓葬以平民墓葬为主，基本以家族、家庭为单位集中分布，遵循千百年来传统的葬制葬俗。明清时期，江南地区农业发达，经济长期繁荣，社会相对稳定，成为全国人口密度较大的区域。由于相对富足，即使是平民阶层也有能力营建墓葬。以无锡相对落后的东部为例，明清墓葬的数量也相当可观，密度远大于其他时期的墓葬。数量众多的墓葬、严格有序的墓地规划也说明了在商品经济繁荣的江南社会，人们更加重视传统的丧葬习俗，始终遵守和传承着几千年来的传统文化。

墓葬的分布可以反映出宗族观念、家庭观念深入人心，家庭成为最基本的核心单元和价值认同。不仅同一个家庭的墓葬排列有序、长幼清晰，成员关系一目了然，而且在家族的墓地中也突出强调家庭的地位，家族内不同家庭的墓葬甚至营建有独立的坟圈。这一习俗现在在江南地区仍有保留，一般同一家庭的若干个墓葬外围仍用黄土先堆出不封闭的环形坟圈，待墓地稳定后用砖和水泥等现代建筑材料建造半环形的坟圈，成为后人永久性的祭祀场所。

海洋公园位于鸿山遗址公园边缘，该区域分布着数量众多的土墩，新中国成立初期，该地有千坟园的叫法。这些土墩目前已知最早的是春秋战国时期的墓葬，此次海洋公园二期工地内土墩的外形与遗址内春秋战国时期的土墩基本相同，但时代却晚至明清。通过此次发掘不能排除鸿山遗址内众多的土墩中有部分为明清时期墓地，这也说明源自商周时期的江南土墩墓这一具有明显地域特征的葬制一直延续到了明清时期。

尤家弄—顾更上土墩墓地 D7、D19、D20 发掘报告

一、墓地概况

尤家弄—顾更上土墩墓群位于无锡市新吴区梅村街道和鸿山街道，具体位置在金城高架以南，锡东大道以西，泰伯大道以北，新韵北路以东，面积近 3 平方公里。西气东输无锡新区段改线工程从墓地东侧边缘穿过，无锡市文化遗产保护和考古研究所对墓地进行了先期考古调查和勘探，共确认土墩 31 座（图一、图二），集中分布在尤家弄、顾更上、袁更上、田里金家的村庄和农田里，土墩现状简单介绍如下：

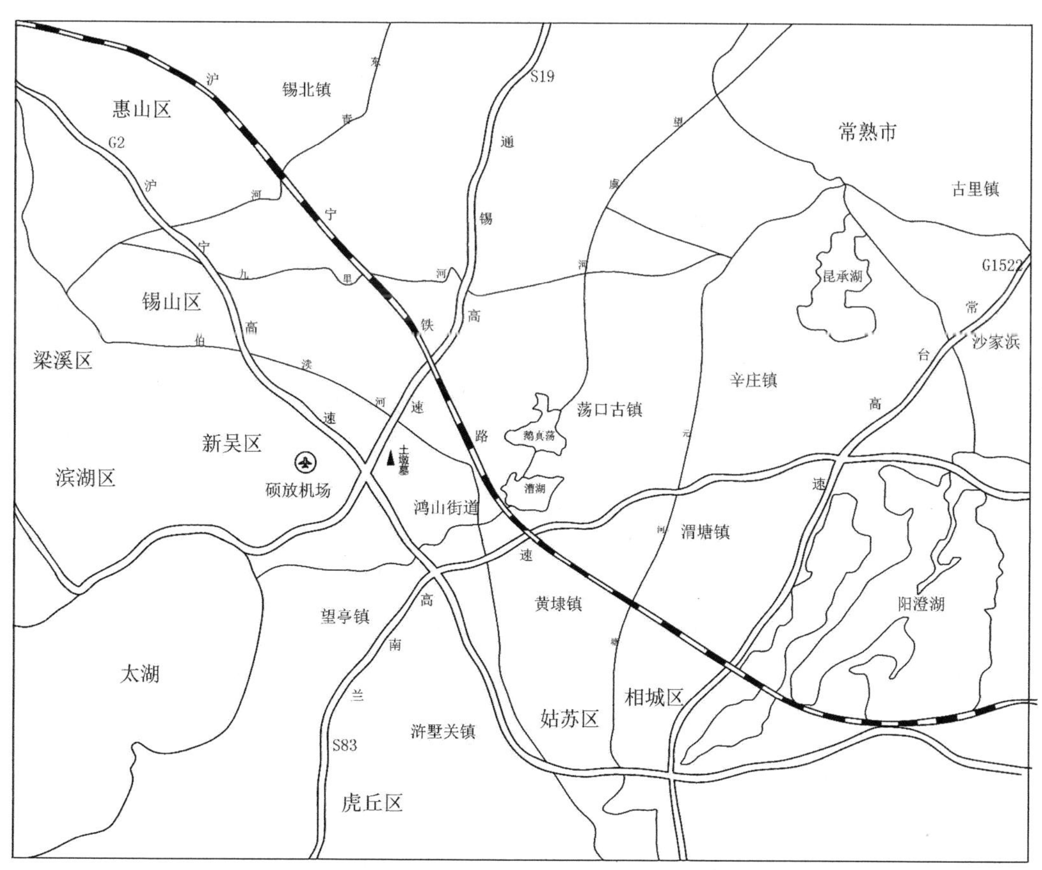

图一　墓葬发掘位置示意图

图二　尤家弄—顾更上土墩分布图

D1位于尤家弄村东边缘，修路和建房对土墩破坏比较严重，现存长41米，宽17米，大致呈长方形，覆斗状，高出地表1.6米。堆积大致分为4层，从上而下分别是表土层、灰土层、黄土层和生土层，其中在黄土层中探铲带出原始瓷片。

D2位于D1的南面，两座土墩距离10米。土墩大致呈长方形，顶部平整，覆斗状，东西长49米，南北宽27米，距离地表高约2米，堆积厚度最大3米。

D3位于D2的西面，二者相距不足5米，边缘有小水塘。土墩现状为长方形，东西长29米，南北宽23米，最高处距离地表1.5米，堆积厚度1.8米。

D4位于尤家弄东南角，周围都是稻田，附近有水塘一座。土墩遭破坏比较严重，现状大致呈不规则长方形，长88米，宽41米，残存高度0.5米，堆积厚度1.7米。

D5位于尤家弄村南面农田内。土墩现状为长方形覆斗状，长24米，宽18米，距离地表0.6米，堆积厚度最大2.4米。

D6位于尤家弄村东南角，D4的东侧，周围为稻田和水塘。土墩遭破坏严重，早期平整土地期间被推平，现在略高于地表，上面生长树木和杂草，现存长23米，宽19米，堆积厚度1米。

D7 位于尤家弄村东南角，在 D4 和 D6 之间。土墩现状为不规整长方形覆斗状，长 20 米，宽 18 米，距离地表 1.6 米，堆积厚度最大 2.5 米。

D8 位于尤家弄东南角，D7 的南面。土墩现状为不规整长方形，长 37 米，宽 14 米，距离地表 0.5 米，堆积厚度最深 1.4 米。

D9 位于尤家弄西南，附近有一小水塘。土墩现状为不规整长方形，一条现代沟从中间穿过。土墩长 76 米，宽 60 米，距离地表 0.8 米，堆积厚度最大 2.5 米。

D10 位于尤家弄东南角，因平整土地基本与地表相平，上面种植香樟树，残长 23 米，宽 15 米，堆积厚度 1.5 米。

D11 位于尤家弄西南角，北邻 D9，南面有一条小河。土墩现状为不规整长方形，长 34 米，宽 18 米，高出地表 1.3 米，堆积厚度 2 米，探孔碰到石板墓。

D12 位于尤家弄西南角，东南靠近 D11，东北靠 D9。土墩现状呈工字形，长 56 米，宽 41 米，距离地表 0.5 米，堆积厚度 1.8 米，探孔中发现墓砖。

D13 位于尤家弄村南面，东临 D11，北邻 D12。土墩基本与地表相平，大致呈方形，长 38 米，宽 36 米，堆积厚度 0.6 米。

D14 位于尤家弄南面，东南角与 D12 相邻。土墩现状为不规整长方形，顶平呈覆斗状，长 44 米，宽 23 米，距离地表 1.5 米，堆积厚度近 2 米，探孔发现石板。

D15 位于尤家弄村西南角，东西两面有河流经过。土墩为长方形覆斗状，长 57 米，宽 40 米，距离地表 1.6 米，堆积厚度 2.2 米。

D16 位于尤家弄西南，在 D15 的南面。土墩现状为不规整长方形，长 43 米，宽 21 米，距离地表 1.6 米，堆积厚度最大处有 3.2 米。

D17 位于尤家弄西南，东临 D15 和 D16，土墩遭破坏严重，现状大致呈刀把形，长 88 米，宽 46 米，距离地表 1.1 米，堆积厚度 1.5 米，探孔中发现硬陶片。

D18 位于尤家弄西南，南邻 D16，基本与地表相平，长 15 米，宽 8 米，堆积厚度 1.5 米。

D19 位于顾更上村西。土墩现状近方形，长 35 米，宽 32 米，距地表 0.6 ~ 1.3 米，堆积厚度 1.7 米。

D20 位于顾更上村西，东临 D19，西、南两面都有河流。土墩基本近方形，边长 38 米，距离地表 1 米，堆积厚度 1.8 米。

D21 位于顾更上西，东临 D20。土墩现状为刀把形，北高南低，长 32 米，宽 27 米，距离地表 1.5 米，堆积厚度 2.4 米，探孔发现墓砖。

D22 位于顾更上西。东临 D21。土墩现状为长方形覆斗状，长 35 米，宽 23 米，距离地表 0.5 米，堆积厚度 2 米。

D23 位于袁更上西。土墩现状为刀把形，中间高，四周低，长 36 米，宽 24 米，距离地表 0.5 ~ 1.2 米，堆积厚度最大 2 米。

D24 位于袁更上西，南邻 D23。土墩现状为狭长刀把形，长 36 米，宽 14 米，距离地表 0.6 米，堆积厚度 1.4 米。

D25 位于袁更上东，南面紧靠小河。土墩现状为狭长长方形，长 40 米，宽 18 米，距离地表 1.7 米，堆积厚度 2.7 米，探孔中发现砖室墓。

D26 位于袁更上东北，西面距离 D25 不远。土墩现状为不规则狭长长方形，顶部斜坡南高东低，长 55 米，宽 11 米，距离地表 1.7 米，堆积厚度最深 2.3 米。

D27 位于袁更上北，西邻 D26。土墩现状为不规整长方形，长 34 米，宽 22 米，距离地表 0.5 米，堆积厚度 1.2 米，探孔中发现墓。

D28 位于田里金家东南角，遭破坏严重，与地表相平，长 22 米，宽 17 米，堆积厚度 0.9 米。

D30 位于田里金家南，北邻 D29。土墩为不规整长方形，长 32 米，宽 28 米，距离地表 0.6 米，堆积厚度 2.5 米。

D31 位于田里金家南。土墩现状为刀把形，南窄北宽，长 35 米，宽 31 米，距地表 1.5 米，堆积厚度 3 米，探孔发现墓葬。

因西气东输路线调整，管道从 D7 中间穿过，因此考古人员对该土墩进行了抢救性考古发掘，共发掘墓葬 24 座（编号 D7M1—D7M24）（图三），出土各类文物 50 余件。锡贤路东延工程从 D19、D20 边缘穿过，考古人员对两个土墩进行了发掘，共清理墓葬 15 座，现将三个土墩的发掘情况报告如下：

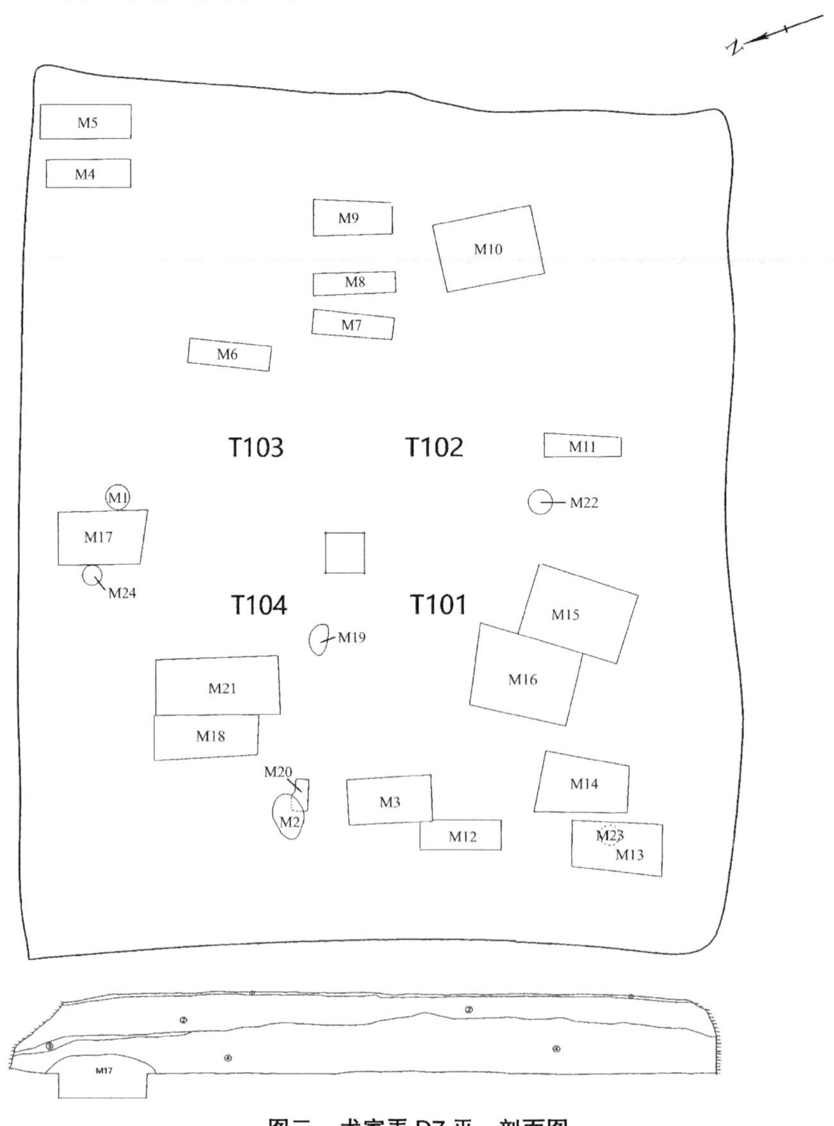

图三　尤家弄 D7 平、剖面图

二、D7 土墩堆积及遗物

尤家弄 D7 土墩平面呈弧角方形，覆斗状，底部边长 20 米，顶面边长 17 米，东南部分因耕种取土缺失。土墩北靠鸿山河支流，其他三面为农田所围，高出地表约 2 米。为了解土墩堆积和墓葬封土间关系，考古人员采取探方法发掘，以土墩中心为基点，布探方 4 个，现以土墩南北向剖面介绍 D7 内部堆积和墓葬分布情况。

第①层，表土，土色青灰，质松。

第②层，黄灰色，土质黏硬，出土大量的青花瓷、青瓷残片。堆积呈漫坡状，发掘墓葬 6 座。

第③层，土色浅灰，土质松散，含少许的青花瓷器残片。该堆积很薄，主要分布于土墩北部和西部，呈缓坡状。

第④层，土色黄灰，质较硬，出土有青花、青瓷、白瓷残片。器型多为碗、少许的盏和盘等。该层下清理发现环形状坟圈三处，发掘墓葬 18 座。

第⑤层为黄色沙性黏土，纯净，质硬，为生土层。

地层出土遗物标本多为瓷片，主要为青瓷和青花瓷，器型有碗、盘和盅等（图四），时代均为清代中晚期。

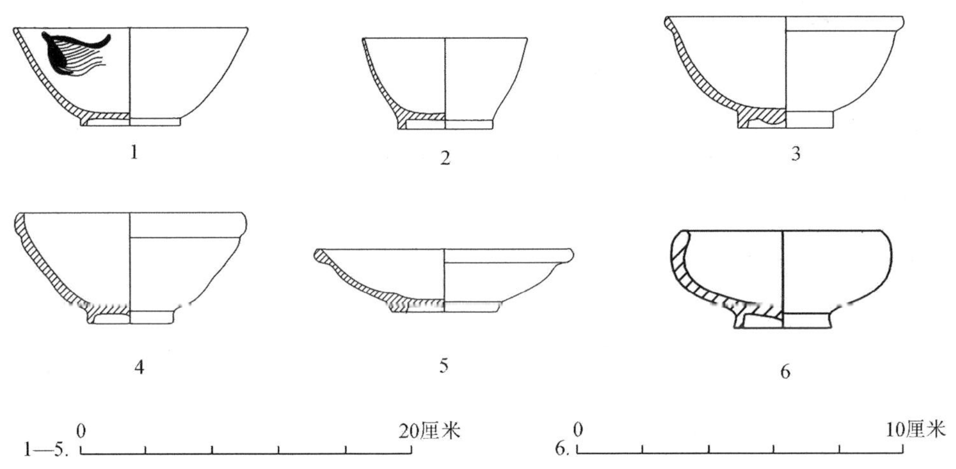

图四　尤家弄 D7 土墩地层内出土器物

1、2. 青花瓷碗（T101②：1、T101②：2）　3、4. 青瓷碗（T104④：1、T104④：4）
5. 青瓷碗（T102④：2）　6. 青瓷盅（T104④：3）

三、D7 墓葬形制及随葬器物

M1

（一）墓葬形制

M1 土坑平面形状呈圆形，直径 0.6、深 0.3 米，近直壁、平底。坑内置釉陶罐做寝具，破损严重，内填充些许碳化骨骼和青花瓷碗（图五）。

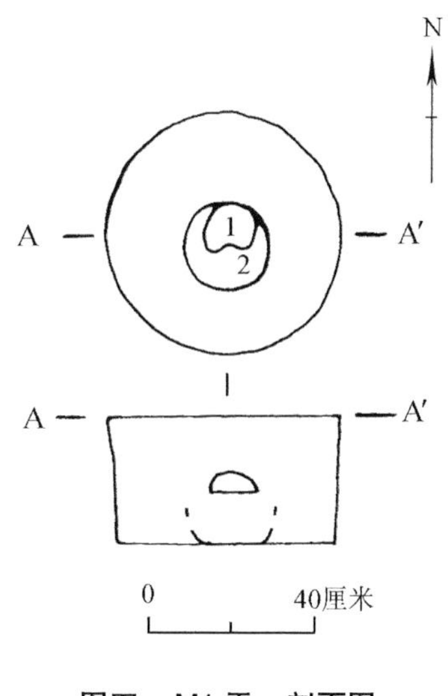

图五　M1平、剖面图

1. 青花瓷盘　2. 釉陶罐

（二）随葬器物

M1随葬器物2件，青花瓷盘和釉陶罐各1件。分述如下：

青花瓷盘1件。M1：1，泥质灰胎，釉不及器底。敞口，圆唇，敛腹，凹底，盘口内饰花瓣纹饰。通高2.8厘米，盘口内径11.9厘米，外径12.3厘米，底径3.4厘米（图六）。

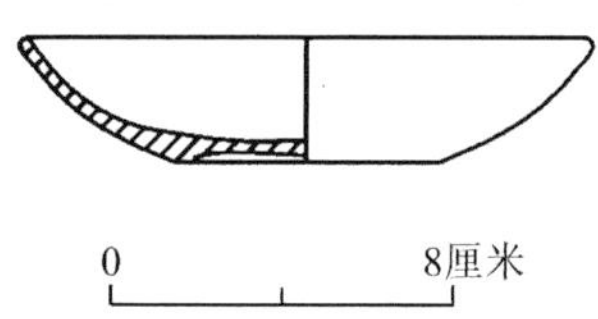

图六　M1出土随葬品

青花瓷盘（M1：1）

釉陶罐1件。M1：2，残，仅剩底部，无法修复。夹砂灰胎。器身施褐釉，釉不及底。器身上部残，形制不详，平底。底径13.6厘米。

M2

（一）墓葬形制

M2方向88°，土坑平面形状为椭圆形，东西径长1.24、南北径宽0.76、深0.8米，斜直壁、平底。釉陶罐葬具6件，口部用小砖和青花瓷碗遮盖，罐内填充骨骼（图七）。

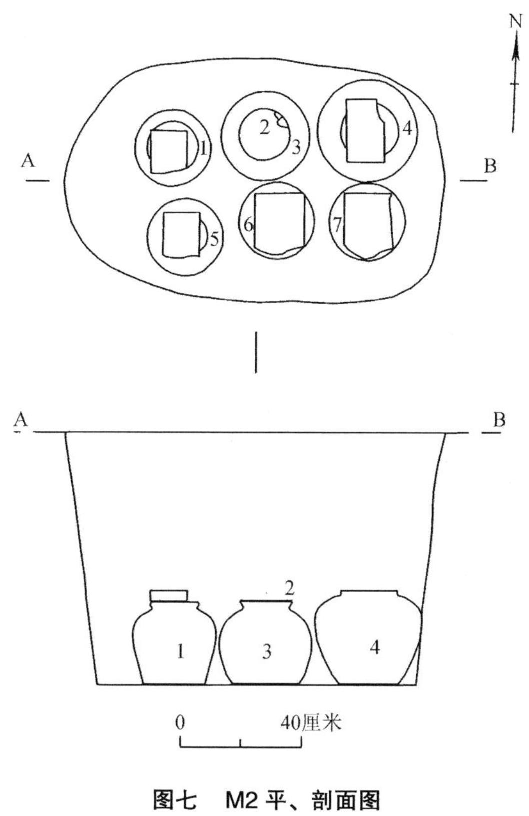

图七　M2 平、剖面图

1、3—7. 釉陶罐　2. 青花瓷碗

（二）随葬器物

M2 随葬器物 7 件，釉陶罐 6 件，青花瓷碗 1 件。分述如下：

釉陶罐 6 件。M2∶1，侈口，卷沿，尖唇，平弧肩，筒形腹，平底。腹中部饰凹弦纹圈带两周。器施黄釉。口径 15.6、底径 25、通高 26 厘米（图八：1）。M2∶3，侈口，卷沿，圆唇，折弧肩，筒形腹，平底。上腹部饰不规则麻点纹，中腹部饰凹弦纹圈带两周。器施酱釉。口径 15.4、底径 24、通高 26 厘米（图八：2）。M2∶4，侈口，卷沿，圆唇，折弧肩，筒形腹，平底。下腹部饰凹弦纹圈带一周。器施黄釉。口径 16、底径 28、通高 30 厘米（图八：3）。M2∶5，敞口，卷沿，圆唇，溜肩，上直腹，下斜弧，平底。上腹饰弦纹，呈瓜棱状，下腹饰凸弦纹圈带一周。器施酱黄釉。口径 13、底径 23、通高 24 厘米（图八：4）。M2∶6，敞口，卷沿，尖唇，溜肩，近筒形腹，平底。上腹饰弦纹，呈瓜棱状。器施酱釉。口径 13、底径 23、通高 26 厘米（图八：5）。M2∶7，侈口，卷沿，圆唇，折弧肩，筒形腹，上腹饰弦纹，呈瓜棱状。器施酱釉。口径 13、底径 22、通高 27 厘米（图八：6）。

青花瓷碗 1 件。M2∶2，敞口，卷弧沿，尖唇，深弧腹，圈足。内外挂蓝彩，饰花卉纹。口径 14.6、底径 6.2、高 7.2 厘米（图八：7）。

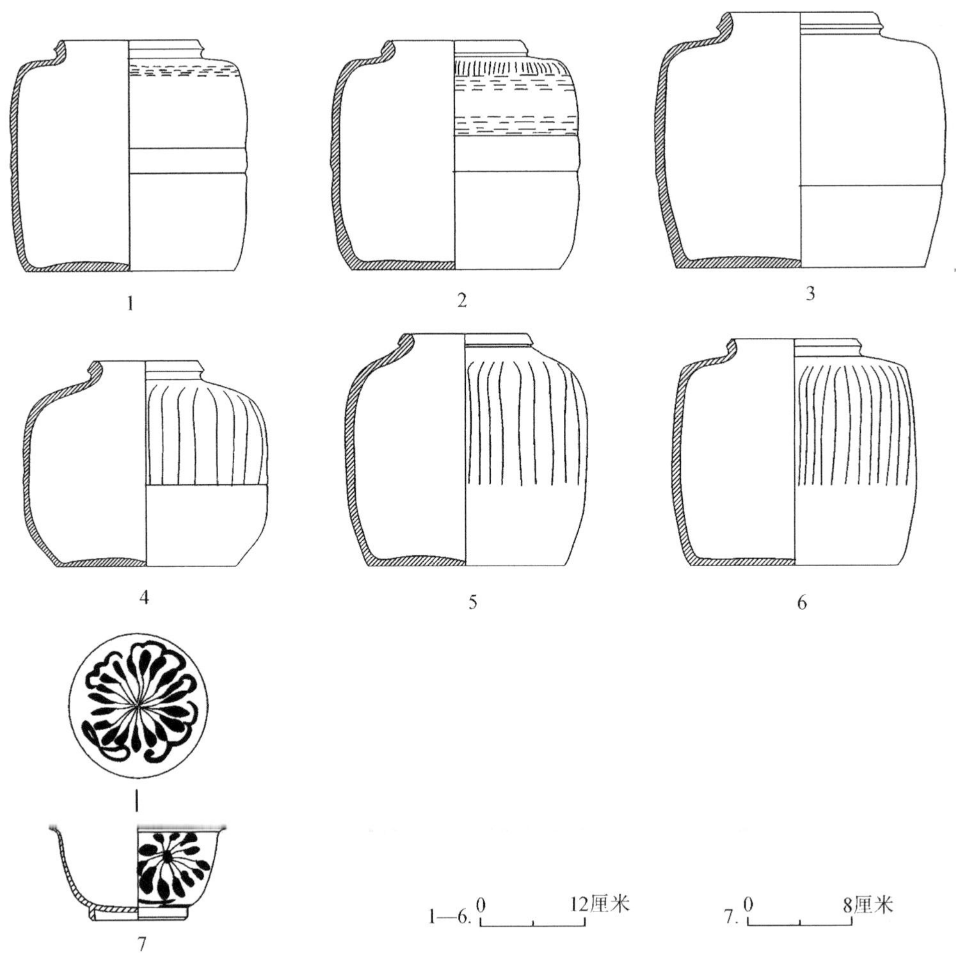

图八　M2 出土随葬品

1—6. 釉陶罐（M2：1、M2：3、M2：4、M2：5、M2：6、M2：7）　7. 青花瓷碗（M2：2）

M3

（一）墓葬形制

M3 方向 350°，墓室平面呈梯形，南北向，长 2.1、宽 1.16 ~ 1.2、深 0.6 米，近直壁、平底。室底双棺，仅存朽痕。东棺长 1.9、宽 0.34 ~ 0.48 米，北部置枕瓦，内残留少许骨骼，随葬铜钱 3 枚。西棺长 1.76、宽 0.36 ~ 0.42 米，北部置枕瓦，随葬铜钱 2 枚（图九）。

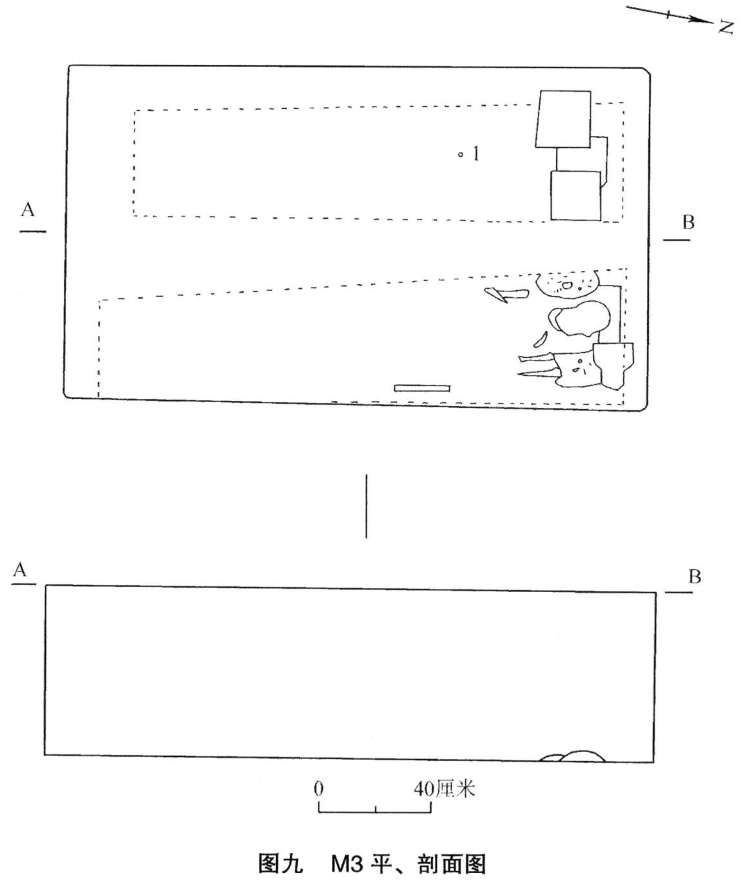

图九　M3 平、剖面图

1. 铜钱

（二）随葬器物

铜钱 1 枚。M3：1，出土于西棺中部略北。康熙通宝，方孔，钱径 2.4、穿孔 0.5 厘米（图十）。

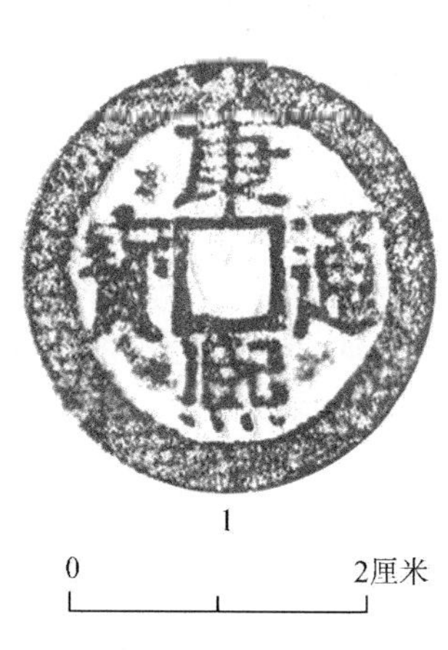

图十　M3 出土随葬品

铜钱（M3：1）

M4

（一）墓葬形制

M4 方向 10° ，南北向，墓室呈梯形，长 2、宽 0.6~0.72、深 1.12 米，直壁、平底。底部残存木质棺板。墓室北壁置壁龛，椭圆形，宽 0.42、进深 0.24、高 0.24 米，内随葬釉陶罐和青花瓷碗各 1 件（图十一）。

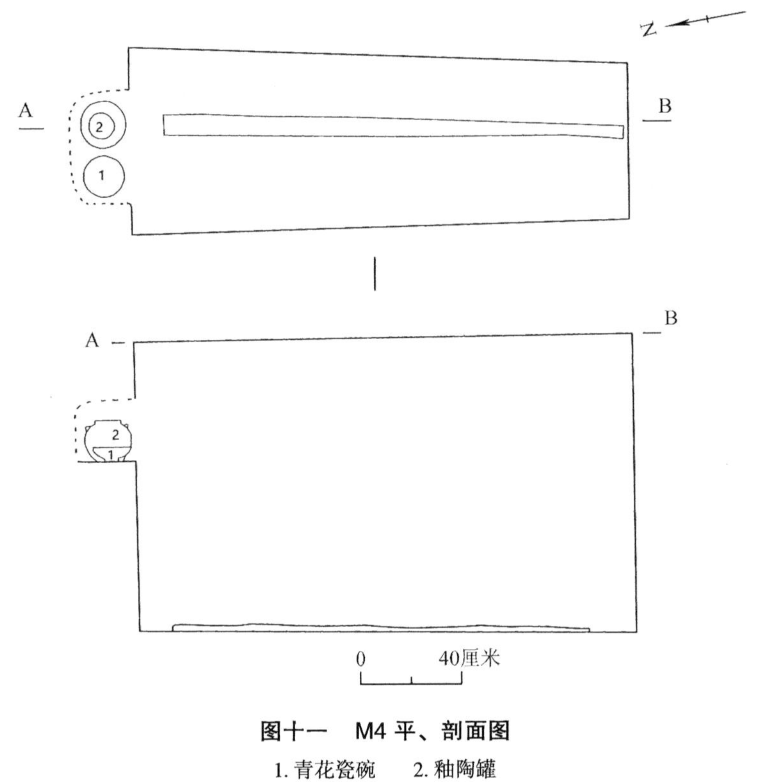

图十一　M4 平、剖面图

1. 青花瓷碗　2. 釉陶罐

（二）随葬器物

M4 随葬器物 2 件，釉陶罐和青花瓷碗各 1 件。分述如下：

釉陶罐。M4：2，敛口，圆弧唇，折弧肩，弧腹，平底中凹。肩部饰对称桥形耳两组。腹部饰凹陷纹两周，体施酱釉，大部剥落。口径 10.2、底径 7.6、通高 14 厘米（图十二：1）。

青花瓷碗。M4：1，敞口，卷弧沿，尖圆唇，斜弧腹，圈足。器施青釉，腹外挂蓝彩，饰大小不一卷云纹。口径 14.3、底径 5.6、高 5.1 厘米（图十二：2）。

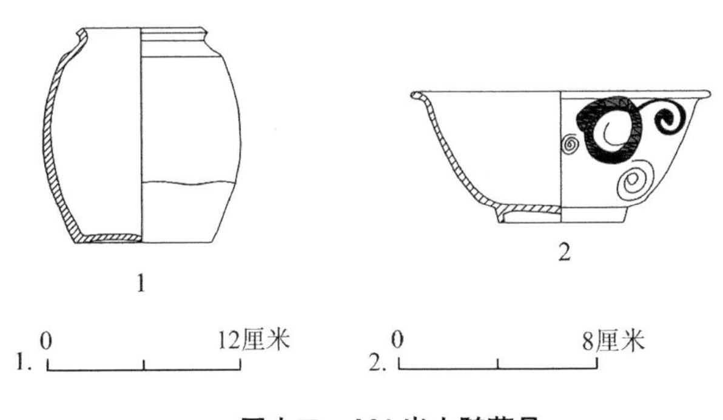

图十二　M4 出土随葬品

1. 釉陶罐（M4：2）　2. 青花瓷碗（M4：1）

M5

（一）墓葬形制

M5 方向 10° ，南北向，墓室平面呈梯形，长 2.32、宽 0.72~0.84、深 0.82 米。西壁置壁龛，椭圆形，宽 0.18、进深 0.12、高 0.16 米，内置青瓷碗 1 件。墓室底部发现棺残板，可确认葬具系木棺，长 1.92、宽 0.4~0.6 米，墓室西北角随葬釉陶罐 1 件（图十三）。

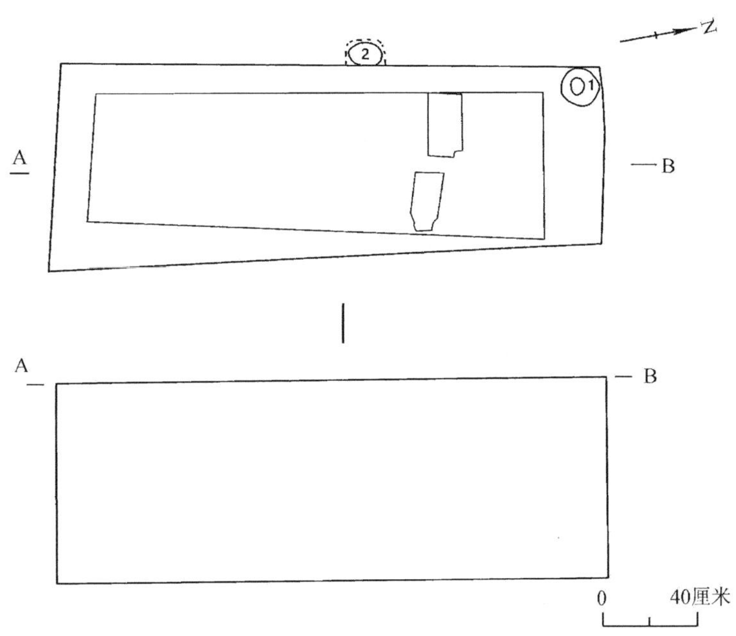

图十三　M5 平、剖面图

1. 釉陶罐　2. 青花瓷碗

（二）随葬器物

随葬器物 2 件。釉陶罐和青花瓷碗各 1 件。分述如下：

釉陶罐。M5：1，敞口，平弧沿，圆唇，矮弧颈，折弧肩，弧腹，底内凹。器施黑釉，釉不及底。口径 7.2、底径 10.4、通高 14 厘米（图十四：1）。

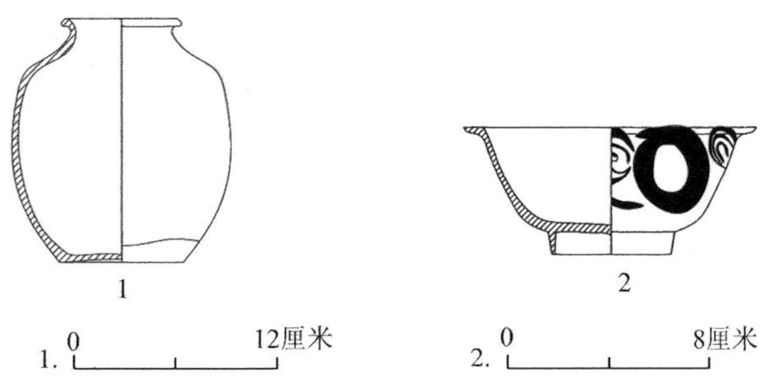

图十四　M5 出土随葬品

1. 釉陶罐（M5：1）　2. 青花瓷碗（M5：2）

青花瓷碗。M5：2，敞口，平弧沿，尖圆唇，斜弧腹，圈足。器施青釉，腹外挂蓝彩，饰大小不一卷云纹。口径 15、底径 5.6、高 4.7 厘米（图十四：2）。

M6

（一）墓葬形制

M6 单棺墓，方向 20°，带封土。封土形状呈椭圆形，南北径长 2.75 米。东西宽 2.35 米，高约 0.6 米。墓室为梯形竖穴土坑墓，南北向，长 1.9、宽 0.54~0.7、深 0.62 米。近直壁、平底。墓主头向北。室内残留木质棺板。墓室东北角随葬釉陶罐 1 件（图十五）。

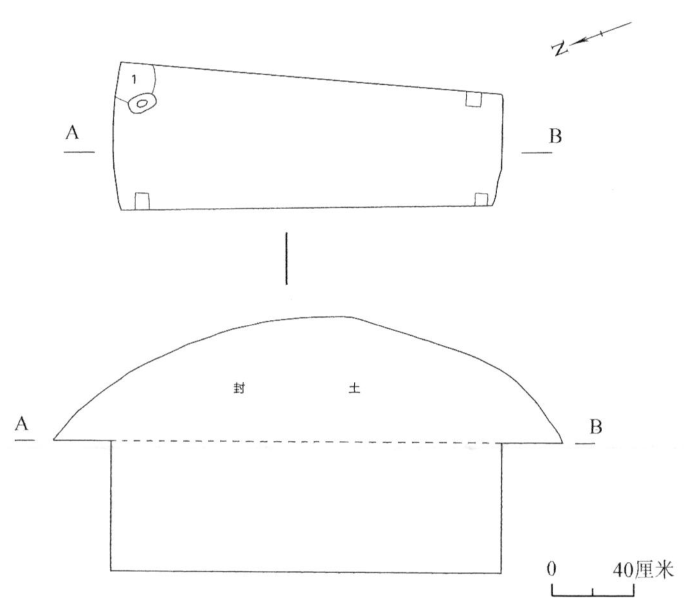

图十五　M6 平、剖面图

1. 釉陶罐

（二）随葬器物

釉陶罐 1 件。M6：1，侈口，平沿，圆唇，矮束颈，溜肩，弧腹，平底。腹部饰凸弦纹，器施酱釉，口径 3.5、底径 3.6、通高 14.7 厘米（图十六）。

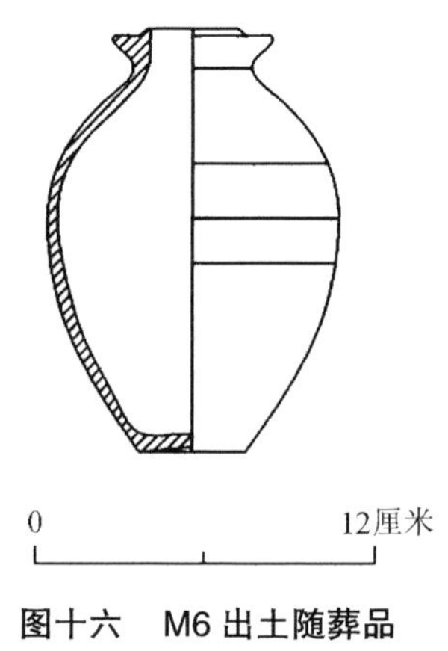

图十六　M6 出土随葬品

釉陶罐（M6：1）

M7

M7、M8、M9 三座墓位于同一个封土下面，封土近长方形，东西长约 4 米，南北宽 3.5 米，残高约 0.6 米，三座墓由西向东依次排列，均为竖穴土坑。

M7 方向 10°，南北向。墓室平面呈梯形，长 2.06、宽 0.5~0.64、深 0.9 米，直壁、平底。墓室底部清理出枕瓦，头居于北部，无随葬器物（图十七）。

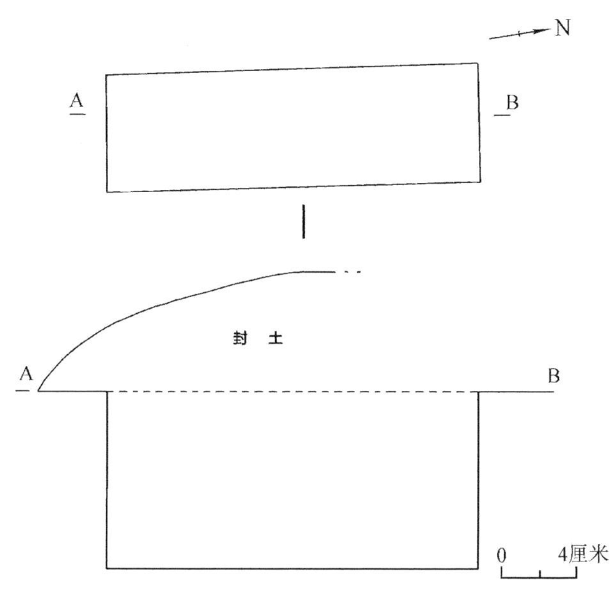

图十七　M7 平、剖面图

M8

（一）墓葬形制

M8 方向 5°，南北向。墓室平面呈长方形，长 2.14、宽 0.7、深 0.86 米。直壁、平底，墓底清理出葬具印痕，长 1.78、宽 0.36、残高 0.24 米。棺外随葬釉陶罐 1 件，棺底四角有小垫砖（图十八）。

（二）随葬器物

釉陶罐。M8：1，侈口，卷沿，尖唇，矮束颈，溜肩，斜弧腹，平底。器施黑釉，釉不及底，口径 5.7、底径 6.5、通高 13.1 厘米（图十九）。

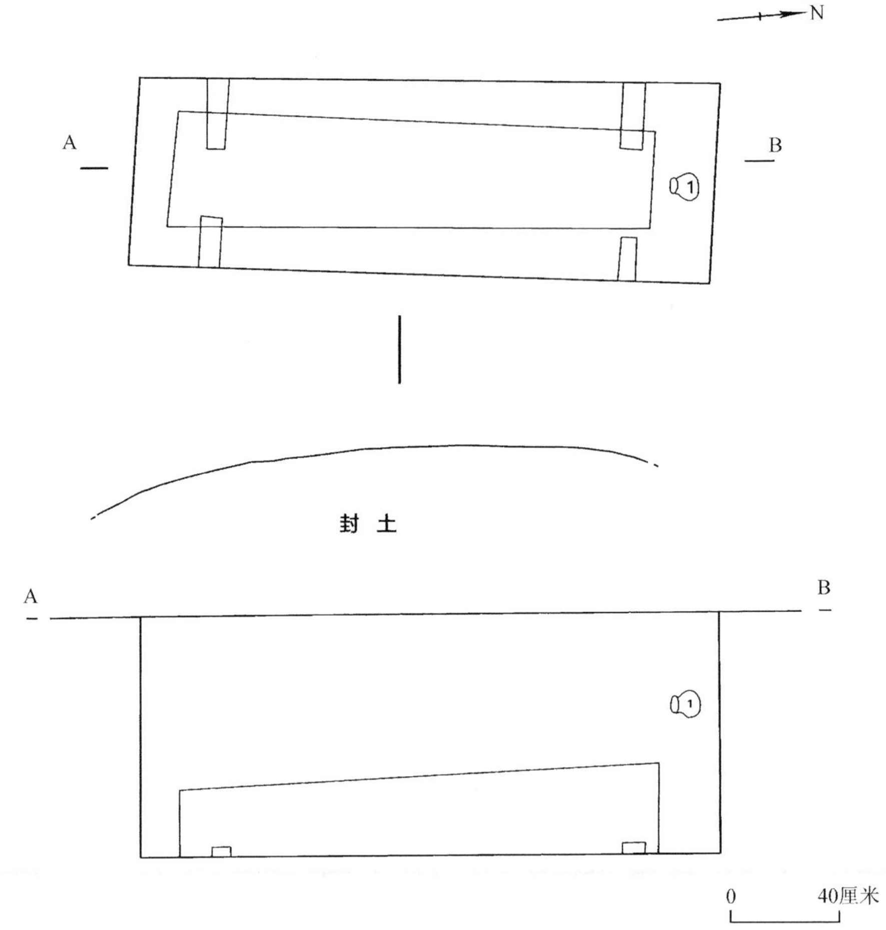

图十八 M8 平、剖面图

1. 釉陶罐

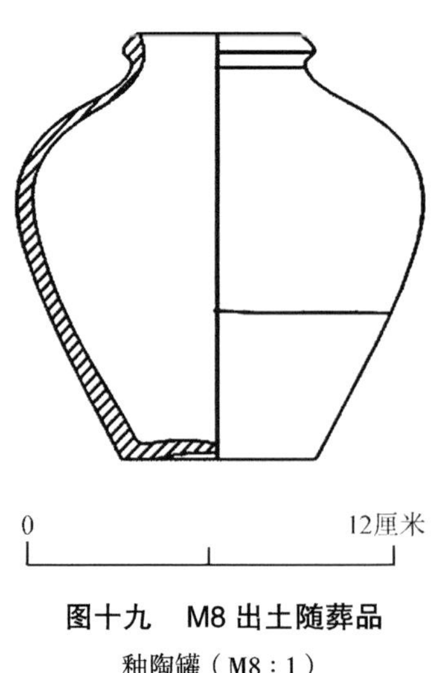

图十九 M8 出土随葬品

釉陶罐（M8：1）

M9

（一）墓葬形制

M9 方向 10°，墓室长 2.2、宽 0.74、深 0.78 米。墓圹北壁置壁龛，椭圆形，宽 0.24、进深 0.18、高 0.22 米。内随葬釉陶罐 1 件，罐内置白瓷碗 1 件。墓室近直壁、平底。室底发现棺板残留，可辨棺长 1.84、宽 0.4、残高 0.08 米，棺板底部四角垫小砖（图二十）。

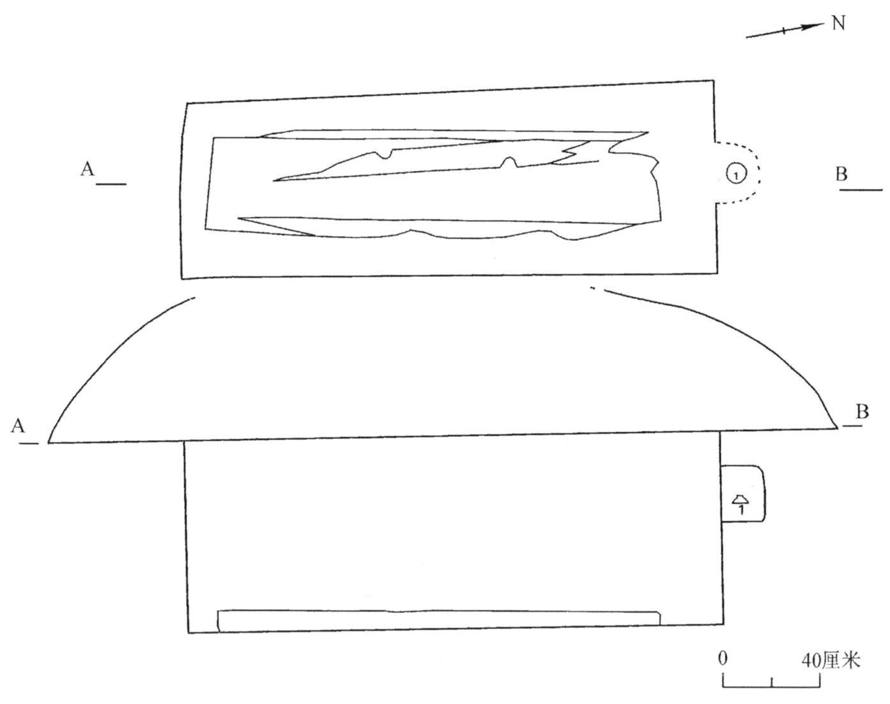

图二十　M9 平、剖面图

1. 白瓷盅

（二）随葬器物

M9 随葬器物 1 件。

白瓷盅。M9：1，敞口，尖唇，斜弧腹，圈足。器施白釉。口径 6.8、底径 2.4、高 1.9 厘米（图二十一）。

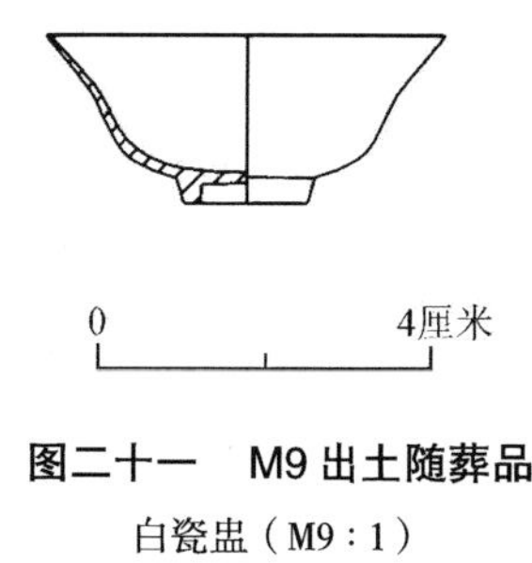

图二十一　M9 出土随葬品

白瓷盅（M9：1）

M10

（一）墓葬形制

M10 方向 355°，墓室平面近长方形，长 2.34、宽 1.6、深 1.34 米，近直壁、平底。东室呈梯形砖室结构，长 2.14、宽 0.72~0.82、高 0.6 米，顶用小砖砌券，大部分坍塌。内壁用单砖错缝平砌，北部置壁龛，内随葬釉陶壶 1 件，室底残余棺板和垫砖。西室土坑墓，平面近长方形，长 2.4、宽 0.48、高 0.36 米。北壁置壁龛，长方形，宽 0.18、进深 0.12、高 0.28 米。内随葬釉陶壶 1 件，室底残余有棺板（图二十二）。

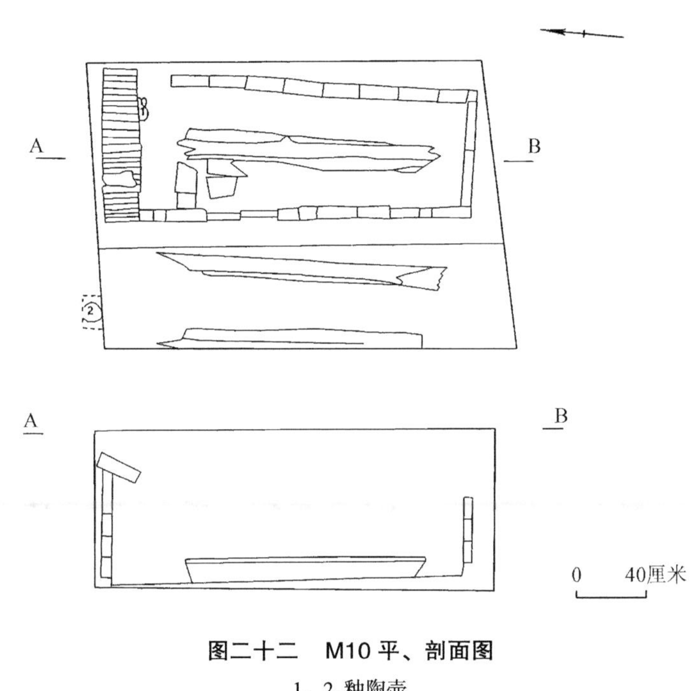

图二十二　M10 平、剖面图

1、2. 釉陶壶

（二）随葬器物

釉陶壶 2 件。M10：1，口部残，溜肩，弧腹，平底中凹。肩部置鋬手和流，均残。下腹刮削。器施黄釉。底径 7.4、残高 15.4 厘米（图二十三：1）。M10：2，侈口，卷弧沿，圆唇，束颈，溜肩，弧腹，平底中凹。肩部置流、鋬手，流残，下腹刮削。器施黄釉。口径 5.2、底径 6.4、通高 18.1 厘米（图二十三：2）。

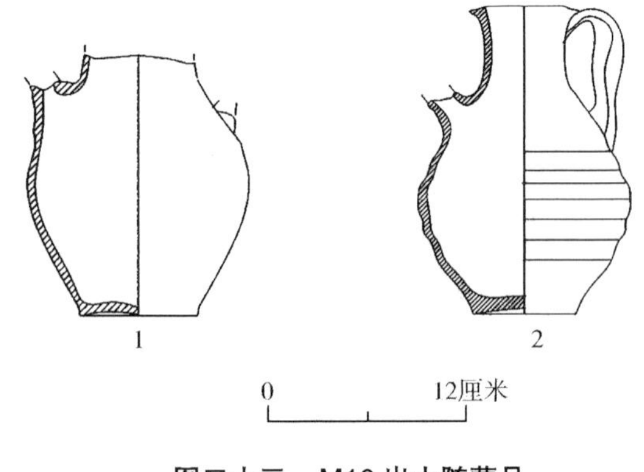

图二十三　M10 出土随葬品

1、2. 釉陶壶（M10：1、M10：2）

M11

M11 方向 10°，墓室平面呈梯形，南北向，长 2.06、宽 0.5~0.64、深 0.9 米，直壁、平底。墓室底部清理出枕瓦，头向朝北，葬具和尸骨腐朽（图二十四）。

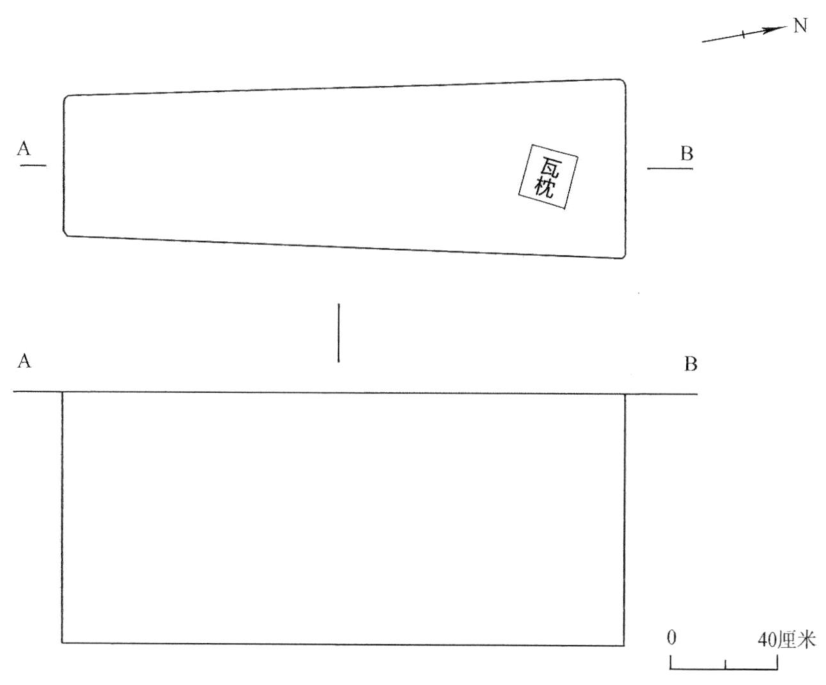

图二十四　M11 平、剖面图

M12

M12 方向 10°，墓室平面呈长方形，南北向，为竖穴土坑单棺墓，长 2.14、宽 0.74、深 0.88 米，近直壁、平底。墓室内置均不详（图二十五）。

M13

M13 方向 10°，墓室平面呈梯形，南北向，为竖穴土坑合葬墓，长 2 ~ 2.26、宽 1.18 ~ 1.46、深 0.56 米，近直壁、平底。填土呈浅黄色花土，土质黏硬。东棺室棺椁已朽，仅存痕迹，长 1.7、宽 0.46 米。北置枕瓦，内存骨骼少许，另发现棺钉等，无随葬品（图二十六）。

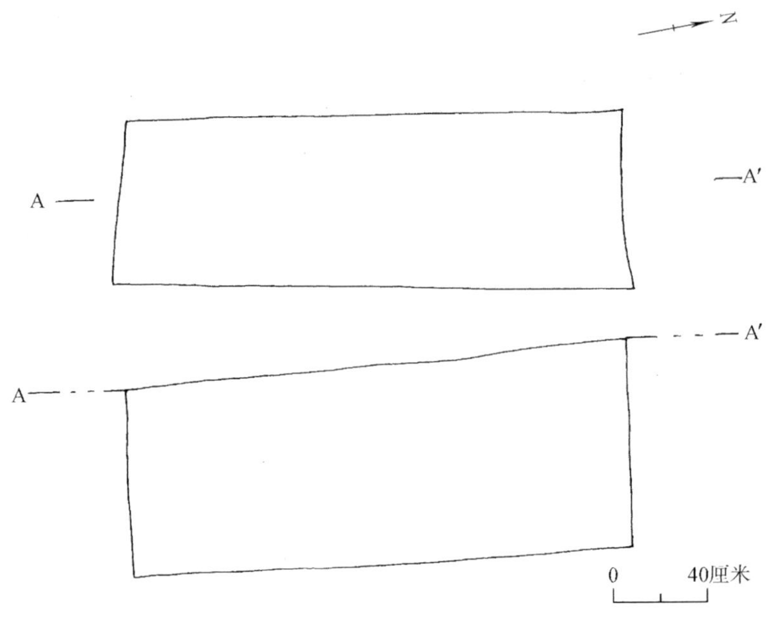

图二十五　M12 平、剖面图

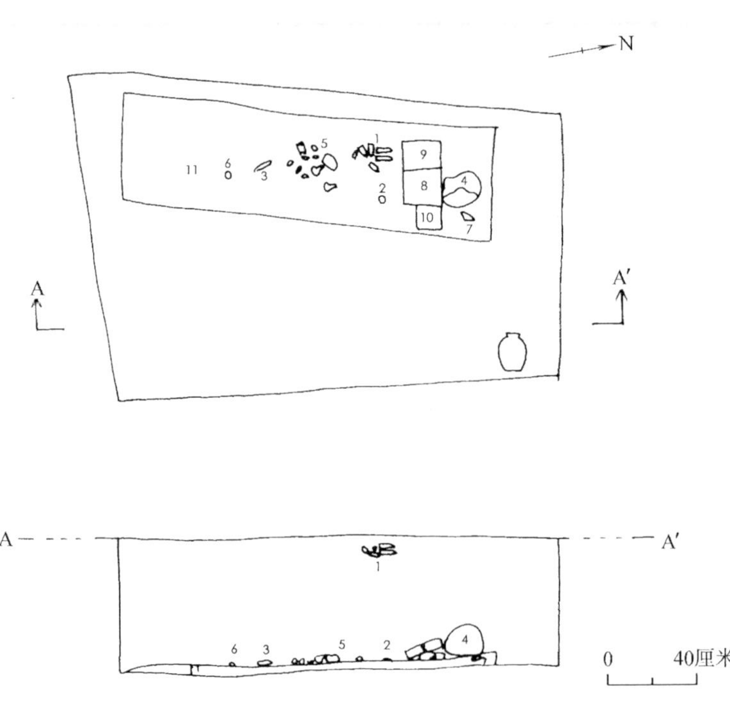

图二十六　M13 平、剖面图

1、2. 子弹　3. 棺钉　4. 头骨　5—7. 人骨　8—10. 枕瓦　11. 棺板灰层

M14

（一）墓葬形制

M14 方向 10°，南北向。封土椭圆形，长径 3.3、短径 2.5、高约 0.6 米，为双棺合葬墓。西南被 M13 打破，东部打破 M16。墓葬呈梯形，竖穴土坑合葬墓。墓室长 2.26、宽 1.16~1.42、深 0.76 米，直壁、平底。东室置棺，仅存朽痕，长 1.94、宽 0.54 米，骨架保存尚好，可辨头居于北部，葬式为仰身直肢。北部置头龛。内随葬釉陶罐 1 件。西室未发现棺痕，骨架仅存肢骨，头朝北，葬式为仰身直肢（图二十七）。

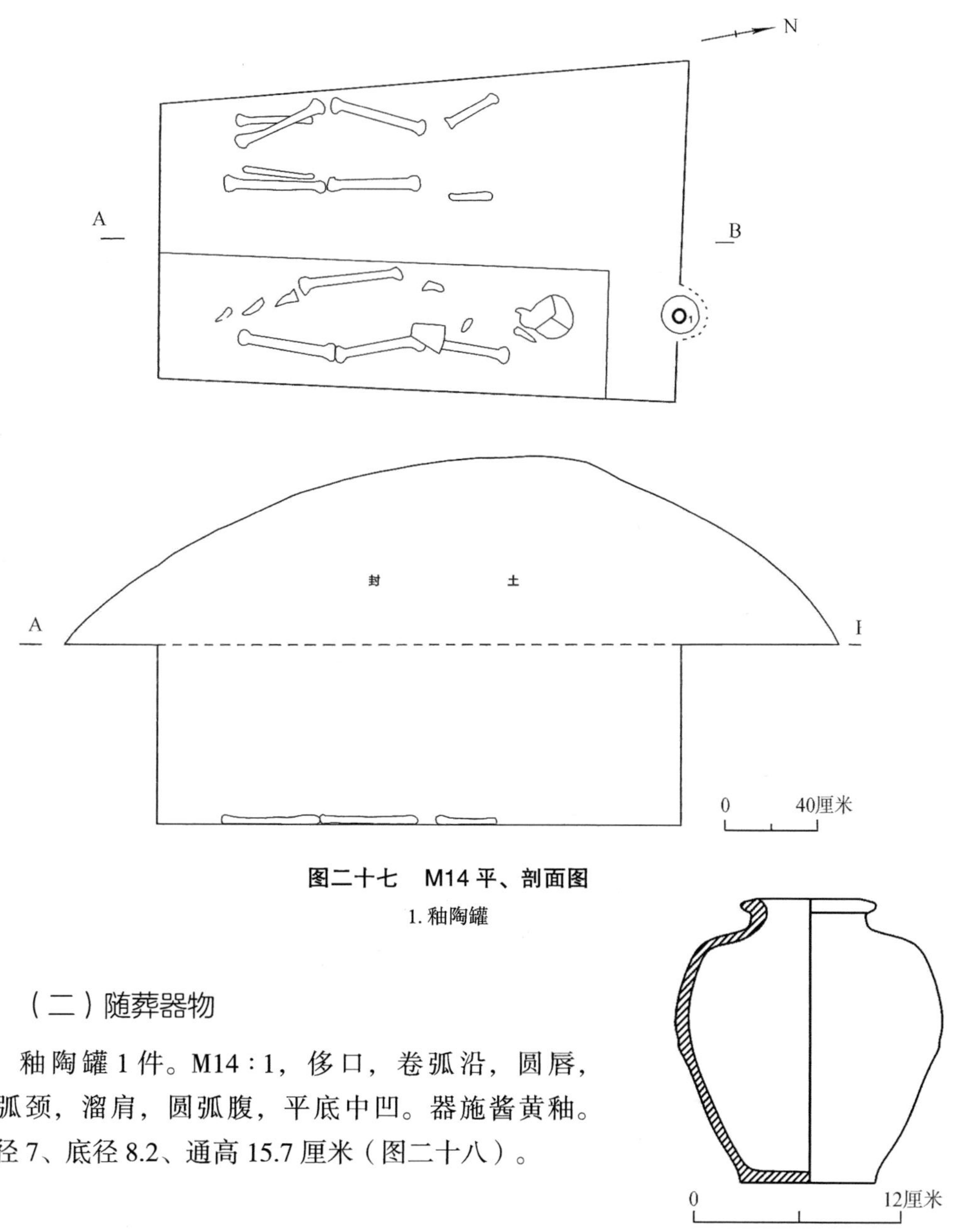

图二十七　M14 平、剖面图

1. 釉陶罐

（二）随葬器物

釉陶罐 1 件。M14：1，侈口，卷弧沿，圆唇，矮弧颈，溜肩，圆弧腹，平底中凹。器施酱黄釉。口径 7、底径 8.2、通高 15.7 厘米（图二十八）。

图二十八　M14 出土随葬品

釉陶罐（M14：1）

M15

（一）墓葬形制

M15方向20°，为土坑竖穴砖室合葬墓。封土椭圆形，长径3.6、短径2.5、高近0.6米。墓坑长2.3、宽1.8、深1.04米，竖穴状，平底。墓室分东西双室，顶用小砖券砌，呈拱形，室四壁用单砖错缝平砌，北部均置有头龛。东室长2.2、宽0.92、高0.54米，底清理出木棺板材，可辨棺长1.84、宽0.5米，头龛内随葬釉陶罐1件。西室长2.2、宽0.86米，底留木棺板材，确认棺长1.8、宽0.56米（图二十九）。

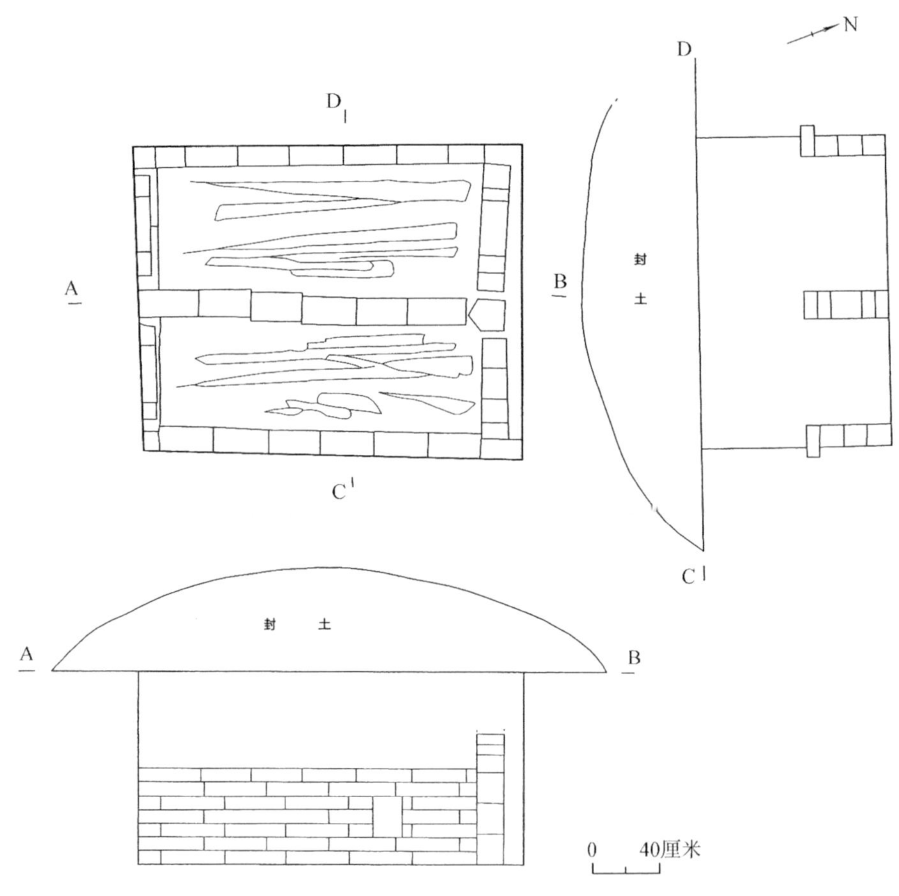

图二十九　M15平、剖面图

1. 釉陶罐

（二）随葬器物

釉陶罐1件。M15∶1，侈口，平弧沿，束颈，溜肩，斜弧腹，平底。器施酱黄釉。口径6.1、底径5.6、通高12.1厘米（图三十）。

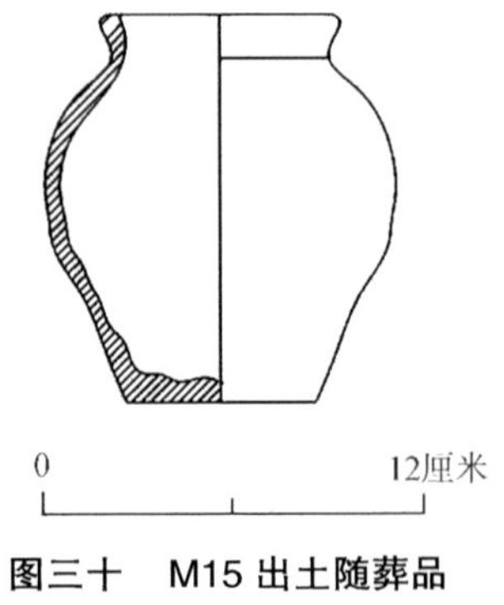

图三十　M15出土随葬品

釉陶罐（M15∶1）

M16

（一）墓葬形制

M16 方向 30°，椭圆形封土，长径 3.55、短径 2.75、高近 0.6 米。墓坑长 2.86、宽 1.72~2.16 米，竖穴状，平底。墓室分东西双室，顶用小砖砌券，呈拱形，室四壁用单砖错缝平砌，北部均置有头龛。东室长 2.3、宽 0.84、高 0.88 米，底清理出木棺板材，板材长 1.88、宽约 0.1 米，头龛内随葬釉陶壶 2 件。西室长 2.26、宽 0.88 米，底清理出木棺板材，板材长 1.86、宽 0.12 米（图三十一）。

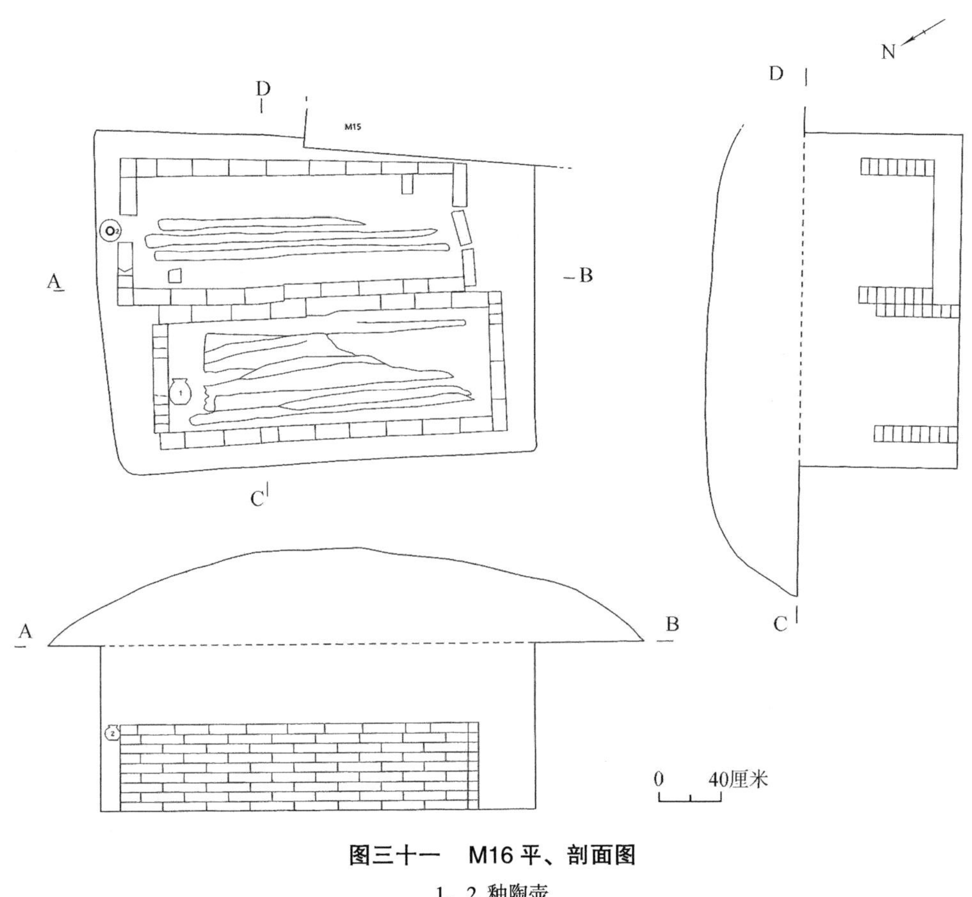

图三十一 M16 平、剖面图

1、2. 釉陶壶

（二）随葬器物

釉陶壶 2 件。M16∶1，立口，卷弧沿，喇叭颈，溜肩，圆弧腹，平底中凹。肩部置錾手和流，流残。器施酱釉。口径 6.8、底径 7.8、通高 17.4 厘米（图三十二：1）。M16∶2，侈口，卷弧沿，尖圆唇，喇叭颈，折弧肩，弧腹，平底中凹。器施黑釉。口径 7.4、底径 8.9、通高 16.1 厘米（图三十二：2）。

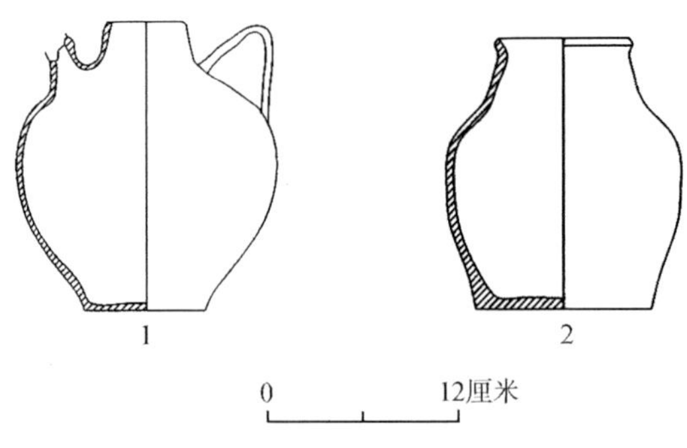

图三十二　M16 出土随葬品

1、2. 釉陶壶（M16：1、M16：2）

M17

（一）墓葬形制

M17 方向 340°，墓室平面呈梯形，长 2.08~2.32、宽 1.32~1.4、深 0.6 米，近直壁、平底。西北角随葬釉陶壶 1 件，室底置双棺，仅存朽痕。东棺长 1.6、宽 0.42 米，可辨头居于北部，残留肢骨少许。西棺长 1.58、宽 0.48 米，头居于北部，残留肢骨少许（图三十三）。

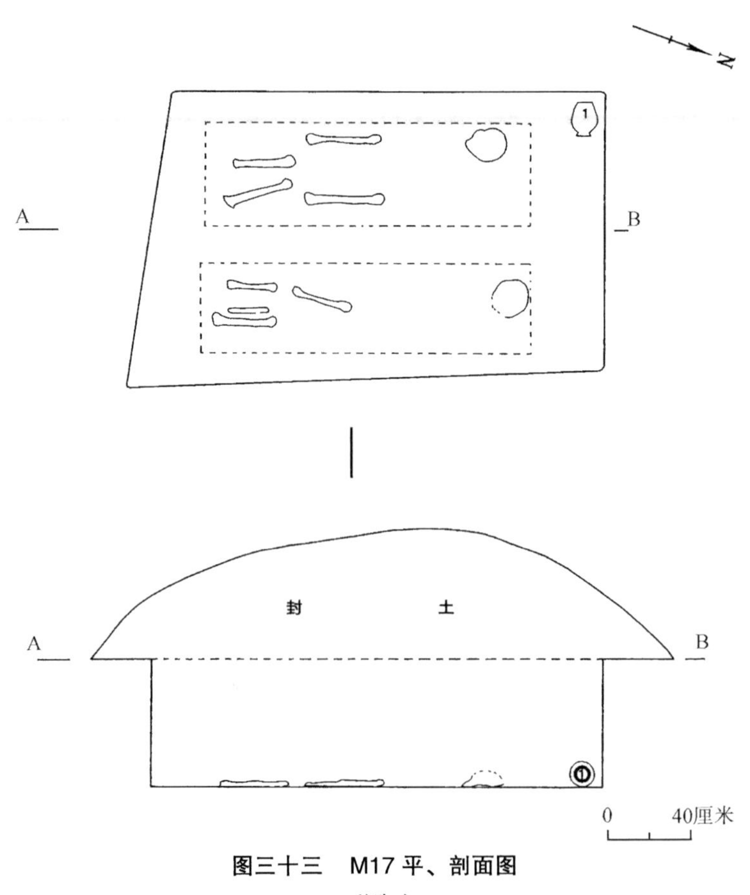

图三十三　M17 平、剖面图

1. 釉陶壶

（二）随葬器物

釉陶壶 1 件。M17：1，侈口，卷弧沿，尖唇，喇叭颈，折弧肩，斜弧腹，平底。器施黄釉。口径 6.8、底径 5.6、通高 13.7 厘米（图三十四）。

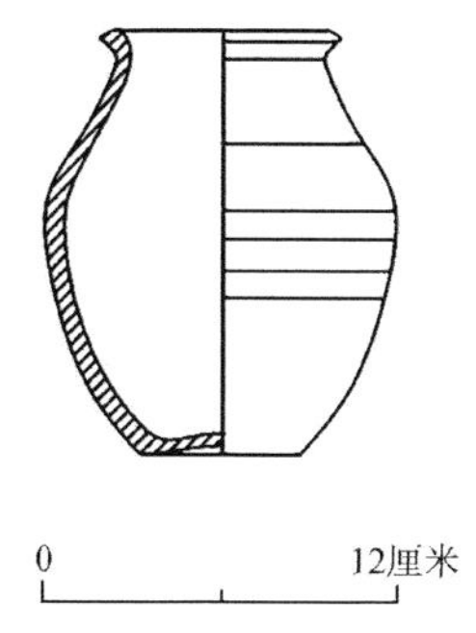

图三十四　M17 出土随葬品

釉陶壶（M17：1）

M18

M18、M21 位于同一个封土下面。

M18 方向 330°，南北向，平面形状梯形，长 2.12~2.2、宽 1.3、深 0.92 米，近直壁、平底。室内未发现随葬器物（图三十五）。

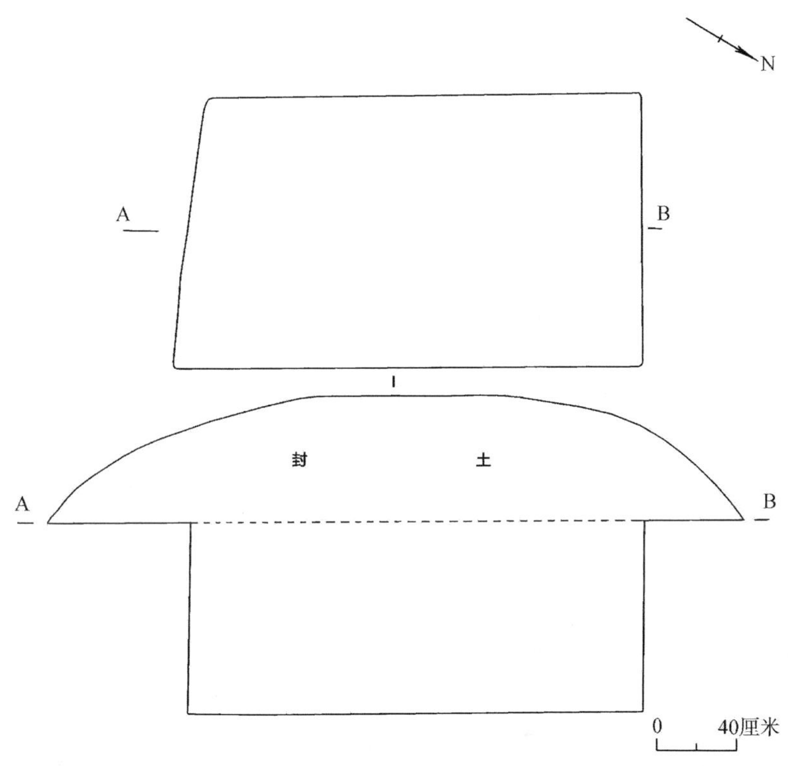

图三十五　M18 平、剖面图

M19

（一）墓葬形制

M19 方向 85°，封土椭圆形，东西径长 1.55 米，南北宽 1.25 米，高近 0.6 米。墓坑平面形状近椭圆形，径长 0.75、宽 0.45 米。砖室为双室，均圆形，口用单砖和石块封堵，室用小砖立砌，中置釉陶罐做主葬具，内填充大量骨骼，东室有附属葬具青瓷碗（图三十六）。

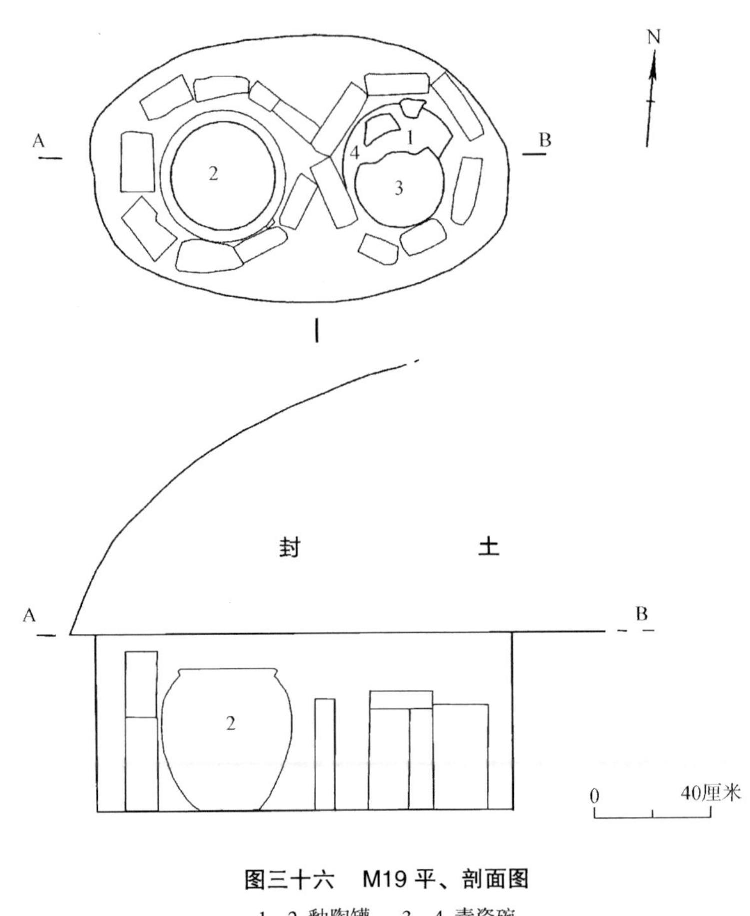

图三十六　M19平、剖面图

1、2. 釉陶罐　3、4. 青瓷碗

（二）随葬器物

随葬品4件，釉陶罐和青瓷碗各2件。分述如下：

釉陶罐。M19∶1，敞口，卷沿，矮弧颈，广圆肩，鼓腹，平底中凹。腹部饰凹弦纹数周。器施黄釉。口径9.4、底径9.4、通高19.2厘米（图三十七：1）。M19∶2，敞口，卷弧沿，溜肩，弧腹，平底。肩部饰对称两组桥形耳。器施黄釉。口径16.6、底径9.2、通高24.9厘米（图三十七：2）。

青瓷碗。M19∶3，敞口，卷弧沿，弧腹，圈足。器施青釉。口径14.9、底径4、高7.3厘米（图三十七：3）。M19∶4，敞口，卷弧沿，弧腹，圈足。器施青釉。口径14.6、底径4.4、高6.6厘米（图三十七：4）。

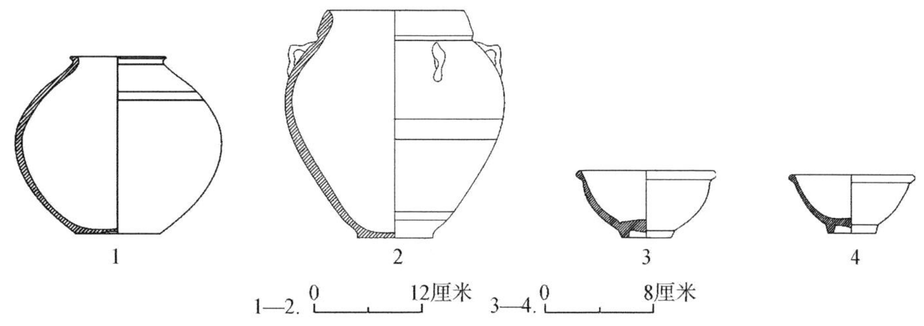

图三十七　M19 出土随葬品

1、2. 釉陶罐（M19：1、M19：2）　3、4. 青瓷碗（M19：3、M19：4）

M20

（一）墓葬形制

M20 方向 100°，封土圆形，直径约 1.55 米，高 0.6 米。墓室平面形状呈“凸”字形，分双室。东室呈方形，边长 0.32 米，内置釉陶壶 1 件作葬具，内置骨骼，罐口盖青瓷碗，东北角随葬釉陶罐 1 件。西室呈弧角方形，边长 0.48 米，内用单砖砌筑，呈圆形，内置带盖釉陶罐做葬具，罐内填充骨骼及随葬的 1 件青瓷碗，其西南随葬釉陶罐 1 件（图三十八）。

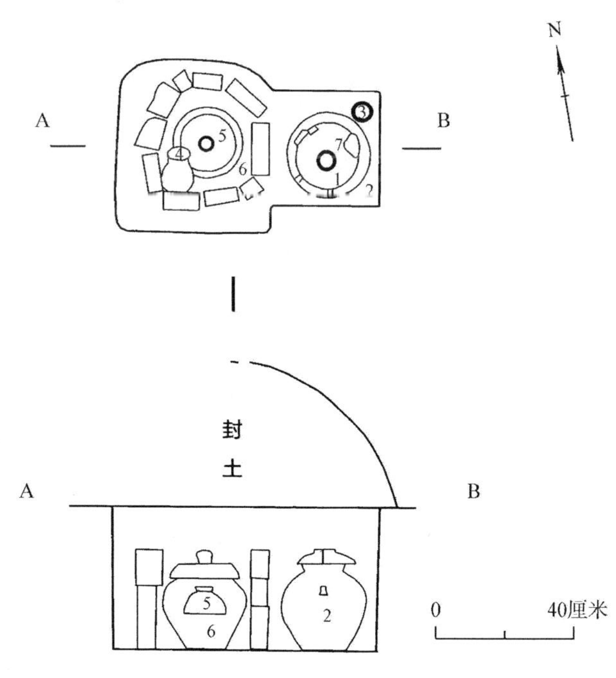

图三十八　M20 平、剖面图

1、5、7. 青瓷碗　2. 釉陶壶　3、4、6. 釉陶罐

（二）随葬器物

随葬器物7件，主要为釉陶壶、釉陶罐、青瓷碗。分述如下：

釉陶壶1件。M20∶2，敞口，卷弧沿，圆唇，矮弧颈，广肩，鼓腹，平底。肩部置对称桥形耳、錾手和流。器施酱黄釉。口径11.5、底径14、通高21.8厘米（图三十九：1）。

釉陶罐3件。M20∶6，带盖，盖呈覆钵状，平顶，圆形抓钮，斜弧壁，器敛口，圆弧唇，溜肩，弧腹，平底。肩腹处贴条一周。器施酱黄釉。口径16.7、底径15、通高29厘米（图三十九：2）。M20∶3，子母口，平沿，尖唇，矮弧颈，溜肩，弧腹，平底。腹部刮削。器施酱黄釉，剥落严重。口径3.6、底径5.4、通高15.6厘米（图三十九：3）。M20∶4，侈口，平弧沿，矮弧颈，溜肩，弧腹，平底。腹部刮削。器施酱黄釉，剥落严重。口径3.2、底径5.3、通高18.2厘米（图三十九：4）。

青瓷碗3件。M20∶1，敞口，卷弧沿，尖唇，弧腹，圈足。器施青釉。口径14.8、底径5、高6.3厘米（图三十九：5）。M20 ∶5，敞口，卷弧沿，尖唇，弧腹，圈足。器施青釉。口径14.4、底径4.4、高7.2厘米（图三十九：6）。M20∶7，敞口，卷弧沿，尖唇，弧腹，圈足。器施青釉。口径15、底径4.2 、高6厘米（图三十九：7）。

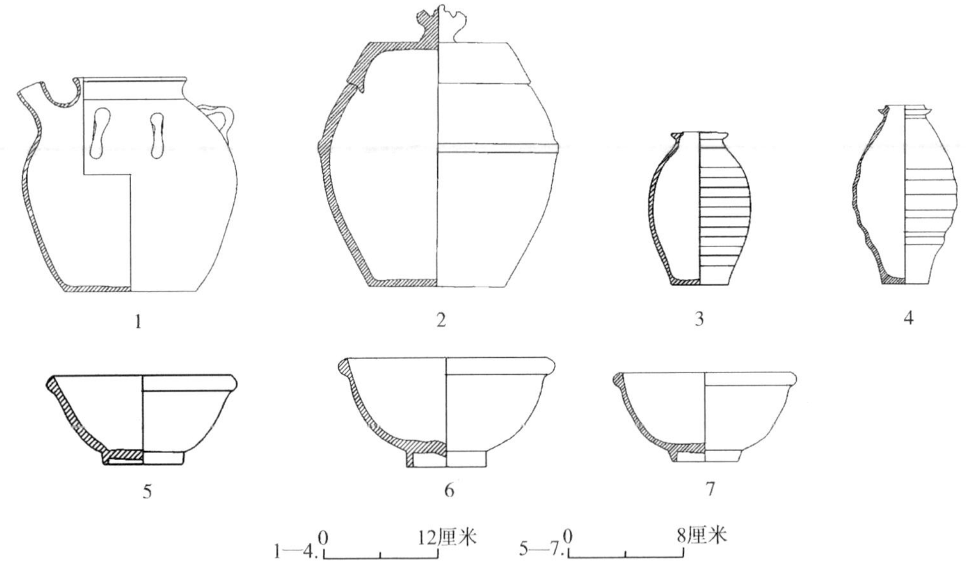

图三十九 M20出土随葬品

1. 釉陶壶（M20∶2） 2—4. 釉陶罐（M20∶6、M20∶3、M20∶4）
5—7. 青瓷碗（M20∶1、M20∶5、M20∶7）

M21

（一）墓葬形制

M21 方向350°，平面形状近长方形，长2.7、宽1.42、深1.82米，近直壁、平底。砖室顶坍塌，墓室四壁用单砖错缝砌筑，北部置头龛，内随葬釉陶灯 1 件，东壁设壁龛，室底可辨葬具为木棺，长 2、宽 0.6 米（图四十）。

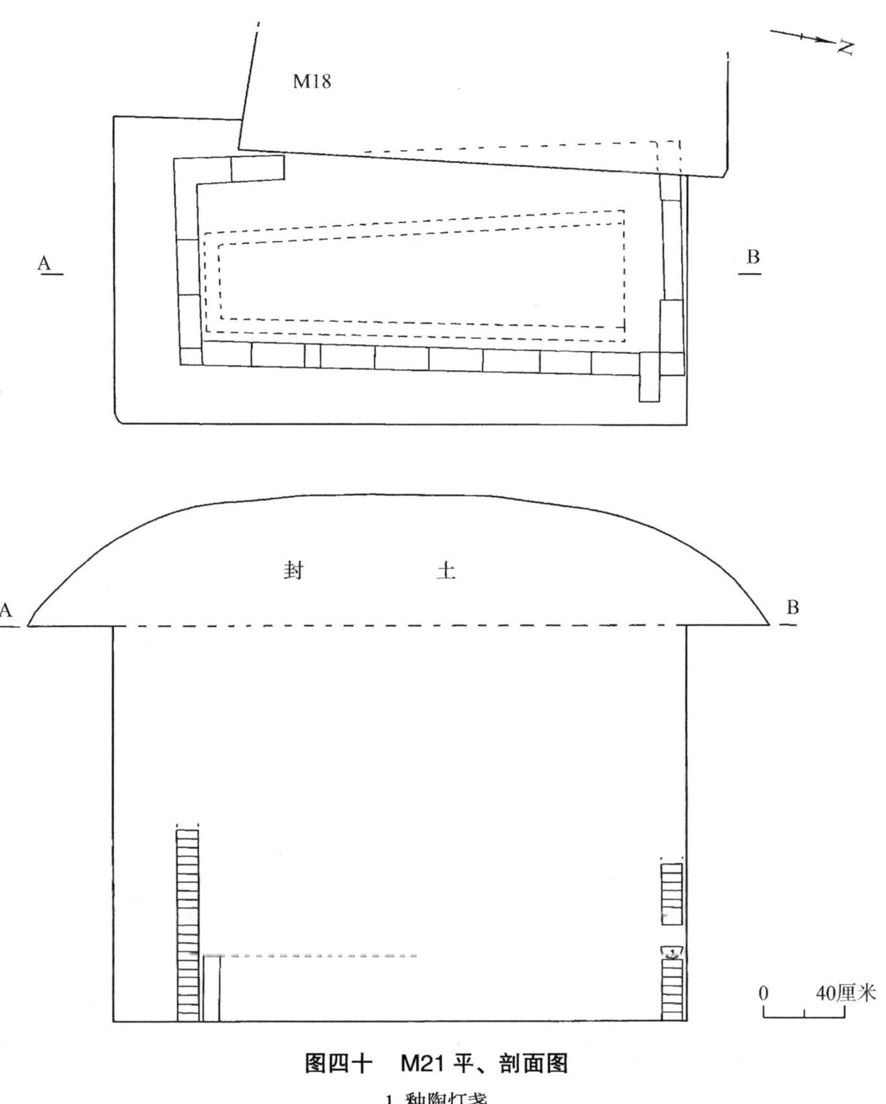

图四十　M21 平、剖面图

1. 釉陶灯盏

（二）随葬器物

釉陶灯盏 1 件。M21∶1，敞口，卷沿，弧腹，凹形顶。口径 9.4、高 3.6 厘米（图四十一）。

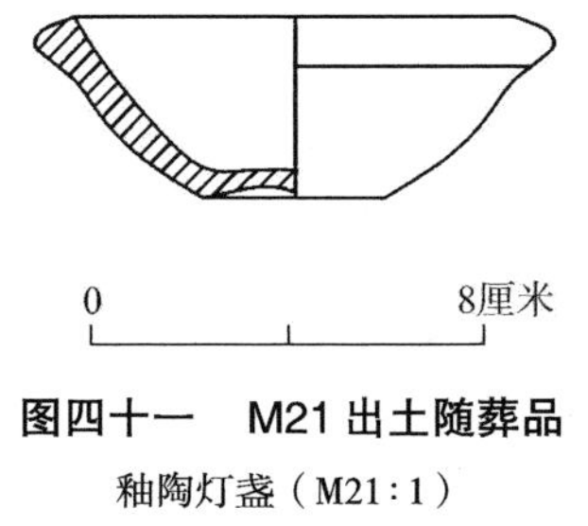

图四十一　M21 出土随葬品

釉陶灯盏（M21∶1）

M22

（一）墓葬形制

M22 土圹形状呈圆形，直径 0.6 米，直壁、平底。M22 为竖穴土坑瓮棺葬。内置釉陶罐作葬具，内填充些许骨骼，上部用青瓷碗遮盖（图四十二）。

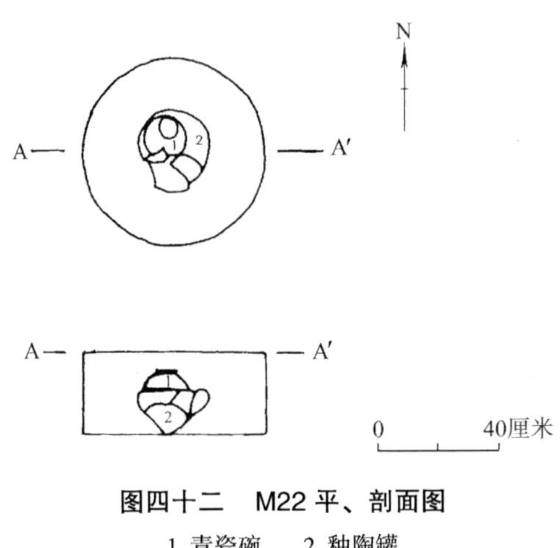

图四十二　M22 平、剖面图

1. 青瓷碗　2. 釉陶罐

（二）随葬器物

随葬品 2 件。釉陶罐、青瓷碗各 1 件。分述如下：

釉陶罐。M22：2，敛口，卷弧唇，溜肩，弧腹，平底。肩部饰对称桥形耳两组。器施酱黄釉。口径 12、底径 8、通高 20.4 厘米（图四十三：1）。

青瓷碗。M22：1，敞口，卷弧沿，圆唇，弧腹，圈足。器施青釉。口径 13.6、底 4、高 7 厘米（图四十三：2）。

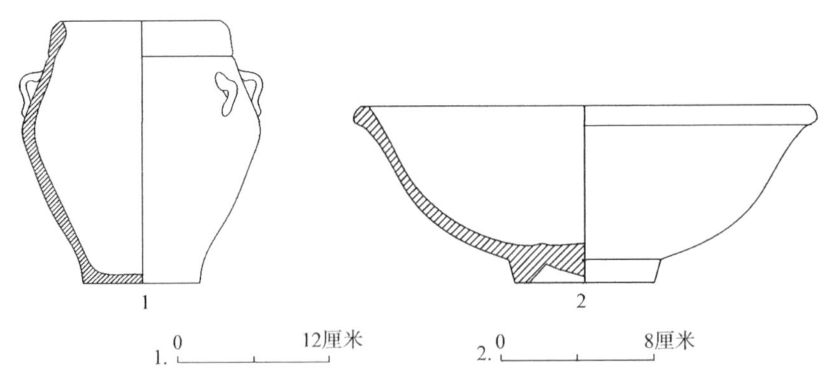

图四十三　M22 出土随葬品

1. 釉陶罐（M22：2）　2. 青瓷碗（M22：1）

M23

（一）墓葬形制

M23 墓坑圆形，口部被 M13 打破，于地表浅挖坑，直径约 0.5 米，用小砖贴坑壁立砌，残深 0.48 米。内置釉陶罐，罐内填充骨骼（图四十四）。

（二）随葬器物

釉陶罐 1 件。M23：1，敞口，圆弧沿，矮弧颈，贴肩，鼓腹，平底。器施黑釉，釉不及底。口径 10.4、底径 15.2、通高 24.6 厘米（图四十五）。

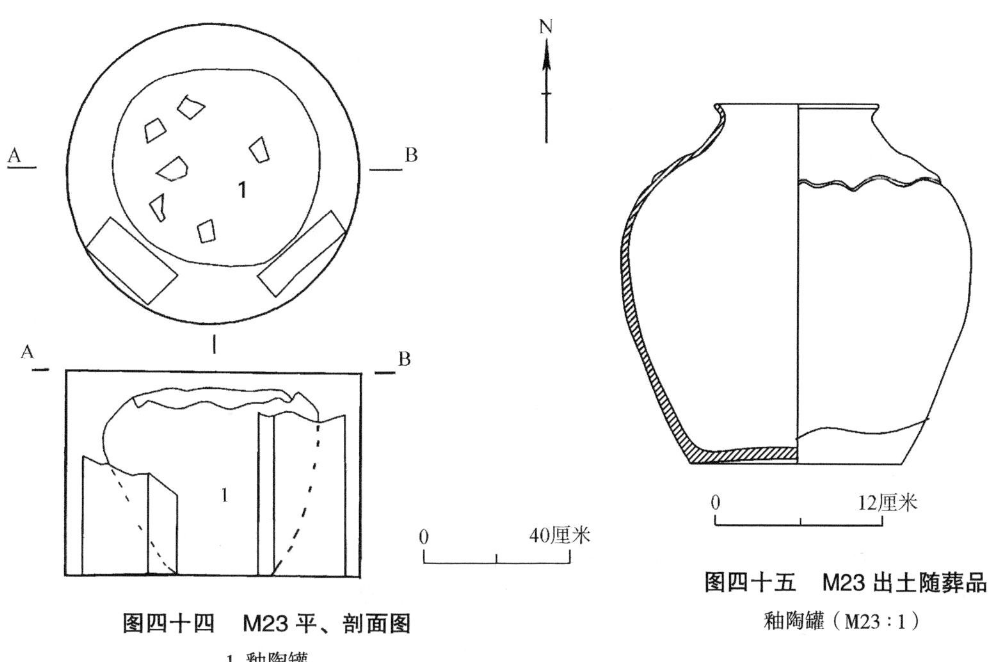

图四十四　M23 平、剖面图

1. 釉陶罐

图四十五　M23 出土随葬品

釉陶罐（M23：1）

M24

（一）墓葬形制

M24 墓坑圆形，直径约 0.6、深 0.24 米。内置葬具釉陶罐，罐内少许骨骼，口部用石板封堵，石板上倒置青瓷碗（图四十六）。

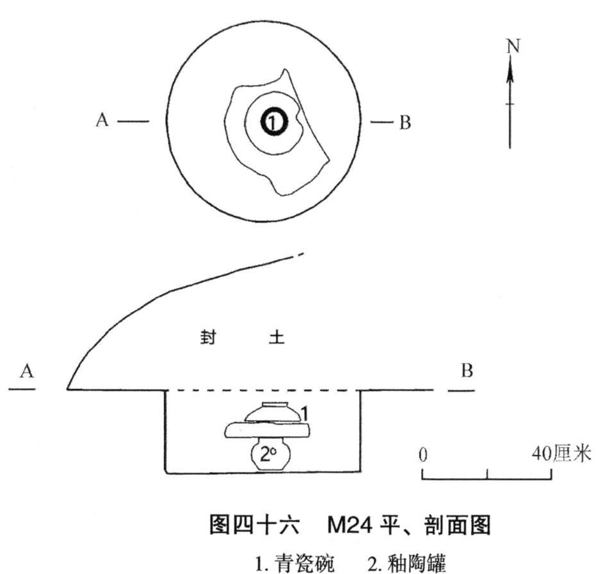

图四十六　M24 平、剖面图

1. 青瓷碗　2. 釉陶罐

（二）随葬器物

釉陶罐和青瓷碗各 1 件。分述如下。

釉陶罐。M24：2，敞口，卷沿，溜肩，斜弧腹，平底。肩部饰对称桥形耳两组。器施酱黄釉。口径 12.8、底径 6.4、通高 11.6 厘米（图四十七：1）。

青瓷碗。M24∶1，敞口，卷弧沿，圆唇，弧腹，圈足。器施青釉。口径 14.4、底径 4.5、高 6.2 厘米（图四十七：2）。

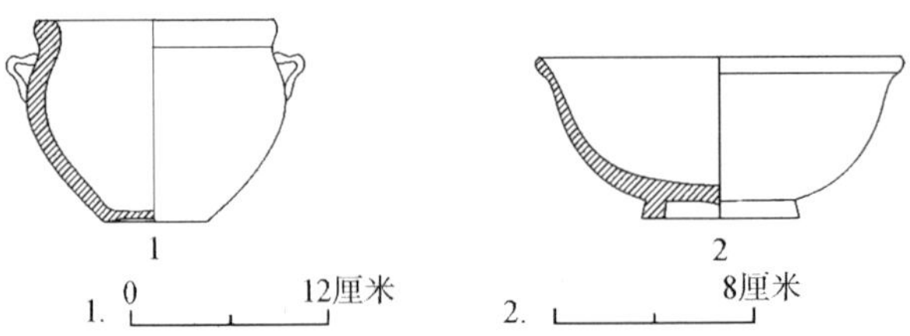

图四十七　M24 出土随葬品

1. 釉陶罐（M24∶2）　2. 青瓷碗（M24∶1）

四、D7 墓葬类型及关系

D7 共发掘墓葬 24 座（图四十八）。开口层位均为②层、④层下，我们按照层位、早晚关系，以及墓葬形制和结构分述如下：

② 层下墓葬 6 座。墓葬形制有瓮棺葬和土坑竖穴葬两种。瓮棺葬 2 座（编号 M1、M2），均由土坑和实用器葬具构成，内填充尸骨。土坑竖穴墓 4 座，墓圹均呈梯形状，依葬具可分单棺葬（编号 M12）和双棺合葬（编号 M3、 M11、M13）。

④ 层下墓葬 18 座。其中清理发现坟圈 3 处，平面均呈环形，截面呈梯形。圈内包含墓葬数量不等，排列均由北向南，圈内墓葬上部置圆丘状封土，形状为圆形和椭圆形，同一个封土下有一墓、双墓、三墓，另外部分墓葬未见封土。综合后可分为无坟圈、无封土墓葬，无坟圈、带封土墓葬，带坟圈、封土墓葬三种类型。

1. 无坟圈、无封土墓葬 4 座。据墓葬形制可分瓮棺葬（编号 M23）和土坑竖穴葬，其中单棺墓 2 座（编号 M4、M5）、双棺合葬墓 1 座（编号 M10）。

2. 无坟圈、带封土墓葬 2 座。两墓共用一个封土坟包，封土外形呈椭圆形，封土下有一瓮棺墓（M24）和土坑竖穴合葬墓（M17）。

3. 带坟圈、封土墓葬 11 座。坟圈均呈环形，断面呈梯形。封土和墓葬包含于圈内，由北向南排列。根据封土和墓葬葬制、结构可分三型。

A 型　单墓单封土 6 座。根据墓葬形制可分三个亚型。

Aa 型　瓮棺葬 2 座（编号 M19、M20）。

Ab 型　土坑竖穴墓 2 座。分单棺墓（编号 M6）和双棺合葬墓（编号 M14）。

Ac 型　土坑竖穴砖室合葬墓 2 座（编号 M15、M16）。

B 型　双墓单封土 2 座。即两个墓葬位于同一个封土下，封土形状呈近弧角长方形，长 4 米、宽 3.7 米、高约 0.6 米，下面东西向排列墓葬两座。竖穴土坑墓（编号 M18）位于西部，竖穴土坑砖室墓（编号 M21）位于东部。

C 型　三墓单封土 3 座。三座墓位于同一个封土下。封土形状近长方形，东西长约 4 米，南北宽 3.5 米，残高约 0.6 米。三座竖穴土坑墓由西向东依次排列（编号 M7、M8、M9）。

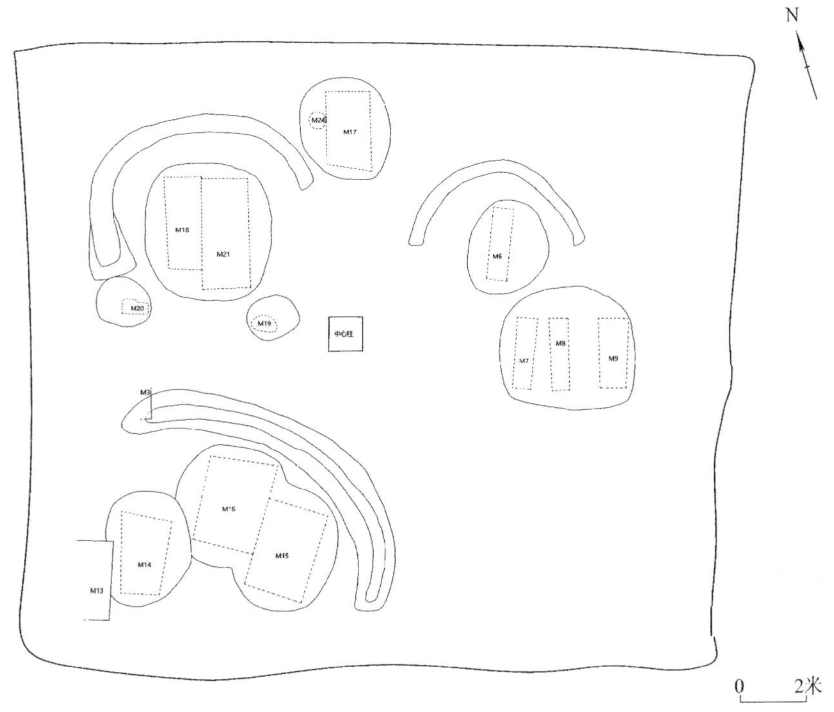

图四十八　尤家弄 D7 ④层下墓葬位置关系平面图

五、D20 发掘情况

D20 位于顾更上村西部，在 20 世纪农田改造过程中被破坏严重。D20 尚存低矮土墩，上层已经被开垦为菜地，土墩下有墓葬 12 座（编号 M1—M12，图四十九）。墓葬情况如下：

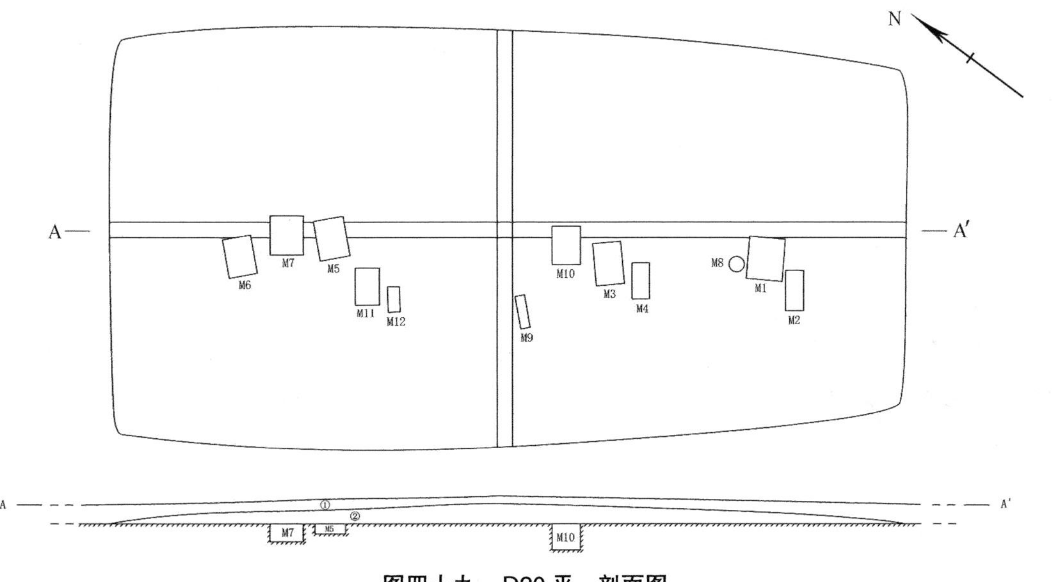

图四十九　D20 平、剖面图

M1

M1 方向 65°，墓室平面呈梯形，南北向，长 2.74、宽 2.4 ~ 2.44、深 1.1 米，直壁、平底。东室单棺，仅存朽痕，东棺长 1.76、宽 0.42 ~ 0.58 米，北部置枕瓦 1 块。西室单棺，仅存朽痕，西棺长 1.8、宽 0.58 米，北部置枕瓦 3 块（图五十）。

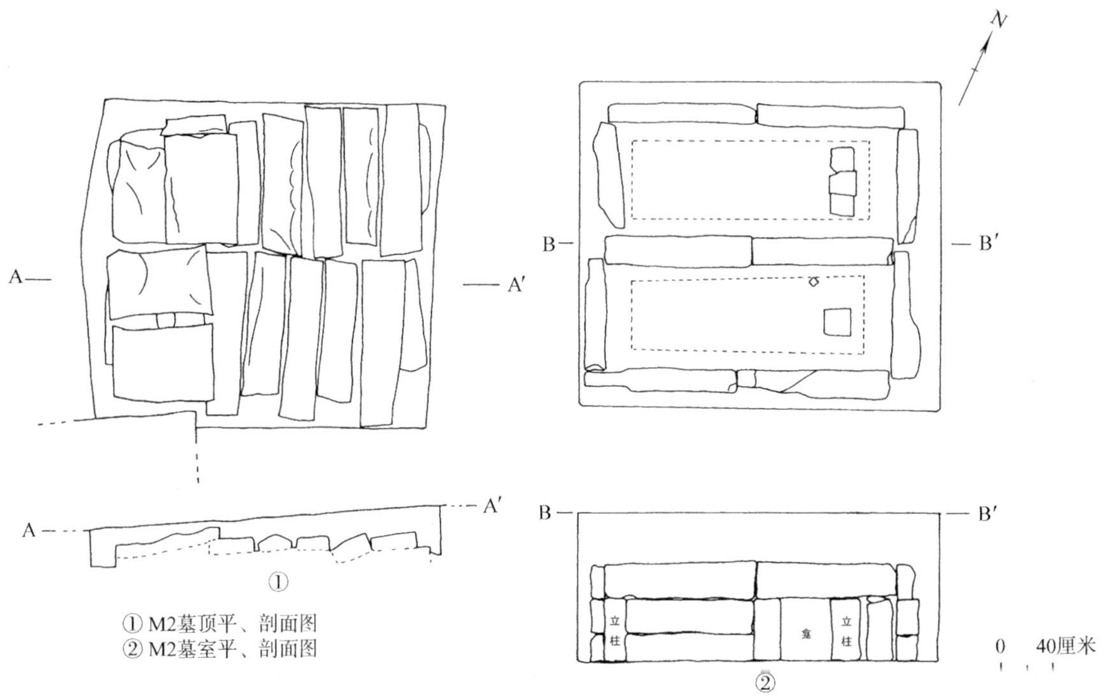

图五十 M1 平、剖面图

M2

（一）墓葬形制

M2 方向 60°，墓室平面呈梯形，南北向，长 2.64、宽 1.2 ~ 1.24、深 0.84 米，直壁、平底。单棺墓，仅存朽痕，长 1.76、宽 0.46 ~ 0.56 米，北部置枕瓦。墓内残留少许骨骼，随葬釉陶罐 1 件，“乾隆通宝” 1 枚（图五十一）。

（二）随葬器物

M2 随葬器物 2 件。釉陶罐 1 件，铜钱 1 枚。分述如下：

釉陶罐 1 件。M2：1，直口，唇略外翻，短颈，耸肩，鼓腹，下腹内收，平底。灰白胎。器身上部施酱釉，下腹部和底部不施釉。器身施釉区域，在釉下饰以菱形窗格纹，窗格中交错饰雷纹和花瓣纹。通高 14.4、口部 5、最大腹径 16.4、底径 10.8 厘米（图五十二：1）。

铜钱 1 枚。M2∶2，乾隆通宝，方孔，钱径 2.8、穿孔 0.5 厘米（图五十二：2）。

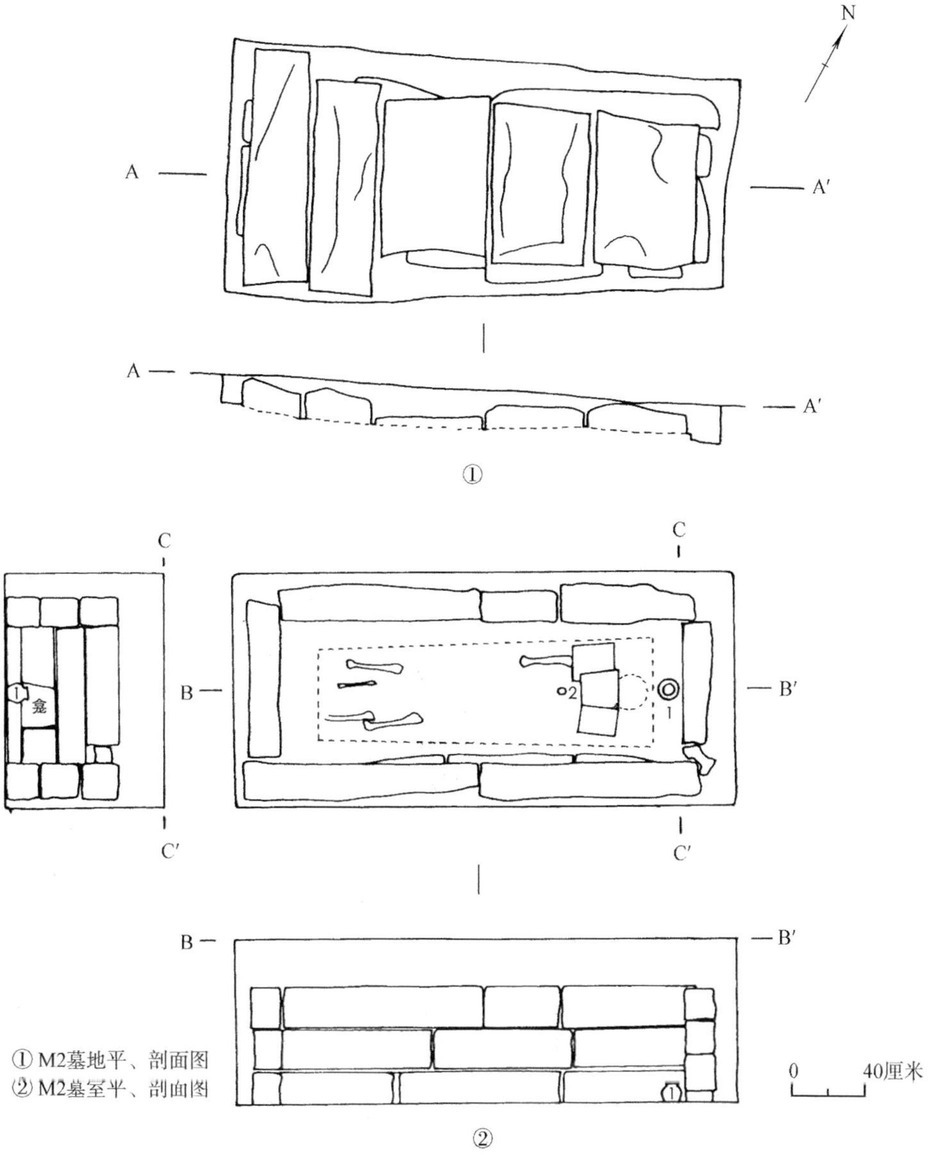

① M2墓地平、剖面图
② M2墓室平、剖面图

0　40厘米

图五十一　M2平、剖面图

1. 釉陶罐　2. 铜钱

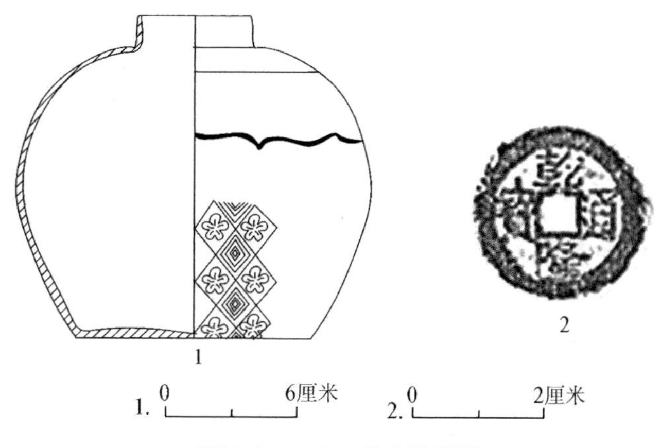

图五十二　M2出土随葬品

1. 釉陶罐（M2：1）　2. 铜钱（M2：2）

M3

（一）墓葬形制

M3 方向 55°，墓室平面呈梯形，南北向，长 2.74、宽 1.82 ~ 1.88、深 0.76 米，直壁、平底。东室葬具和尸骨腐朽，随葬釉陶罐 1 件。西室单棺，仅存朽痕，西棺长 1.8、宽 0.38 米，北部置枕瓦 2 块。墓内残留少许骨骼，头向北，葬式为仰身直肢。随葬釉陶罐 1 件，铜钱 1 枚（图五十三）。

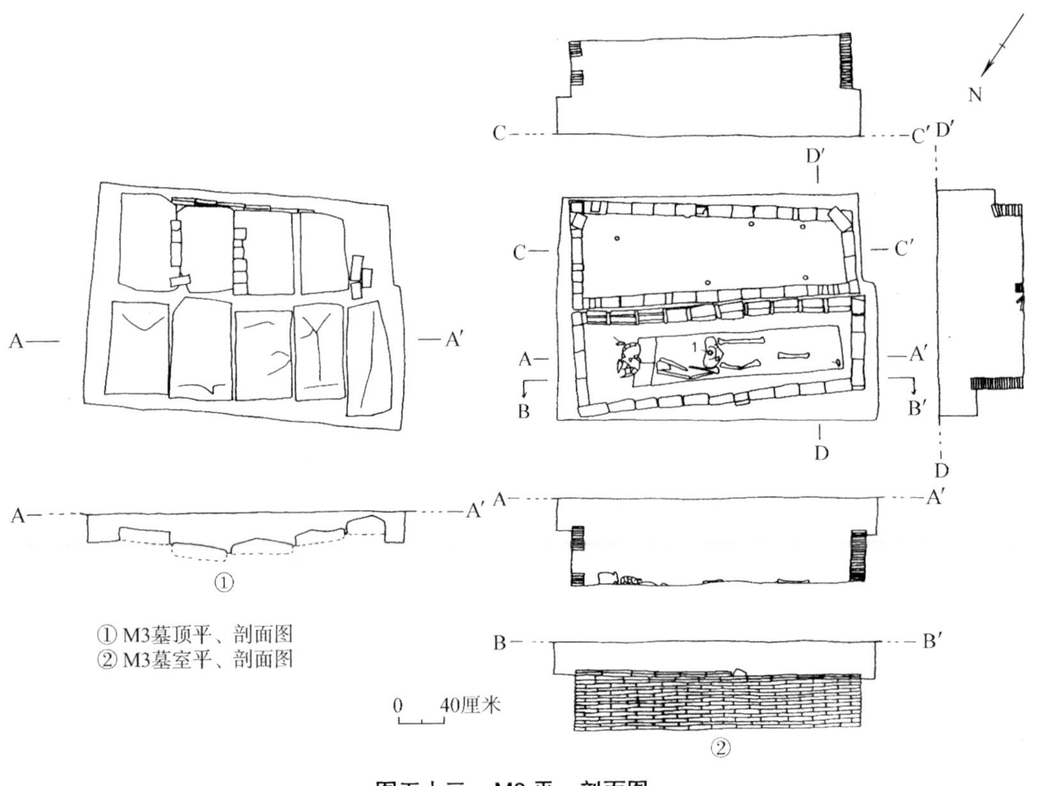

图五十三　M3 平、剖面图

1. 铜钱

（二）随葬器物

M3 随葬品有铜钱 1 枚。M3∶1，顺治通宝，方孔，钱径 2.5、穿孔 0.5 厘米（图五十四）。

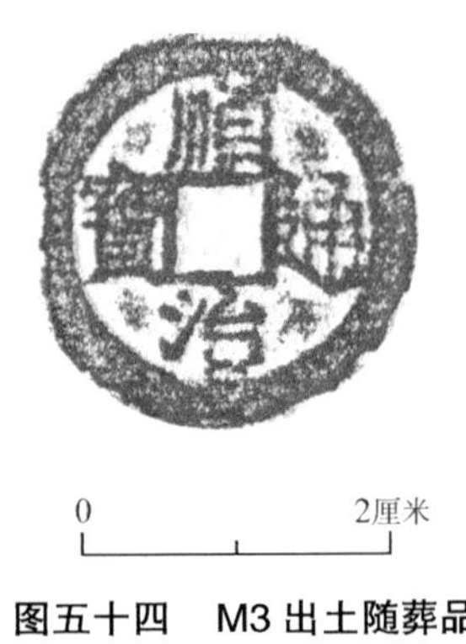

图五十四　M3 出土随葬品

铜钱（M3∶1）

M4

M4 方向 60°，墓室平面呈长方形，南北向，长 2.34、宽 1.16、深 0.72 米，直壁、平底。双棺墓，仅存朽痕，东棺长 1.72、宽 0.32 ~ 0.42 米，北部置枕瓦。西棺长 1.28、宽 0.36 ~ 0.42 米，北部置枕瓦（图五十五）。

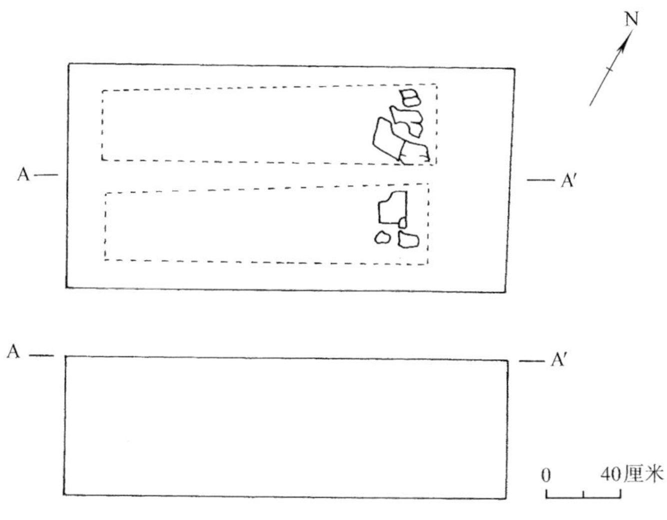

图五十五 M4 平、剖面图

M5

M5 方向 50°，墓室平面呈梯形，南北向，长 2.6、宽 1.76 ~ 2、深 0.64 米，直壁、平底。东室单棺，仅存朽痕，东棺长 1.98、宽 0.42~0.48 米，北部置枕瓦 3 块。西室单棺，仅存朽痕，东棺长 1.84、宽 0.48 米，北部置枕瓦 1 块。墓内残留少许骨骼（图五十六）。

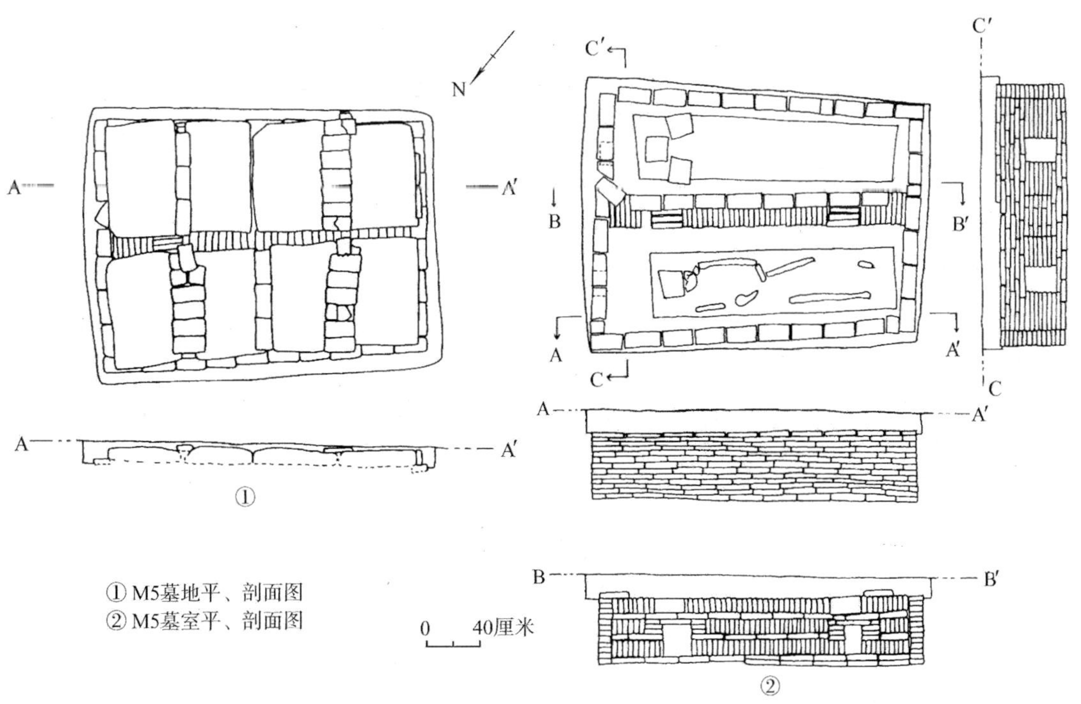

图五十六 M5 平、剖面图

M6

M6 方向 50°，墓室平面呈梯形，南北向，长 2.52、宽 1.7 ~ 1.9、深 0.48 米，直壁、平底。东室单棺，仅存朽痕，东棺长 2.12、宽 0.6~0.62 米，北部置枕瓦 3 块。西室单棺，仅存朽痕，西棺长 2.16、宽 0.62 ~ 0.7 米，北部置枕瓦 3 块，随葬铜钱 3 枚（图五十七）。

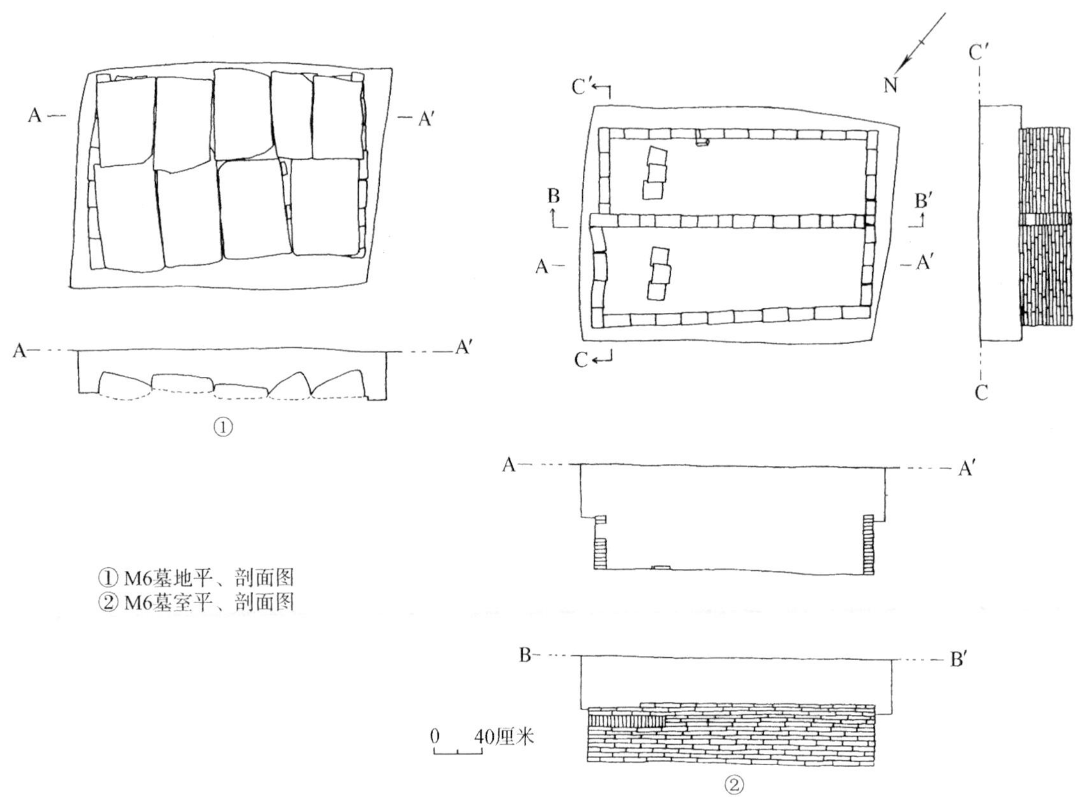

图五十七 M6 平、剖面图

M7

M7 方向 60°，墓室平面呈梯形，南北向，长 2.54、宽 1.96 ~ 2.18、深 1.16 米，直壁、平底。东室单棺，仅存朽痕，东棺长 1.7、宽 0.42~0.48 米，北部置枕瓦 1 块（图五十八）。

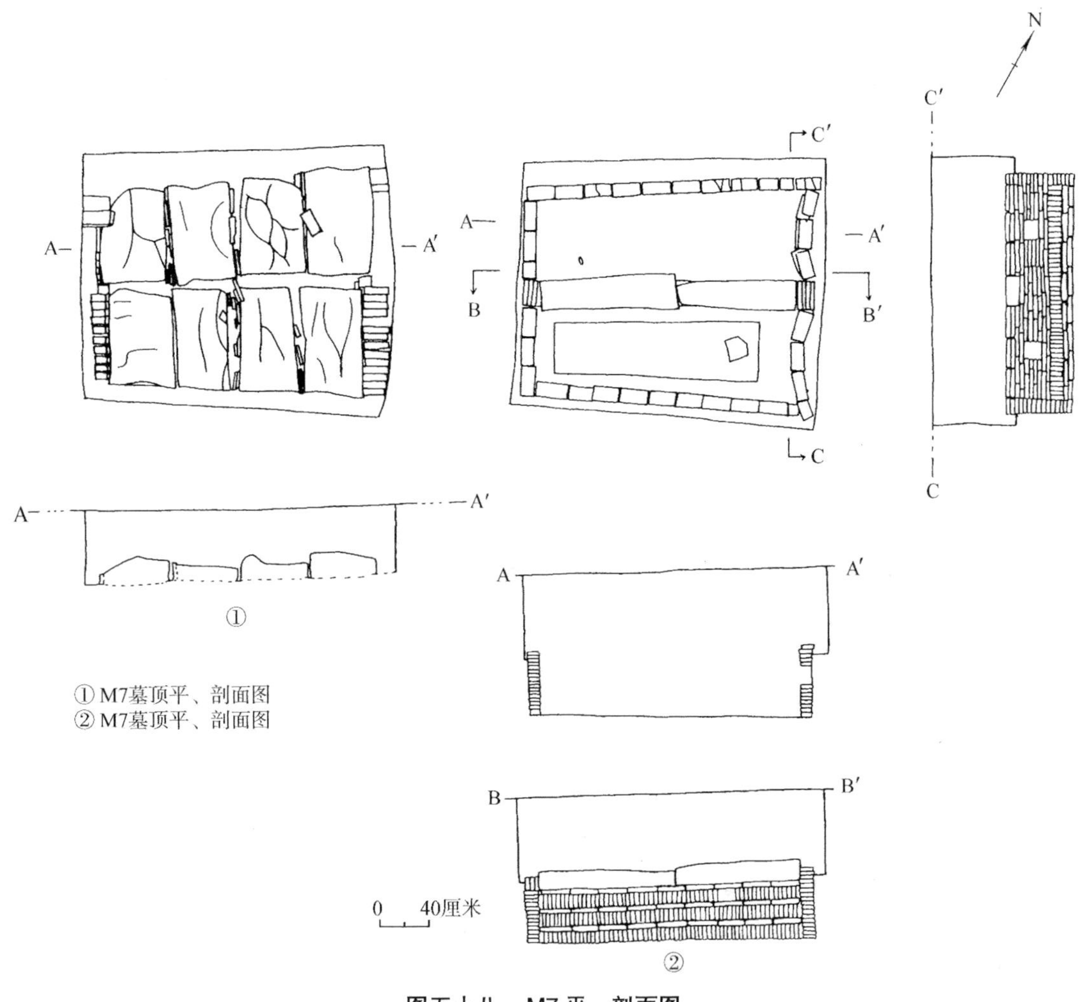

图五十八　M7 平、剖面图

M8

（一）墓葬形制

M8 方向 70° ，墓圹直径约 1 米，随葬釉陶壶葬具 1 件，顶和周边用加工过的石板遮盖，罐内填充骨骼（图五十九）。

（二）随葬器物

釉陶壶。M8：1，敛口，圆唇，矮领，折肩，鼓腹，下腹内收，平底，肩部有 4 个对称的桥形耳，分列两侧，每侧两个。灰胎夹细砂。器身施青釉，釉面剥蚀严重，底部不施釉。通高 14.8、口内径 10.2、外径 11.6、最大腹径 16.6、底径 7.6 厘米（图六十）。

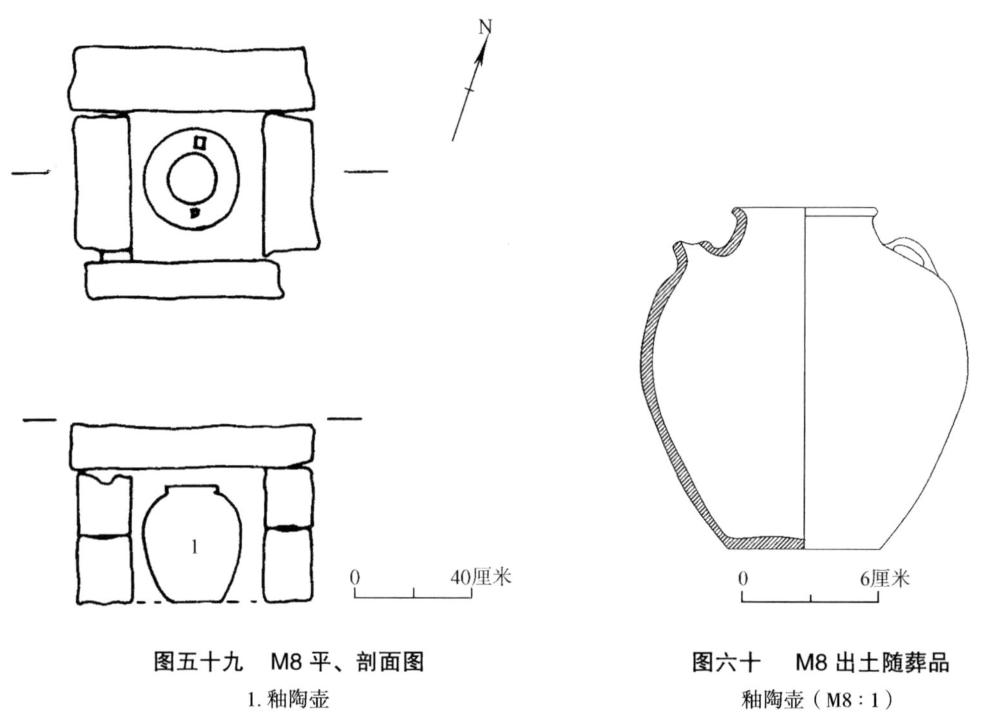

图五十九　M8 平、剖面图
1. 釉陶壶

图六十　M8 出土随葬品
釉陶壶（M8：1）

M9

M9 方向 50°，墓室平面呈弧角长方形，南北向，长 2.16、宽 0.64、深 0.48 米，直壁、平底。室底单棺，仅存朽痕，长 1.84、宽 0.4 ~ 0.46 米，北部置枕瓦，无随葬品（图六十一）。

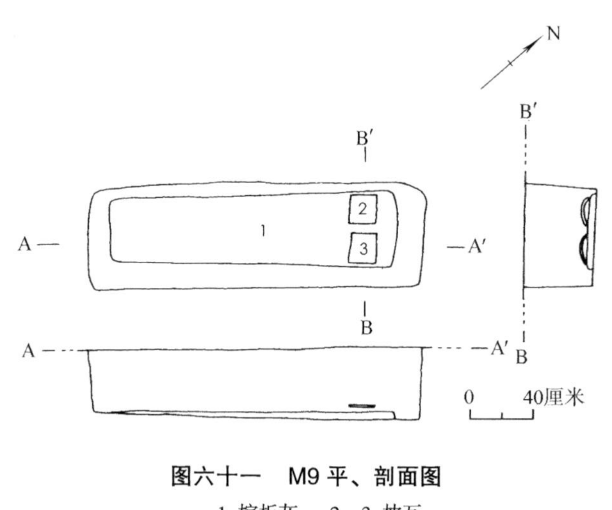

图六十一　M9 平、剖面图
1. 棺板灰　2、3. 枕瓦

M10

M10 方向 60°，墓室平面呈梯形，南北向，长 2.48、宽 1.9 ~ 1.94、深 1.7 米，直壁、平底。东室单棺，仅存朽痕，东棺长 1.62、宽 0.56 米，北部置枕瓦。墓室北壁置壁龛。西室单棺，仅存朽痕，西棺长 1.8、宽 0.64 米 (图六十二)。

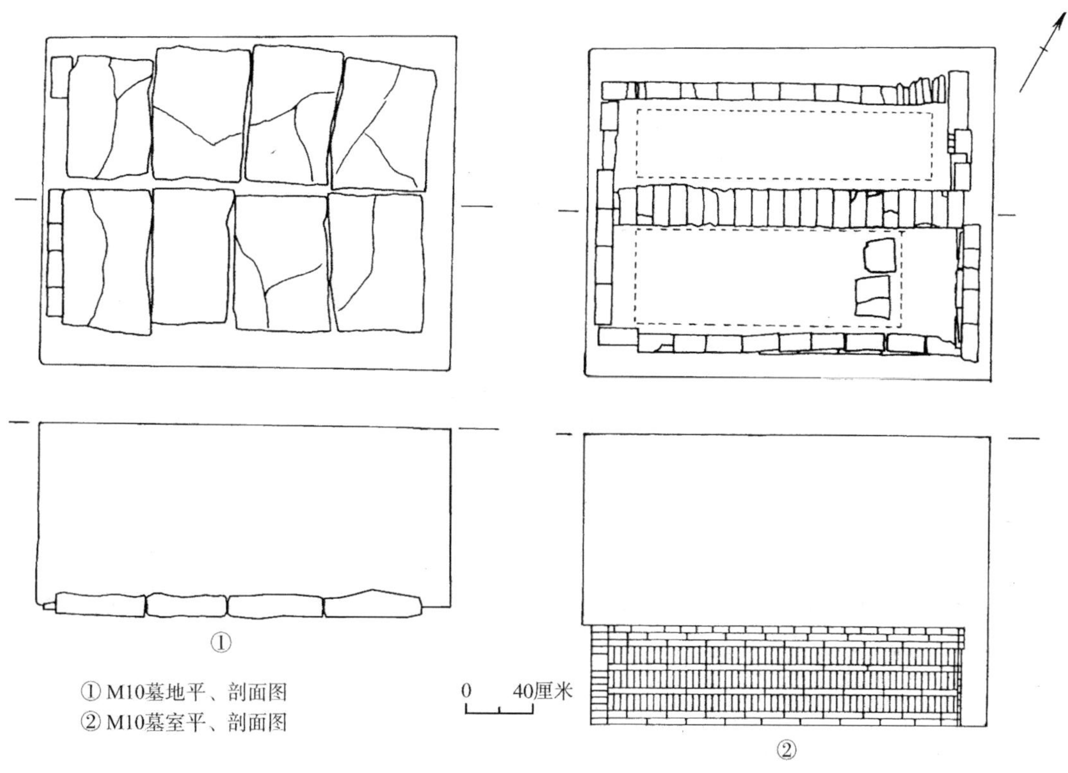

图六十二　M10 平、剖面图

M11

M11 方向 60°，墓室平面呈长方形，南北向，长 2.4、宽 1.6、深 0.4 米，近直壁、平底。其西北角被近现代坑打破（图六十三）。

M12

M12 方向 58°，墓室平面呈长方形，南北向，长 1.68、宽 0.78、深 0.4 米，近直壁、平底。室底单棺，仅存朽痕，长 1.38、宽 0.5 米，内置骨架 1 具，头居于北（图六十四）。

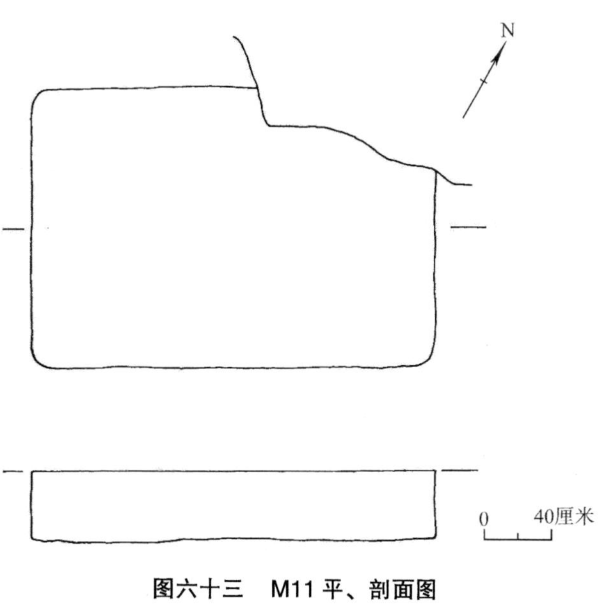

图六十三　M11 平、剖面图

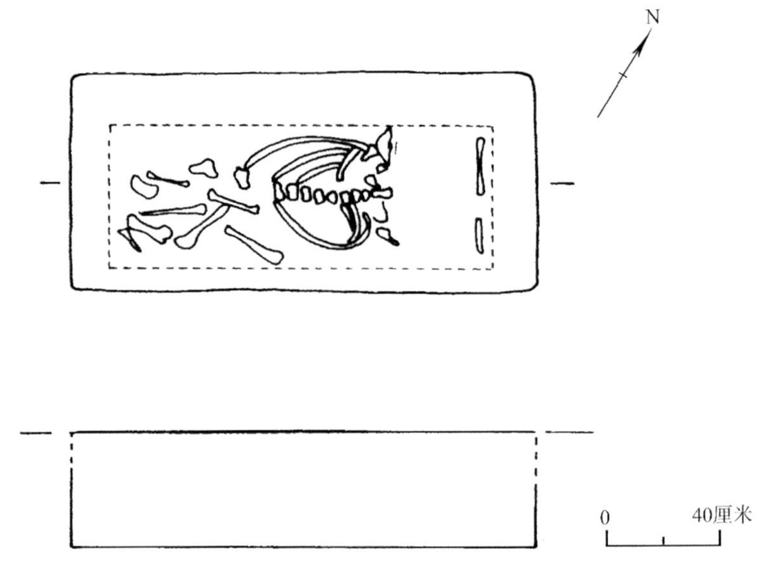

图六十四　M12 平、剖面图

六、D19 发掘情况

D19 位于顾更上村西部，在 20 世纪农田改造过程中遭破坏，现仅剩余 3 座（编号 M13—M15，未独立编号），均开口于耕土层下，具体情况如下。

M13

（一）墓葬形制

M13 方向 50°，墓室平面呈方形，南北向，长 3、宽 2.9、深 1 米，近直壁、平底。东室单棺，独立成体，墓壁均用单砖错缝砌筑，长 2.66、宽 0.68、高 0.62 米，北部置枕瓦。葬具和尸骨腐朽。中室和西室一体，隔壁共用。中室长 2.32、宽 0.9、深 0.62 米，北部置枕瓦，内残留少许骨骼，头居于北部。西室北壁置壁龛，内随葬釉陶盏 1 件，西北角有釉陶罐 1 件。西室长 2.32、宽 0.8、深 0.62 米，北部置枕瓦（图六十五）。

（二）随葬器物

釉陶盏 1 件。M13∶1，部分残损，敞口，圜底。红胎，夹细砂。器身外部不施釉，盘口内施黑釉。通高 2.4、口部外径 8.3、内径 7.6 厘米（图六十六：1）。

釉陶罐 1 件。M13∶2，较完整。敞口，短颈，鼓腹，下腹内曲，平底，肩部有一对泥条耳。灰褐胎。青釉，釉不及底。通高 10.2、口径 7.6、底径 4.4 厘米（图六十六：2）。

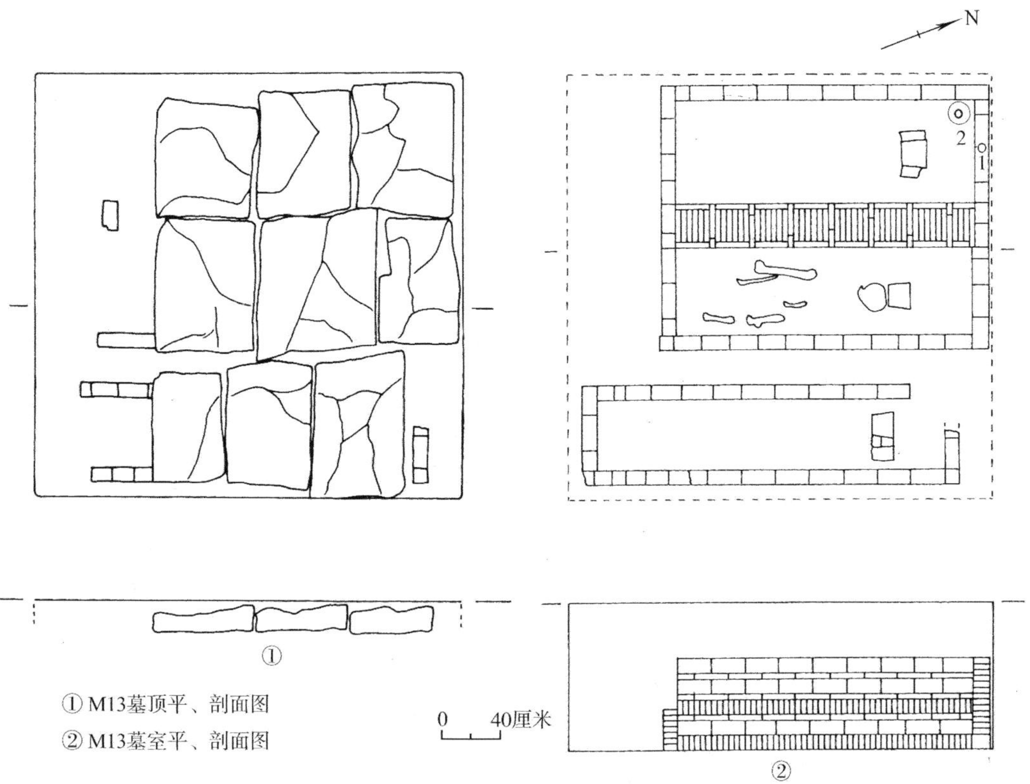

图六十五 M13 平、剖面图

1. 釉陶盏 2. 釉陶罐

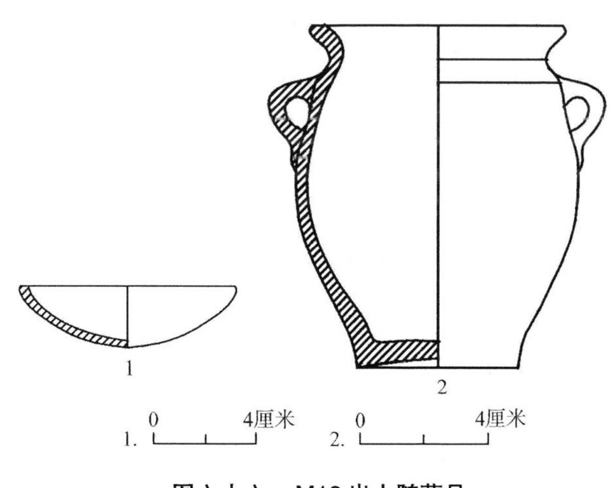

图六十六 M13 出土随葬品

1. 釉陶盏（M13：1） 2. 釉陶罐（M13：2）

M14

M14 方向 20°，墓室平面呈梯形，南北向，长 3.06、宽 2.28、深 1.24 米，近直壁、平底。东墓室长 2.58、宽 1.1、高 0.68 米。墓地清理出大量白灰，呈颗粒状。东墓室内残留骨骼1具，头居于北部，葬式为仰身直肢。西墓室长2.62、宽0.78、高0.66米，内残留骨骼1具，头居于北部，葬式为仰身直肢。北部清理出大量白灰，两侧置枕瓦2块（图六十七）。

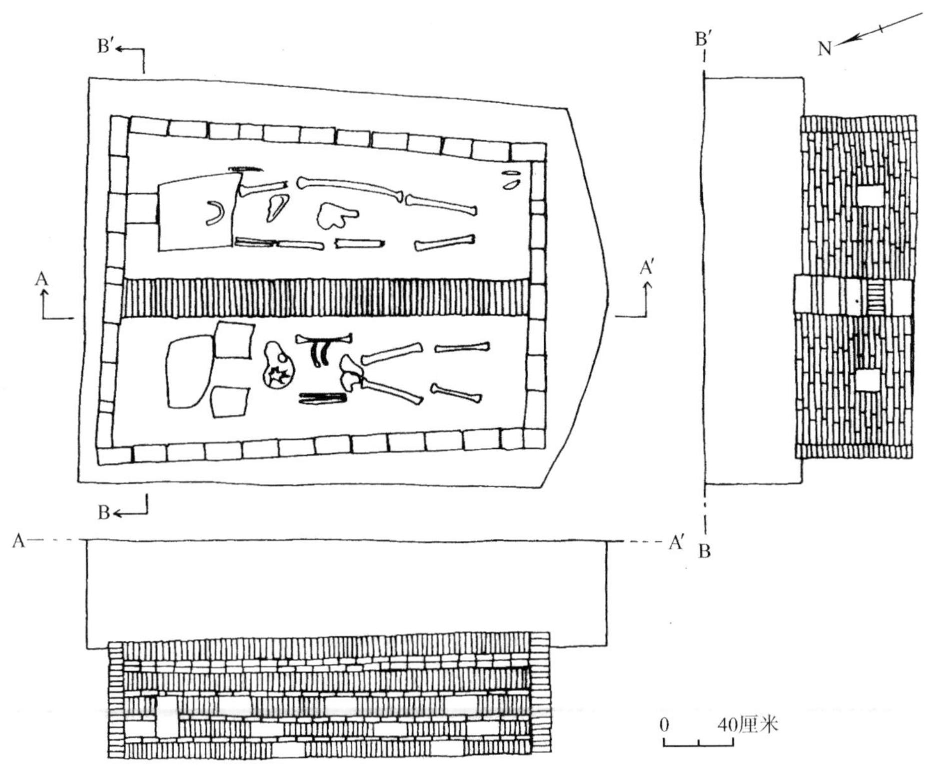

图六十七　M14平、剖面图

M15

M15方向65°，墓室平面呈梯形，南北向，长3.04、宽1.7 ~ 2.14、深1.54米，墓壁不规则，近直壁、平底。东墓室长2.64、宽1、高0.8米，内残留骨骼1具，头居于北部，随葬铜簪和铜戒指各1件、铜钱2枚。西墓室长2.7、宽0.74、高0.8米，内残留骨骼1具，北部置枕瓦，随葬铜钱3枚（图六十八）。

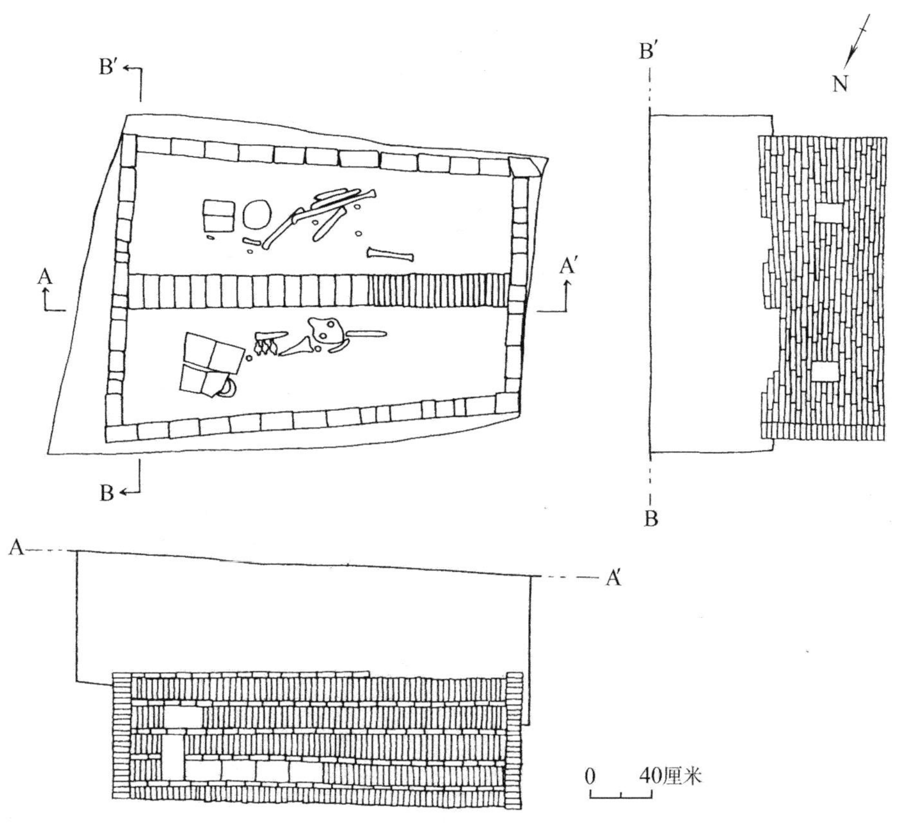

图六十八 M15 平、剖面图

七、结语

D7 发掘墓葬 24 座，另外两座土墩发掘墓葬 15 座，部分墓葬出土有纪年铜钱。无论从墓葬形制还是随葬器物，其时代特征都很明显，尤其是随葬器物中最具时代特征的青瓷碗，以贴沿、弧腹、圈足类型为大宗，诸如 M19∶3、M20∶1、M20∶5、M24∶1 等与无锡城南遗址发掘瓮棺墓葬① 中的 A 型青瓷碗形体特征相同；M9∶2 出土的青瓷碗和 M5∶2、M4∶1 出土的青花瓷碗形体特征与淮安楚州翔宇花园发掘的明清墓② 中 M21∶4、M21∶5 出土的白瓷碗形体特征相同。根据这些资料分析，此次发掘的三个土墩墓葬时代为明清时期（详细情况见表 1、表 2）。

① 无锡市文化遗产保护和考古研究所．江苏省无锡市城南遗址瓮棺墓葬发掘简报［J］．华夏文明，2019（6）：20–24.

② 淮安市博物馆．淮安楚州翔宇花园明清墓群发掘简报［J］．东南文化，2012（1）：60–67.

表 1　尤家弄一顾更上 D7 墓葬统计表

墓号	方向	开口层位	形制结构	墓坑尺寸（长 × 宽 – 深）（米）	随葬品	时代
M1	0°	②层下	瓮棺葬	圆形 0.6（径）–0.3	青花瓷盘 1 件、釉陶罐 1 件	清代
M2	88°	②层下	瓮棺葬	1.24 × 0.76–0.8	釉陶罐 6 件、青花瓷碗 1 件	清代
M3	350°	②层下	竖穴土坑合葬墓	2.1 × 1.16–0.6	康熙通宝 1 枚	清代
M4	10°	④层下	竖穴土坑墓	2 × 0.72–1.12	青花瓷碗 1 件 、釉陶罐 1 件	明代
M5	10°	④层下	竖穴土坑墓	2.32 × 0.84–0.82	釉陶罐 1 件 、青花瓷碗 1 件	明代
M6	20°	④层下	竖穴土坑墓	1.9 × 0.7–0.62	釉陶罐 1 件	明代
M7	10°	④层下	竖穴土坑墓	2.06 × 0.64–0.9	无	明代
M8	5°	④层下	竖穴土坑墓	2.14 × 0.7–0.86	釉陶罐 1 件	明代
M9	10°	④层下	竖穴土坑墓	2.2 × 0.74–0.78	白瓷盅 1 件	明代
M10	355°	④层下	竖穴土坑合葬墓	2.34 × 1.6–1.34	釉陶壶 2 件	明代
M11	10°	②层下	竖穴土坑合葬墓	2.06 × 0.64–0.9	无	清代
M12	10°	②层下	竖穴土坑墓	2.14 × 0.74–0.88	无	清代
M13	10°	②层下	竖穴土坑合葬墓	2 × 1.46–0.56	无	清代早期
M14	10°	④层下	竖穴土坑合葬墓	2.26 × 1.42–0.76	釉陶罐 1 件	明代
M15	20°	④层下	竖穴土坑砖室合葬墓	2.3 × 1.8–1.04	釉陶罐 1 件	明代
M16	30°	④层下	竖穴土坑砖室合葬墓	2.86 × 2.16–1.04	釉陶壶 2 件	明代
M17	340°	④层下	竖穴土坑合葬墓	2.08 × 1.4–0.6	釉陶壶 1 件	明代
M18	330°	④层下	竖穴土坑墓	2.12 × 1.3–0.92	无	明代
M19	85°	④层下	瓮棺葬	0.75 × 0.45–0.3	釉陶罐 2 件、青瓷碗 2 件	明代
M20	100°	④层下	瓮棺葬	圆形 1.55（径）–0.6	带盖釉陶罐 3 件、釉陶壶 1 件、青瓷碗 3 件	明代
M21	350°	④层下	竖穴土坑砖室墓	2.7 × 1.42–1.82	釉陶灯盏 1 件	明代
M22	0°	④层下	瓮棺葬	0.6–0.26	青瓷碗 1 件 、釉陶罐 1 件	明代
M23	0°	④层下	瓮棺葬	0.5–0.48	釉陶罐 1 件	明代
M24	0°	④层下	瓮棺葬	0.6–0.24	釉陶罐 1 件、青瓷碗 1 件	明代

表 2　尤家弄—顾更上 D19、D20 墓葬统计表

墓号	方向	开口层位	形制结构	墓坑尺寸（长 × 宽 – 深）（米）	随葬品	时代
D20M1	65°	②层下	双人石盖板石室墓	2.74 × 2.44–1.1	无	清代
D20M2	60°	②层下	单人石盖板石室墓	2.64 × 1.24–0.84	釉陶罐 1 件、铜钱 1 枚	清代
D20M3	55°	②层下	双人石盖板砖室墓	2.74 × 1.88–0.76	铜钱 1 枚	清代
D20M4	60°	②层下	双人土坑竖穴墓	2.34 × 1.16–0.72	无	清代
D20M5	50°	②层下	双人石盖板砖室墓	2.6 × 2–0.64	无	清代
D20M6	50°	②层下	双人石盖板砖室墓	2.52 × 1.9–0.48	铜钱 3 枚	清代
D20M7	60°	②层下	双人石盖板砖室墓	2.54 × 2.18–1.16	无	清代
D20M8	70°	②层下	瓮棺墓	直径 1	釉陶壶 1 件	清代
D20M9	50°	②层下	单人土坑竖穴墓	2.16 × 0.64–0.48	无	清代
D20M10	60°	②层下	双人石盖板砖室墓	2.48 × 1.94–1.7	无	清代
D20M11	60°	②层下	单人土坑竖穴墓	2.4 × 1.6–0.4	无	清代
D20M12	58°	②层下	单人土坑竖穴墓	1.68 × 0.78–0.4	无	清代
D19M13	50°	②层下	三人石盖板砖室墓	3 × 2.9–1	釉陶盏 1 件、釉陶罐 1 件	清代
D19M14	20°	②层下	双人砖室墓	3.06 × 2.28–1.24	无	清代
D19M15	65°	②层下	双人砖室墓	3.04 × 2.14–1.54	无	清代

尤家弄—顾更上土墩墓地外形与典型的吴越土墩墓基本相同[③]，其内在和外置与湖州妙西独山头土墩墓[④]、江苏苏州高新区东诸馒首山土墩墓相同[⑤]，均属于一墩多墓，不同的是时代跨越。墓葬以家族为单位，建置属于自己环形的坟圈，于墓葬上部设坟包，构制独立坟茔，充分体现了浓郁的地方特色和当时的丧葬规制。

尤家弄—顾更上土墩所发掘墓葬多以平民墓为主，基本以家族、家庭为单位集中分布，遵循着千百年来传统的葬制葬俗。明清时期，江南地区农业发达，经济长期繁荣，社会相对稳定，是全国人口密度较大的地区。由于相对富足，即使是最底层的平民阶层也有能力营建坟墓，以无锡相对落后的东部为例，明清墓葬的数量也相当可观，密度远大于其他时期的墓葬。数量众多的墓葬、严格有序的墓地规划也说明了在商品经济繁荣的江南地区，人们更加重视传统的丧葬习俗，始终遵循和传承着几千年来的丧葬文化。

其次从墓葬的分布可以反映出宗族观念、家庭观念深入人心，家庭成为最基本的核心单元和价值认同。不仅同一个家庭的墓葬排列有序，长幼清晰，成员关系一目了然，而且在家族的墓地中突出强调家庭的地位，家族内不同家庭墓葬甚至营建独立的坟圈。这一习俗现在仍有保留，在江南地区一般同一家庭的若干个墓葬外围仍用黄土先堆出不封闭的环形坟圈，待墓地稳定后用砖和水泥等现代建筑材料建造半环形坟圈，成为后人永久性的祭祀场所。

尤家弄土墩周边分布着数量众多的土墩，根据此次调查，有大小土墩 31 座。依据鸿山越墓[⑥]发掘报告提供的资料，此次发掘的尤家弄土墩外形与其基本相同，但时代却晚至明清，通过此次发掘不能排除这些土墩中有部分为明清时期墓地，也说明了源自商周时期的江南土墩墓这一带有明显的地域特征的葬制一直延续到明清时期。

③ 黄建秋．江南土墩墓三题［J］．东南文化，2011（3）：96–100.

④ 浙江省文物考古研究所，湖州市博物馆．湖州妙西独山头土墩墓发掘简报［J］．东方博物，2010（3）：72–80.

⑤ 苏州市考古研究所，苏州市高新区教育文体局．苏州市高新区东诸馒首山土墩墓发掘简报［J］．东南文化，2013（5）：42–51.

⑥ 南京博物院，江苏省考古研究所，无锡市锡山区文物管理委员会．鸿山越墓发掘报告［M］．文物出版社，2007.

1. 安南村墓地清理后场景

2. M1

1. M2

2. M3

1. M4

2. M5

1. M6

2. M7

1. M8

2. M9

1. M10

2. M11

1. M12

2. M13

1. M14

2. M15

1. M16

2. M17

1. M18

2. M19

3. M20

1. 带盖罐（M18：2）

2. 釉陶罐（M2：1）

3. 釉陶罐（M2：2）

4. 釉陶罐（M3：1）

5. 釉陶罐（M5：2）

6. 釉陶罐（M7：1）

1. 釉陶罐（M7:2）

2. 釉陶罐（M11:1）

3. 釉陶罐（M16:1）

4. 釉陶罐（M16:2）

5. 釉陶罐（M18:1）

6. 釉陶罐（M18:3）

7. 釉陶壶（M6:1）

8. 釉陶盏（M16:3）

1. M1 北棺尸骨

2. M1 墓圹内

1. M2 墓室顶部

2. M2 墓室底部

1. M3 墓室顶部

2. M3 墓室内

1. M4 东墓室内和西墓室顶部

2. M4 西墓室内

1. M5 北墓室内

2. M5 南墓室内

3. M5 墓室顶部

1. M6 墓室顶部

2. M6 墓室内

1. M7 墓室顶部

2. M7 墓室底部

1. M8 墓室底部

2. M9 墓室底部

1. M10 墓室底部

2. M11 墓室顶部

1. M11 墓室内

2. M12 墓室底部

1. M12 墓室顶部

2. M13 墓室内

1. M14 北棺内

2. M14 南棺内

1. M14 墓室内

2. M15 墓圹底部

1. M16 棺顶

2. M17 棺顶

1. M17 棺内

2. M18 墓底

1. M19 墓顶

2. M19 墓底

1. M20 墓底

2. M21 墓底

1. 瓷碗（M5∶3）

2. 瓷碗（M11∶2）

3. 瓷碗（M11∶3）

4. 釉陶罐（M2∶2）

5. 釉陶罐（M3∶1）

6. 釉陶罐（M4∶1）

1. 釉陶罐（M5:7）

2. 釉陶罐（M6：2）

3. 釉陶罐（M6：3）

4. 釉陶罐（M15：2）

5. 釉陶罐（M15：3）

6. 釉陶盆（M5：1）

1. 釉陶瓶（M2:1）

2. 釉陶瓶（M11:4）

3. 釉陶盏（M5:2）

4. 釉陶盏（M5:6）

5. 釉陶盏（M7:1）

6. 釉陶盏（M7:2）

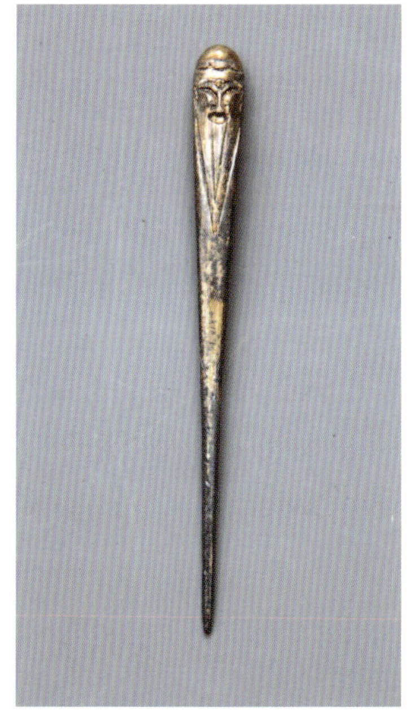

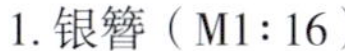

1. 银簪（M1：16）

2. 银簪（M13：1）

3. 鎏金铜扁方（M1：11）

4. 银元宝（M1：5）

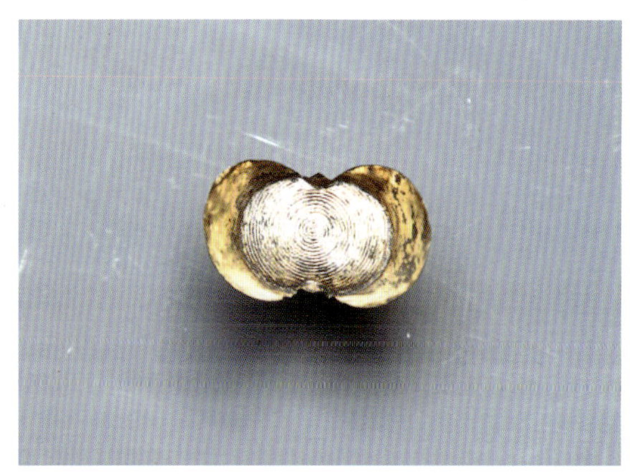

5. 金元宝（M1：6）

6. 铜花钱（M1：1）

7. 铜扣环（M1：9）（上），（M1：21）（下）

1. 铜扣环（M14∶3）（上），（M14∶4）（下）

2. 铜簪（M3∶2）

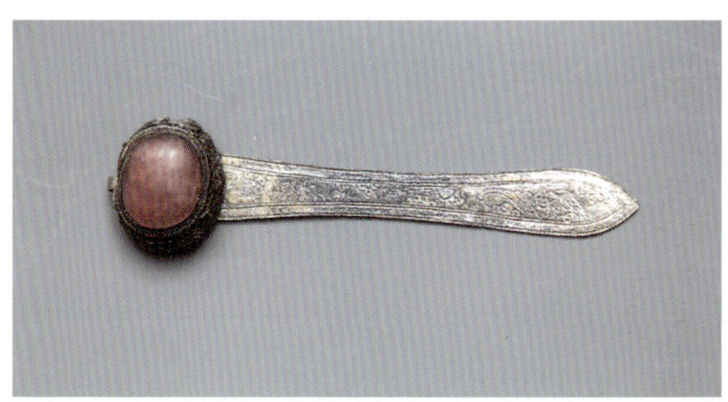

3. 银扁方（M1∶17）

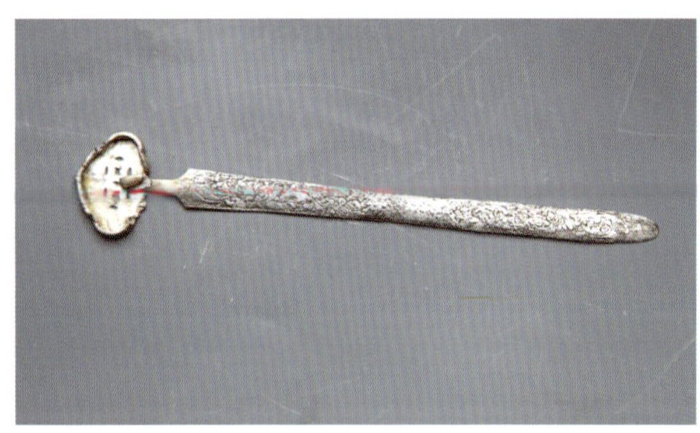

4. 银扁方（M10∶1）

5. 银扁方（M15∶4）

6. 银步摇（M1∶15）

7. 银佛像帽饰（M1∶14）

1. M1

2. M2 清理后

1. M2 石盖板

2. M3、M4

1. M5、M6

2. M7

1. M8

2. M9

1. M10

2. M11

1. M12、M9、M2关系

2. M13

1. M14

2. M15、M14关系

1. M16 封土及坑口线

2. M17

1. M18

2. M19 墓坑开口

1. M20 封土

2. M21 发掘后

1. M22

2. M23

1. M24

2. M25

1. M26 清理后

2. M27 清理后

1. M28 墓葬开口

2. M29

1. M30

2. M31

1. M32

2. M33

1. M34

2. M35

1. M36

2. 发掘现场

1. 西坟墩外形（自西向东）

1. 瓷碗（M2∶2）

2. 瓷碗（M2∶3）

3. 瓷碗（M2∶9）

4. 瓷碗（M2∶10）

5. 瓷碗（M2∶12）

6. 瓷碗（M4∶1）

7. 瓷碗（M4∶2）

8. 瓷碗（M12∶1）

1. 瓷碗（M22∶15）

2. 瓷碗（M23∶14）

3. 瓷碗（M31∶1）

4. 瓷碗（M32∶3）

5. 瓷盏（M32∶4）

6. 釉陶盏（M33∶2）

7. 釉陶盏（M2∶5）

8. 釉陶盏（M2∶11）

1. 釉陶盏（M2：15）

2. 釉陶盏（M26：3）

3. 陶壶（M34：2）

4. 陶瓶（M33：1）

5. 釉陶罐（M5：1）

6. 釉陶罐（M8：1）

1. 釉陶罐（M11∶1）

2. 釉陶罐（M11∶4）

3. 釉陶罐（M13∶1）

4. 釉陶罐（M14∶1）

5. 釉陶罐（M16∶3）

6. 釉陶罐（M18∶1）

1. 釉陶罐（M19：2）

2. 釉陶罐（M20：1）

3. 釉陶罐（M20：2）

4. 釉陶罐（M22：7）

5. 釉陶罐（M23：5）

6. 釉陶罐（M24：1）

1. 釉陶罐（M31∶2）

2. 釉陶罐（M31∶3）

3. 釉陶罐（M32∶1）

4. 釉陶罐（M32∶2）

5. 釉陶罐（M32∶5）

6. 釉陶罐（M33∶3）

1. 釉陶罐（M34：3）

2. 釉陶罐（M35：1）

3. 釉陶壶（M10：2）

4. 釉陶壶（M19：1）

5. 紫砂壶（M23：3）

6. “五星汇聚”玉牌（T0202 ③：5）

1. 铜镜（M5：2）

2. 铜镜（M9：1）

3. 铜镜（M14：2）

4. 铜镜（M15：1）

5. 铜镜（M22：2）

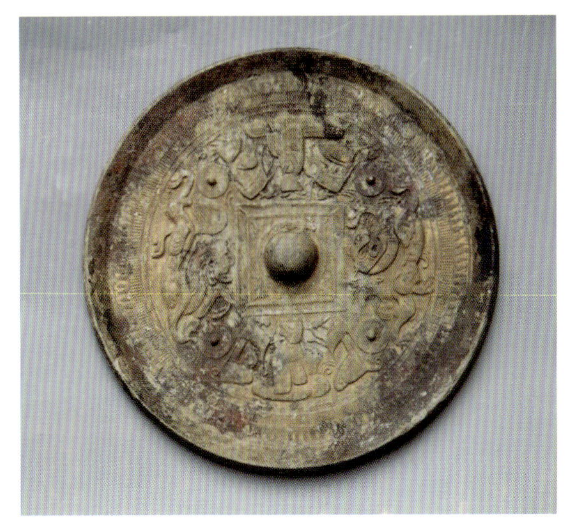

6. 铜镜（M22：4）

1. 铜镜（M23:6）

2. 铜镜（M23:16）

3. 铜镜（M24:3）

4. 铜镜（M28:2）

5. 银腰牌（M2:8）

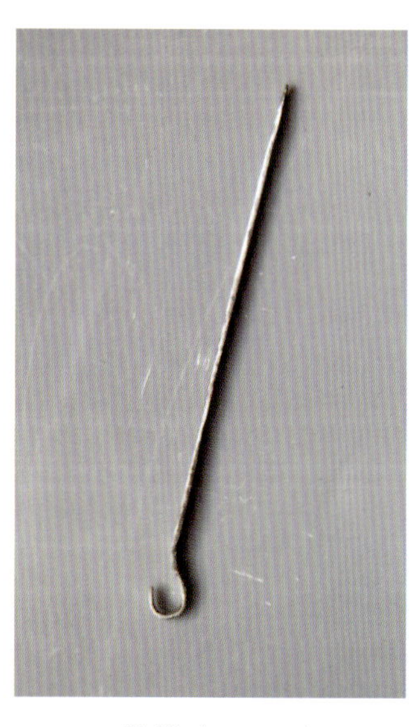

6. 银簪（M2:14）

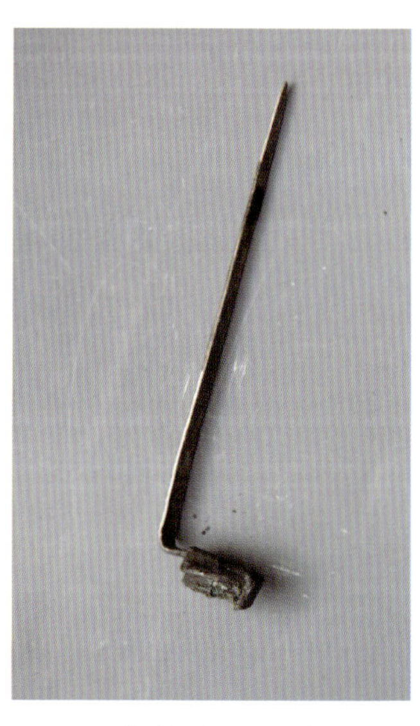

7. 银簪（M24:6）

1. 铜扣（M1：2）

2. 铜簪（M11：2）

3. 铜簪（M24：4）

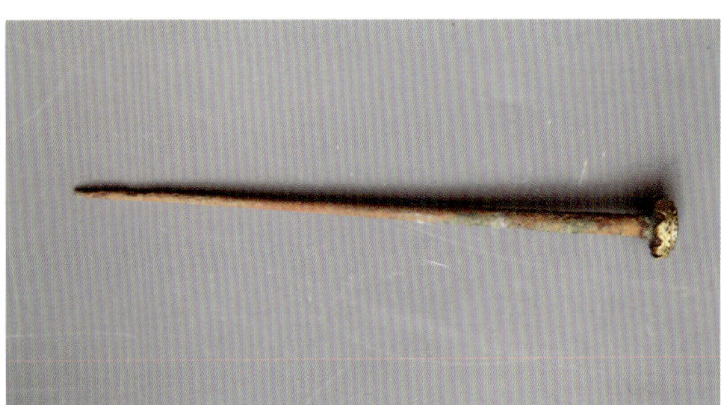

4. 铜簪（M24：5）

5. 银扁方（M1：1）

6. 银步摇（M23：4）

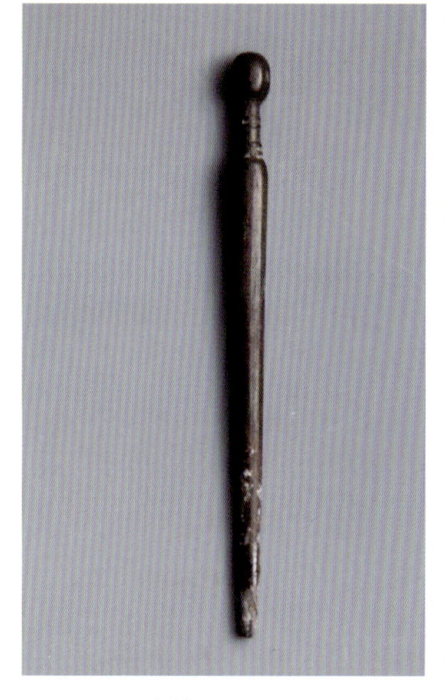

1. 木簪（M23：8）

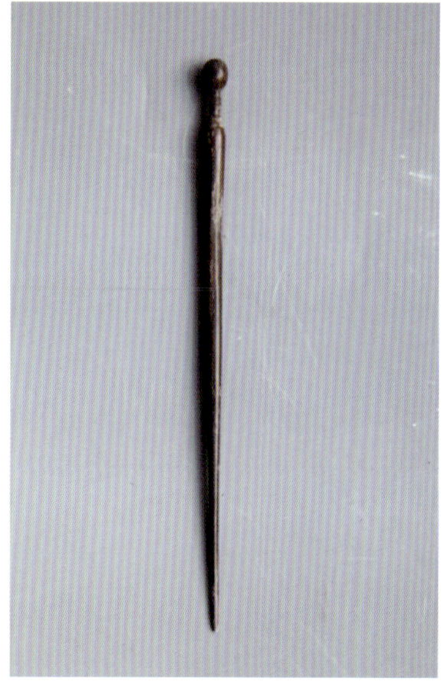

2. 木簪（M23：10）

3. 木簪（M28：4）

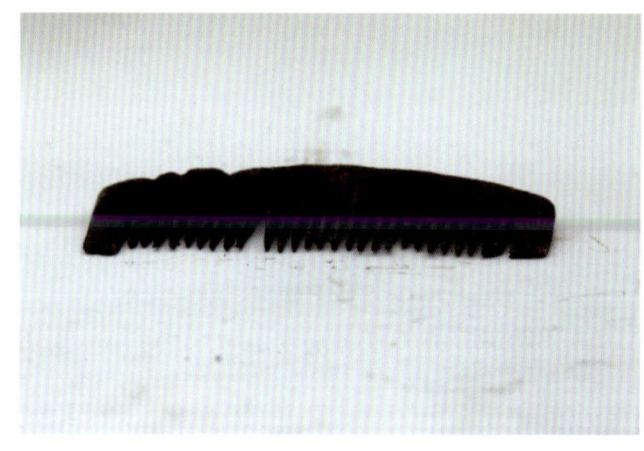

4. 木梳（M5：3）

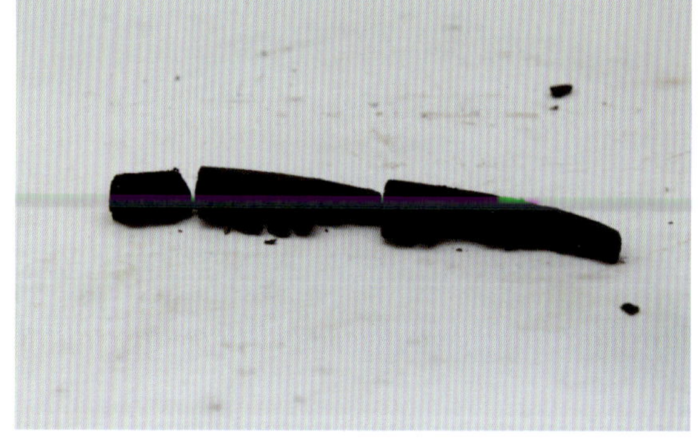

5. 木梳（M5：4）

6. 木梳（M6：2）

1. D7 ③层下墓葬开口及坟圈情况

2. D7M4 墓底

1. D7M5 墓底

2. D7M6 墓底

3. D7M7 墓底

1. D7M8 墓底

2. D7M9 墓底

3. D7M10 东墓室

4. D7M10 墓底

5. D7M10 墓顶

6. D7M12 墓底

7. D7M13 墓底

1. D7M14 墓顶

2. D7M14 西棺人骨

1. D7M15 墓顶

2. D7M15 墓室

1. D7M16 东棺人骨

2. D7M16 墓顶

3. D7M16 墓室

1. D7M17 墓底

2. D7M18 墓底

1. D7M19 瓮棺墓（揭盖板前）

2. D7M19 瓮棺墓（揭盖板后）

1. D7M20 瓮棺墓

2. D7M21 墓室

1. D7M22 瓮棺墓

2. D7M23 瓮棺墓

1. D7 发掘前状态

2. D7 墓葬封土及坟圈

1. D20M1 墓顶

2. D20M1 墓室

1. D20M2 墓顶

2. D20M2 墓室

1. D20M3 墓顶

2. D20M3 墓室

3. D20M4 墓底

1. D20M5 墓顶

2. D20M5 墓室

1. D20M6 墓顶

2. D20M6 墓室

1. D20M7 墓顶

2. D20M7 墓室

1. D20M8 瓮棺墓

2. D20M9 墓底

1. D20M10 墓顶

2. D20M10 墓室

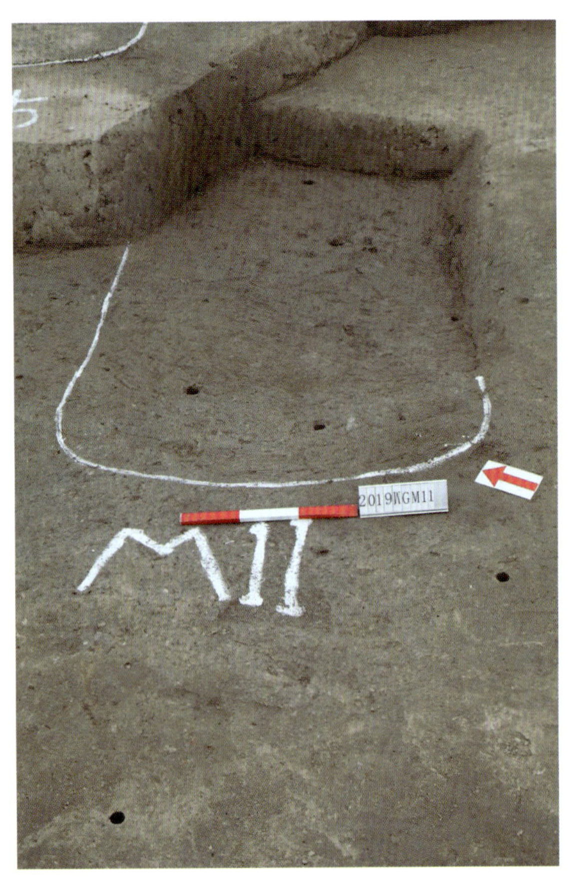

1. D20M11

2. D20M12

3. D21M13

1. D21M14 墓顶

2. D21M14 墓室

1. D21M15 墓顶

2. D21M15 墓室

1. 白瓷盅（D7M9：2）

2. 青瓷碗（D7M19：3）

3. 青瓷碗（D7M19：4）

4. 青瓷碗（D7M20：1）

5. 青瓷碗（D7M20：5）

6. 青瓷碗（D7M20：7）

1. 青瓷碗（D7M22：1）

2. 青瓷碗（D7M24：1）

3. 青花瓷盘（D7M1：1）

4. 青花瓷碗（D7M2：2）

5. 青花瓷碗（D7M4：1）

6. 青花瓷碗（D7M5：2）

7. 釉陶罐（D7M10：1）

8. 釉陶罐（D7M1：2）

1. 釉陶罐（D7M2：1）

2. 釉陶罐（D7M2：3）

3. 釉陶罐（D7M2：4）

4. 釉陶罐（D7M2：5）

5. 釉陶罐（D7M2：6）

6. 釉陶罐（D7M2：7）

1. 釉陶罐（D7M4：2）

2. 釉陶罐（D7M5：1）

3. 釉陶罐（D7M8：1）

4. 釉陶罐（D7M13：1）

5. 釉陶罐（D7M14：1）

6. 釉陶罐（D7M15：1）

1. 釉陶罐（D7M16：2）

2. 釉陶罐（D7M17：1）

3. 釉陶罐（D7M19：1）

4. 釉陶罐（D7M19：2）

5. 釉陶罐（D7M20：2）

6. 釉陶罐（D7M20：6）

1. 釉陶罐（D7M22：2）

2. 釉陶罐（D7M23：1）

3. 釉陶罐（D7M24：2）

4. 釉陶罐（D19M13：2）

5. 釉陶罐（D20M2：1）

6. 釉陶罐（D20M8：1）

1. 釉陶壶（D7M10：2）

2. 釉陶壶（D7M16：1）

3. 釉陶壶（D7M6：1）

4. 釉陶壶（D7M20：3）

5. 釉陶壶（D7M20：4）

6. 釉陶盏（D7M21：1）